Heinrich Moritz Gottlieb Grellmann

Staatskunde von Deutschland im Grundriss

Erster Teil

Heinrich Moritz Gottlieb Grellmann

Staatskunde von Deutschland im Grundriss
Erster Teil

ISBN/EAN: 9783743362550

Hergestellt in Europa, USA, Kanada, Australien, Japan

Cover: Foto ©ninafisch / pixelio.de

Manufactured and distributed by brebook publishing software (www.brebook.com)

Heinrich Moritz Gottlieb Grellmann

Staatskunde von Deutschland im Grundriss

Staatskunde
von
Teutschland
im Grundrisse

von

H. M. G. Grellmann

Professor zu Göttingen.

Erster Theil

Allgemeine Beschreibung des Teutschen Reichs.

Göttingen,

bey Johann Christian Dieterich

1790.

Den

Hochgebohrnen Freyherren

und

Reichsgrafen

Königl. Großbritannischen
zur Kurfürstl. Braunschweig-Lüneburgischen
Landesregierung

hochbetrauten

Herren Geheimen Räthen:

Sr. Excellenz

Herrn
Detlef Alexander
von Wenkstern

Königl. Geheimen Rath und Kammer-Präsidenten

Sr. Excellenz

Herrn
Johann Friedrich Carl
von Alvensleben

Königl. Geheimen Rath

Sr. Excellenz

Herrn

Carl Adolph August
Reichsgrafen v. Kielmansegge

Königl. Geheimen Rath

Sr. Excellenz

Herrn

Gotthelf Dieterich
von Ende

Königl. Geheimen Rath und Präses in den Brem-
und Verdenschen Kollegien zu Stade

auch

Gräfe des Landes Hadeln

Sr. Excellenz

Herrn

Ludewig Friedrich
von Beulwitz

Königl. Geheimen Rath
auch
der Georg-August-Universität Curatoren

Sr. Excellenz

Herrn

Christian Ludewig August
von Arnßwaldt

Königl. Geheimen Rath und Consistorial-Präsidenten
auch
der Georg-August-Universität Curatoren

Meinen gnädig hochgebietenden Herren

Hochgebohrne Freyherren und Reichsgraf

Gnädig hochgebietende Herren,

Ew. Hochfreyherrl. und Reichsgräfl. Excellenzen erdreiste ich mich, gegenwärtigen Grundriß einer Staatskunde von Teutschland unterthänigst zu überreichen. Je mehr der Umfang des Gegenstandes und die vielfachen Schwierigkeiten der Unternehmung einer mühsamen Forschung und ausdauernden Beharrlichkeit bedürfen, desto kühnlicher werde ich diese zur glücklichen Erreichung meines Ziels nöthigen Erfodernisse mir zutrauen können, wenn Ew. Freyherrl. und Reichsgräfl. Excellenzen geruhen, gegenwärtige Bogen Dero hohen und gnädigen Beyfalls zu würdigen.

Mit

Mit dem gewagten Vertrauen auf diese hohe Aufmunterung verbinde ich für das ununterbrochene Wohl Ew. Hochfreyherrl. und Reichsgräfl. Excellenzen, das ist zugleich, für das ungestöhrte Beste eines, unter einem geliebten und auf alles Gute aufmerksamen Könige, wohlthätig regierten Landes, das sich im Verfolge dieser Schrift unter den glücklichsten Staaten des Teutschen Vaterlandes auszeichnen wird, den innigsten Wunsch, und verharre in tiefster Ehrfurcht

Ew. Hochfreyh. u. Reichsgräfl. Excellenzen

Göttingen
den 23. Decemb. 1789.

unterthänig gehorsamster

H. M. G. Grellmann.

Vorbericht.

Seit anderthalb Jahrhunderten hat bereits das Studium der Staatskunde einen Platz unter den Gegenständen des Unterrichts auf Teutschen Universitäten, und ist, hauptsächlich durch Achenwalls, so wie durch Schlözers und Büschings geschätzte Schriften und Verdienste, selbst aber auch durch Bemühungen erlauchter Staatsmänner, mit der zweyten Hälfte dieses Jahrhunderts zu einer vorzüglichen Ausbreitung und Betriebsamkeit gediehen. Der Geist dieser Betriebsamkeit aber interessirte sich bisher bey dem Unterrichte auf Universitäten meist nur für die Kenntniß auswärtiger Staaten: Teutschland, der mächtigste, und in seiner Verfassung sonderbarste, Theil Europens, unsere eigene Heimath, die für jeden Teutschen Staatsbürger ein so nahes Interesse hatte, blieb ausgeschlossen; entweder, weil es überhaupt ein Zug unsers Nationalcharacters ist, uns mehr um das, was draußen ist, als um uns selbst, zu bekümmern; oder weil die Sache, mit billigern Augen betrachtet, in der That schwieriger war, als sie es an sich vielleicht zu seyn scheint.

Sogleich der erste Lehrer aller Staatskunde auf Universitäten, Conring, glaubte zwar schon, beym Vortrage seiner Weltstatistik, Teutschland, wegen seiner Wichtigkeit, sowohl im Ganzen, als selbst zum Theil seinen einzelnen Staaten nach, erörtern zu müssen; und von Bose, der fast zu gleicher Zeit zu Jena, wie Conring zu Helmstädt, anfieng, die erste Statistik zu lehren, wurde es eben

Vorbericht.

so wenig vergessen. Mit dem Anfange dieses Jahrhunderts begann hierauf, unter der lernenden Welt der damahls neuen Universität zu Halle, ein so warmer Eifer für Teutsche Staatskunde insbesondere, daß sie aus dem bisherigen magern Wesen einer sogenannten Weltstatistik herausgehoben, und durch Ludewigs, so wie zugleich in der Folge durch Gundlings, Vortrag, ein eigenes Lieblingsfach wurde. Der Unterricht, welchen Ludewig, anfänglich durch dictirte und mündlich erläuterte Sätze, den damahls zu Halle studierenden Oesterreichern, auf ihre Bitte, über die Geschichte und Verfassung ihres Vaterlandes ertheilte; und die darauf fortgesetzten Vorlesungen auch über die Staaten des Hauses Brandenburg und der übrigen weltlichen Kurfürsten, gab seiner Germania Princeps ihr Daseyn; und diese, bey ihrer Erscheinung viel Aufsehen machende,

Schrift

Schrift über Oesterreich und die weltlichen Kurstaaten *), reizte, nebst den Vorlesungen zu Halle selbst, bald auch anderwärts zur Nachfolge: man fieng hier und da gleichfalls an, über die Kenntniß Teutscher Staaten zu lesen.

Bey alle dem guten Anfange aber blieb doch die Sache so wenig zu Halle, als anderwärts, von Bestand. Das Studium der Teutschen Staatskunde verödete., nachdem Gundling entschlafen und Ludewig gleichfalls abgegangen war, hier wie auf andern Universi-

---

*) LUDOVICI PETRI GIOVANNI (i. e. Io. Petr. Ludov.) Germania Princeps. Volumen Sacri Romani Imperii Electores complexum. Hal. Hermundaror. 1702. 8. In einer zweyten sehr veränderten Aufl. erschien es, Halae 1711. 8. — Zu einer dritten war der Verfasser bey Lebzeiten nicht zu bewegen; sie erfolgte erst, zum Theil aus seinen hinterlassenen Papieren vermehrt, Ulm 1752. gr. 8.

Vorbericht.

verſitäten faſt gänzlich. In der That war es auch, bey dem Mangel an Hülfsmitteln, und bey dem Geiſte der Vorurtheile, welcher das Geheimniß der politiſchen Oekonomie und die innere Verfaſſung der Staaten bewachte, kaum anders zu erwarten. Es war nicht viel, was, als eigentliche Staatskunde, Hr. von Ludewig anbauete; und auch das Wenige mußte zum Theil erſt auf mühſamen Wegen erfragt werden. Man eröffnete ihm zwar hier und da, "quantum fieri per religionem poſſet", wie er ſelbſt ſagt; jedoch zugleich nur "in gratiam Principis ſcribenda." Und mit welcher Schüchternheit er alsdann das Erfahrne gemeinnützig machte, beweiſt ſein verſtellter Nahme auf dem Titel ſeines Werks, wenn davon auch keine ausdrücklichen Verſicherungen vorhanden wären.

Selbſt

Selbst derjenige Staat, dessen Bau und einzelne Theile jetzt mit eben der Unbefangenheit beschrieben und zergliedert werden, wie etwa sonst ein Antiquar nur Römische Inschriften erläutern durfte, und wo ein Herzberg Jahr aus Jahr ein, mit edler Freude, über wichtige Theile der Stgatsökonomie öffentlich Buch und Rechnung hält: selbst dieser Staat verschloß sich unter Friedrich Wilhelm I. auch in dem Wenigen wieder, worin er bereits unter dem großen Kurfürsten angefangen hatte, dem Wißbegierigen sich zu öffnen *).

Ganz anders verhielt es sich mit auswärtigen Staaten. Ihre Erörterung war nicht nur freyer, sondern konnte auch, wegen ungleich mehr vorhandenen Stoffs bey manchen Län-

---

*) Man sehe die Geschichte der Volkstabellen im Brandenburgischen. Büsching Wöch. Nachr. Jhrg. 1777. St.I.II.

Vorbericht. 15

Ländern, anziehender und lehrreicher gemacht werden; wozu noch seit 1749 ein drittes und Hauptbeförderungsmittel, das Achenwallische Lehrbuch, kam, welches durch seine verhältnißmäßige Güte und Brauchbarkeit vor dem, bis dahin beliebten, Everhard Otto, und andern in der Folge geschriebenen Büchern gleicher Art, sich und die behandelte Sache empfahl.

Das Beyspiel von Göttingen, wo, mittelst dieses Lehrbuchs und durch dessen geschätzten Urheber, das Studium der Europäischen Staaten frühzeitig Jünger fand und bleibende Wurzel schlug, wirkte nun für die auswärtige Staatskunde, wie weiland Halle auf kurze Zeit für die Teutsche. Die Aufmerksamkeit der Universitäten warf sich immer allgemeiner auf die Kenntniß fremder Staaten, und Teutschland blieb in eben der Maaße zurück.

Ver-

Vorbericht.

Versuche wurden zwar mit einzelnen Teutschen Staaten nach und nach wieder hier und da gemacht, jedoch ohne Erfolg. Zu Halle schien sogar der seel. Bertram, auf eigene Bitte der Studierenden um Unterricht in der Teutschen Staatskunde, sich dieses Faches in seinem ganzen Umfange anzunehmen; aber gleichfalls ohne Glück, und vielleicht noch mehr ohne Kenntniß der Sache, wie sein vergessenes Lehrbuch beym ersten Anblicke zeigt *). So schien also Teutschland, gleichsam durch Verjährung, immer weniger Anrecht zu haben, als Vaterland seinen Söhnen bekannt zu werden.

Diese Zurücksetzung war indessen verzeihlich, so lange sie eine fast nothwendige Folge des vorbemerkten Mangels an Hülfsmitteln war;

---

*) Einleitung in die Staatsverfassung der heutigen Europäischen Reiche und Staaten. Teutschland. Halle 1770, 8.

Vorbericht.

war; so lange große wie kleine Regierungen, Wahrheit und Vortheil in dem Grundsatze suchten, daß keine Privatperson berechtiget sey, über die Verfassung eines Staats sich zu äußern, oder, wie die Worte eines berühmten Rescripts lauteten,

„über die Handlungen, das Verfahren, die Ge-
„setze, die Maaßregeln und Anordnungen der Sou-
„veraine und Höfe, ihrer Staatsbedienten, Kolle-
„gien und Gerichtshöfe öffentliche, sogar tadelnde,
„Urtheile zu fällen, oder davon Nachrichten, die
„ihr zukommen, bekannt zu machen, oder durch den
„Druck zu verbreiten.„

Mochte immer Ludewig schon, und in der Folge eine noch wichtigere Feder *), gezeigt haben, wie nahe und vielfach das Interesse, wie wesentlich der Nutzen sey, den das Studium

*) Hr. GJR. Pütter in der Vorrede zu seinem Handbuche der besondern Teutschen Staaten. Göttingen 1758, 8.

dium der Teutschen Staatskunde gewähre; mochten auch Männer von Ansehn und Ruf mit noch so lautem Unwillen über dessen Vernachläßigung klagen: es war verzeihlich, da nichts zu thun, wo, aus Hindernissen der Sache selbst, wenig oder nichts gethan werden konnte.

Unsere Tage aber sind von den vorigen Zeiten verschieden; auch in Teutschland haben sich, seit etwa zehen Jahren, die Quellen statistischer Hülfsmittel nach und nach so ergiebig geöffnet, daß der bereits vorhandene, obgleich äußerst zerstreuete, Stoff zu ansehnlichen Vorräthen angewachsen ist, und bey dem statistischen Wetteifer sich immer vermehrt. Auch sind schon mehrere Beyspiele hoher Landesregierungen bekannt, die mit weiser und ehrenvoller Offenheit die Hand zu den Mitteln geboten haben, dem jungen Staatsbürger

Vorbericht.

ger einen verificirten Unterricht über sein Vaterland und den Staat, worin er lebt, und dem er einst dienen soll, zu verschaffen. Die Ueberzeugung von den Vortheilen dieses Zweigs der Kenntnisse fängt sogar unter unsern Staatsobern an, in thätige Aufmunterung durch Prämien überzugehen, wie davon mit wichtiger Auctorität das Beyspiel des ersten unserer künftigen Erzfürsten zeugt *).

Diesen Zeichen der Zeit zufolge, wird hoffentlich gegenwärtiger Grundriß, der zunächst nur für meine, nicht ohne Anschein eines immer glücklichern Erfolgs, vor einigen Jahren hier zuerst versuchten Vorlesungen über Teutschlands Staatskunde bestimmt ist, auch vielleicht für andere nicht als unzeitiges Bedürfniß angesehen werden; und um ihn auch nicht unzeitig

---

*) Hrn. Coadjutors von Dahlberg Preisaufgabe in Ansehung des Erfurtischen Gebiets.

zeitig an Inhalt und Werth erscheinen zu lassen, ist ihm wenigstens aller Fleiß gewidmet worden.

Der erste Theil, den ich hier vorlege, betrifft Teutschland im Allgemeinen, wie es durch die Bande seines Staatsrechts, und unter einem gemeinschaftlichen Oberhaupte, zu einer Einheit verknüpft, meinem Bedünken nach, zu betrachten war. Ein nachfolgender zweyter Theil wird die vornehmsten der besondern Staaten, geistlichen sowohl als weltlichen Characters, enthalten. Um aber die verbundenen Staatskräfte eines Hauses ungetrennt zu zeigen, und nicht einen wichtigern Zweck dem Eigensinne der Methode aufzuopfern; so werden bey Oesterreich und Preußen nicht blos diejenigen Besitzungen, die sie vom Teutschen Reiche haben, sondern neben diesen auch ihre übrigen zugleich mit beschrieben werden.

Vorbericht.

Der Zuschnitt, Teutschland in der gedoppelten Rücksicht, als Einheit, und wieder seinen besondern Staaten nach, zu behandeln, wird hoffentlich keine Mißbilligung erfahren, da beyde Rücksichten in dem Wesen der Teutschen Verfassung gegründet sind, und keine von beyden, ohne Nachtheil der beabsichteten Kenntniß dieses großen Ganzen, entbehrt werden kann.

Die Beschreibung der gesonderten Theile desselben, als eigener Staaten, trifft bey jedem gewisse Verhältnisse an, die auf den allgemeinen Reichszusammenhang zurückweisen, und daher diesen zu einem wesentlichen Gegenstande der Vorkenntniß machen. Und obschon es mit dem anderweitigen Inhalte dieses ersten Theils, den ich unter vier Numern des ersten Abschnitts behandelt habe, bey weitem nicht dahin gemeynt ist, daß er eine Uebersicht aller im Ganzen wissenswürdigen Gegenstände sey; sondern dabey nur die Absicht war und seyn konnte, mittelst gewisser Sätze, durch untergelegte Beyspiele bescheiniget, die ungefähre Qualität des Ganzen unter einen Gesichtspunct zu bringen, oder gewisse in der Folge brauchbare Vorkenntnisse zu geben: so schien doch auch diese, wenn gleich noch so unvollkommene, Uebersicht des Ganzen, in sofern sie aus keiner Erörterung eines Theils sich ergiebt, und zugleich hin und wieder auf gewisse Gegenstände bey einzelnen Staaten vorbereitet, nöthig zu seyn.

Wollte man aber anderer Seits, unter dem Nahmen von Teutscher Staatskunde, sich bloß an einer solchen, oder, wie wirklich von mehrern geschehen ist, an einer ohne Vergleich magerern, Uebersicht des Ganzen, nebst der Darstellung des Reichszusammenhanges, begnügen,

ohne

Vorbericht. 23

ohne Teutschlands besondere Staaten, diese Milchstraße am politischen Himmel von Europa in ihren Theilen, kennen zu lernen; so würde die Einbuße gerade das Hauptwerk treffen. Selbst die vermeynte Kenntniß des Ganzen würde alsdann wesentlich mangelhaft bleiben. Wer ersieht z. B. aus solch einer summarischen Darstellung Teutschlands innere Stärke? Welche politische Hermenevtik erkennt an sich aus dem Nahmen: Kurfürst oder Teutscher Reichsstand, Mächte, die an Einkünften und Volksmenge sich zum Theil mit angesehenen Königen messen können? Wo zeigt sich in den hundert und zwanzig tausend Mann, die das Reich, selbst nach dem vollesten Aufgebote, zur Zeit der Anfechtung auf den Beinen hat, die mehrmahls, auch in Schriften des Auslandes, behauptete Furchtbarkeit des Teutschen Staatskörpers? Wer kann aus der Mühselig-

keit,

keit, womit das Teutsche Reich jenes mäßige Vertheidigungsheer zusammenbringt und unterhält, vermuthen, daß gleichwohl Teutschland der kriegerischeste Theil von Europa sey, der an Menge wie an Ruf seiner Truppen emporstehe? Daß es ein Land sey, dessen Regenten zusammengenommen, mit Inbegriff ihrer zum Theil außerhalb Teutschland gelegenen Macht, bey siebenmahl hundert tausend abgerichteter Krieger, selbst zur Zeit der tiefsten Ruhe, unterhalten? Ein Land, wo Kriegsminister und Kriegsräthe, Kriegskanzleyen und Kriegskassen, sammt Kriegs- oder Militärschulen, Pulvermühlen und Gewehrfabriken aller Orten sind, und überhaupt so viele Einrichtungen auf Soldaten und Krieg Beziehung haben, als wenn der Plan zu seiner Staatsverfassung von Hobbes entworfen worden wäre? — Nichts von alle diesen und mehrerley

Vorbericht.

rerley andern Eigenschaften Teutschlands, wird sich aus jener blos allgemeinen Behandlungsart, ohne besondere Nachfrage über den Zustand der einzelnen Staaten, gehörig ersehen lassen.

Das bisherige Beyspiel anderer statistischen Lehrbücher hätte erfodert, sowohl in diesem ersten Theile, als in der Folge jedesmahl bey Abhandlung eines besondern Staats, durch einen summarischen Abriß von Staatsveränderungen bemerklich zu machen, wie das Ganze und einzelne Staaten geworden wären, was und wie sie jetzt sind. Dergleichen magere Summarien aber, nöthiger Kürze wegen kaum in einem Paar Puncten, ohne genauere Verkettung der Ursachen und Umstände mit ihren Wirkungen, durchgeführt, gewähren nicht nur den bezielten Nutzen nicht, sondern haben überhaupt auch in einem Lehrbuche der

Staatskunde so wenig eine wesentliche Stelle, daß sie fast scheinen, den anfänglichen Lehrern der Statistik, aus Mangel an zweckmäßigerm Stoffe, nur zur subsidiarischen Ausfüllung gedient zu haben, und nachher als Erbstücke der Methode beybehalten worden zu seyn. Die Absicht der Staatskunde ist, zu zeigen, was und wie ein Staat jetzt wirklich sey nach allen den Bestimmungen, die auf das gemeine Wohl oder Wehe wirken: durch welche Revolutionen hingegen ein Land seit den Zeiten des Alterthums gegangen sey, welche Stufen auf- oder abwärts ein Volk betreten habe, um in den jetzigen Zustand zu kommen; dieß zu zeigen, ist Beruf der Geschichte, die daher bey eigentlicher Statistik billig vorauszusetzen ist. Nur erläuterungsweise wird sie unmittelbar und mit Recht auch einen Theil des statistischen Vortrags ausmachen, in sofern ein-

Vorbericht.

einzelne Einrichtungen und Gegenstände eines Staats, zur Erklärung ihres jetzigen Zustandes, der vergangenen Zeiten nöthig haben.

Auch findet sich in dem hier vorgelegten Theile eben so wenig, als es künftig bey den einzelnen Staaten geschehen wird, ein besonderer §. mit der stolzen Nutzanwendung vom Staatsinteresse; und das bedarf wohl keiner Entschuldigung. Die Beschreibung des Ganzen selbst, in sofern sie den Staat darstellt mit seinen Gebrechen oder Vorzügen, wie er ist, wird immer die beste Anzeige seines Interesse seyn, und hat nichts von Anmaßung.

In dem Abschnitte von der Reichsverfassung ist die Grenze zwischen dem eigentlichen Gebiete des Staatsrechts und dem der Staatskunde, wie sie selbst von angesehenen Rechtslehrern gezeichnet wird *), nie aus den Augen

---

*) Daniel Nettelbladts Erörterungen einiger Lehren des Teutschen Staatsrechts. Halle 1773. gr. 8. Nro. I.

Augen gelaſſen, und, ſo viel möglich, alles vermieden worden, was mehr Fragen des Rechts, als wirklichen Zuſtand, betraf. Obſchon übrigens, bey dem notoriſchem Flor des Teutſchen Staatsrechts, den Göttingen dem gröſten Lehrer Teutſchlands in dieſer Wiſſenſchaft verdankt, in den hieſigen Vorleſungen über Teutſche Staatskunde, mehreres von dieſem Abſchnitte über die Reichsverfaſſung als bekannt kann übergangen, oder nur kurz bemerkt werden; ſo wird doch immer noch manches auch für einen durch Pütters Vortrag ſchon geweiheten Jünger zur nützlichen Nachkultur übrig bleiben.

Ein kurzer Abſchnitt über das Verhältniß der Teutſchen Staaten zu unabhängigen Mächten, ſchien nicht überflüßig zu ſeyn, und zugleich den ſchicklichſten Uebergang zu ihrer beſondern

sondern Beschreibung zu machen. Auch ist er so eingerichtet, daß er wenig Aufwand an mündlichen Erläuterungen und Zeit bedarf.

Gern wäre bey diesem allgemeinen Theile zugleich auch ein Anfang der besondern Staaten, und zwar der beyden wichtigsten, Oesterreichs und Preußens, mit gegeben worden, wenn nicht die abzuwartende Reife der Dinge, die Oesterreich gen Osten schafft und im Westen jetzt erleidet, noch einigen Aufschub nöthig gemacht, oder ich den Entschluß, Oesterreich einstweilen andere, minder mächtige, Staaten vorangehen zu lassen, früher gefaßt hätte; dann würden auch die ersten Bogen dieses Theils nicht so lange schon gedruckt gewesen seyn, als sie es wirklich waren, ehe an die Vollendung der übrigen Hand gelegt wurde.

Uebri-

Uebrigens geht das, was ich hier immittelst liefere, mit so weniger Prätension aus meiner Hand, daß mich vielmehr selbst die Natur dieser Arbeit Mängel und Lücken vermuthen läßt; und das um so mehr, da ich bey dem weitschichtigen Inhalte des ersten Abschnitts, alles, nur ein Paar Ausnahmen abgerechnet, wofür ich meinen Freunden dankbar bin, unmittelbar aus dem Bezirke meiner eigenen Lectüre hernehmen mußte, ohne einen Vorgänger zu haben, dessen Nachweisungen mir hätten nützlich werden können.

Göttingen im December 1789.

Uebersicht des Inhalts.

Erster Abschnitt.
Bestandtheile des Teutschen Reichs, und deren Beschaffenheit:

I. Lande.
  A. Des Römisch-Teutschen Reichs überhaupt §. 1-3.
  B. Des Teutschen insbesondere §. 4-11.
II. Einwohner.
  A. Zahl §. 12.
  B. Beschaffenheit §. 13-17.
III. Producte und Nationalfleiß, nebst Maaß, Gewicht und Münzen.
  A. Ueber Teutschlands Naturanlagen überhaupt. §. 18.
  B. Insbesondere.
    a. Production des Thierreichs §. 19.
    b. Pflanzengewächse §. 20.
    c. Mineralien §. 21.
    c. Veredelung der Producte §. 22-23.
    d. Handel §. 24-34.
    e. Maaß, Gewicht 2c. §. 53-38.
IV. Aufklärung.
  A. Lehranstalten, und andere Beförderungs- u. Hülfsmittel zur populären und gelehrten Erziehung §. 39-45.

B.

B. Subjectivischer Zustand der Wissenschaften u. Künste §. 46.
C. Litterarische Thätigkeit §. 47-50.

Zweyter Abschnitt.
Staatsverfassung des Teutschen Reichs.

I. Reichszusammenhang.
  A. Allgemeine Bestimmungen §. 51-53.
  B. Insbesondere.
    a. Politischer Staat.
      α. In Ansehung des Oberhaupts §. 54-82.
      β. In Rücksicht der Glieder §. 83-121.
    b. Kirchlicher Staat.
      α. Ueberhaupt rechtliches Verhältniß beyder Reichsreligionen zu einander §. 122.
      β. Insbesondere
        aa. Katholische Kirche §. 123-129.
        bb. Evangelische Kirche §. 130-131.
II. Reichsregierung und deren Gegenstände.
  A. Regierung bey besetztem Kaiserthrone. §. 132-179.
  B. Im Zwischenreich. §. 180-182.

Dritter Abschnitt.
Verhältniß des besondern Staatencharacters der Teutschen Reichslande.

A. Nach ihrer gleichseitigen Eigenschaft mit unabhängigen Mächten §. 183-188.
B. Nach ihrer Abweichung von denselben §. 189-197.
Teutschlands politische Stelle im System von Europa §. 198.

Staatskunde von Teutschland.

Erster Theil.
Allgemeine Beschreibung des Teutschen Reichs.

Einige allgemeine Schriften.

* *

Allgemeine Karte von Deutschland nach den neuesten astronomischen Observationen und andern Hülfsmitteln. 2 Blätter. von *Friedr. Gottl. Canzler* d. W. D. Göttingen, 1788. — Oder in deren Ermanglung noch:
Tobiae Mayeri Mappa critica Germaniae, 1750, bey den Homannischen Erben.

* *

Ant. Friedr. Büschings Erdbeschreibung, dritter Theil, 3 Bände. 6te Aufl. Hamburg, 1779. — Ebendess. Neuester Auszug. Hamburg, 1785, 8.

Joh. Christoph Gatterers Abriß der Geographie. Göttingen, 1775, gr. 8.

J. E. Fabri's Handbuch der neuesten Geographie. 2te Aufl. Halle, 1787, 8. — Ebendesselben Geographie für alle Stände. Erster Th. Band I. Leipz. 1786, 8.

Staatskunde von Teutschland.

Geographisches und historisches Handbuch der Länder- Völker- und Staatenkunde, von G. P. H. Norrmann. Hamb. 1785-87. 8. 1 B. in 5 Abth.

Ueber die Gröſſe und Bevölkerung der ſämmtlichen europäiſchen Staaten, von A. F. W. Crome. Leipzig, 1785, 8.

Statiſtiſche Ueberſicht der vornehmſten deutſchen und ſämmtlichen europäiſchen Staaten, in Anſehung ihrer Gröſſe, Bevölkerung, ihres Finanz- und Kriegszuſtandes (von Hrn. Kriegsrath Kandel) ohne Druckort (Berlin) 1786, kl. Fol.

Europens Producte, von — Crome. Deſſau und Leipzig 1782, 8. *

* Auf Koſten des Maynziſchen Schulfonds iſt bereits vor einiger Zeit eine groſſe, aus 4 Blättern beſtehende Producten-Karte von Teutſchland verſprochen worden, deren Erſcheinung aber noch erwartet wird.

Grundſätze der teutſchen Landwirthſchaft. Von Joh. Beckmann. 3te Aufl. Götting. 1783. 8.

Die Manufacturen und Fabriken Teutſchlands nach ihrer heutigen Lage betrachtet von J. F. von Pfeiffer. Leipzig 1782, 8. 2 Bde.

(Friedr. Chriſtoph Jonathans Fiſchers Geſchichte des Teutſchen Handels. Hannover 1785. 2 Theile. 8.)

(Struenſee's) Kurzgefaßte Beſchreibung der Handlung der vornehmſten europäiſchen Staaten. Liegnitz und Leipzig 1783, 8. 2 Theile.

Einleitung in die Handlungs-Erdbeſchreibung — von Friedr. Chriſtian Franz. Erſter Theil. Frankf. am Mayn 1788, 8.

Schriften.

Reisebeschreibungen:

Joh. Georg. Keyßlers neueste Reise durch Teutschland, Böhmen, Ungarn, die Schweitz, Italien und Lothringen. Erster Theil. Hannover 1740; 2ter Th. 1741. 4... Neue und vermehrte Auflage von Gottfr. Schütze. Hannov. 1751, 3te Aufl. 1776, 2 Bände in 4.

Lettres et Memoires par Mr. le Baron de *Püllnitz*, 3 tomes 8vo à Liege 1734; 5 tomes à Amsterd. 1737. — Uebersetzt unter dem Titel: Neue Nachrichten ꝛc. Frankfurt 1739, 2 Theile 8. Diese Uebersetzung aber enthält seine spätern Reisen nicht. Diese sind vielmehr in 3 Bänden zu Frankfurt 1738, 8. besonders herausgekommen.

Jos. Marshal's Travels through Holland, Flanders, Germany, Denmark etc. in the Years 1768, 1769 and 1770, in which is particularly minuted the present state of these Countries, respecting their Agriculture, Population, Manufacture, Commerce, the Arts and useful Undertaking. Lond. 1772. 8. voll. 3. — Uebersetzt:

Jos. Marschal's Reisen durch Holland, Flandern, Teutschland ꝛc. Danzig 1773. 74. 3 Bde 8. (Ueber die Zuverlässigkeit dieses Erzählers aber, der eigentlich Hill heißt, s. Meusels Betracht. über die neuesten histor. Schriften Th. 4. S. 455 u. histor. Litteratur 1783. St. VII. S. 24.)

(Grimms) Bemerkungen eines Reisenden durch Deutschland, Frankreich, England und Holland, in den Jahren 1773 u. 74, in Briefen an seine Freunde. Altenburg 1775–79. 5 Thle 8.

Jonath. Ashley's Briefe in Deutschland geschrieben, und (vorgeblich) aus dem Engl. übersetzt. Bern 1782, 8.

A 2   Phil.

4 Staatskunde von Teutschland.

Phil. Wilh. Gercken Reisen durch Schwaben, Baiern, die angränzende Schweiz, Franken, die Rheinische Provinzen und an der Mosel ꝛc. in den Jahren 1779—87. Th. 1, Stendal 1783. Th. 2, 1784. Th. 3, 1786. Th. 4, Worms 1788, 8.

Beschreibung einer Reise durch Deutschland und die Schweiz im Jahr 1781. Von Friedr. Nicolai. Berlin und Stettin 1783 ff. 8 Thle 8. dritte Aufl. Band 1. 2. 1788.

(Risbeks) Briefe eines reisenden Franzosen durch Deutschland — 1783, 2 Theile; 2te Aufl. 1784, 8. (Weniger der Zuverlässigkeit in den Factis, als der scharfsinnigen Reflexionen wegen wichtig.)

Joh. Bernoulli's Sammlung kurzer Reisebeschreibungen. Berlin 1781, ff. 16 Bände 8.

Ebendess. Archiv. zur neuern Geschichte, Geographie und Menschenkenntniß. Berl. seit 1785.

* Mehrere hier zu übergehende Schriften dieser Art, s. in *Gottlieb Heinr. Stuck's* Verzeichniß von ältern und neuern Land- und Reisebeschreibungen. Erster Theil. Halle 1784. Nachtrag dazu, 1785. Zweyter Th. von *Heinr. Christ. Weber* 1787, 8.

Unter der großen Zahl statistischer Sammlungen und Zeitschriften sind vorzüglich von Werth, und reichhaltig an brauchbaren Bruchstücken:

Hrn. OCR Büschings Magazin für die neue Historie und Geographie. Hamburg seit 1767 23 Bände 4.

Ebendess. Wöchentliche Nachrichten. Berlin von 1773 — 1787, 15 Bände 8. — fortgesetzt durch

Neue

Schriften.

Neue Wöchentliche Nachrichten. Götting.
1788. von *F. Gottl. Canzler*.

Hrn. Hofr. Schlözers Briefwechsel meist statistischen Inhalts. Göttingen 1775. St. I - XIV. gr. 8.

Ebendeſſ. (Neuer) Briefwechsel ꝛc. Götting. 1776 — 1782. 10 Thle gr. 8.

Ebendeſſ. Staats-Anzeigen. Götting. 1782. ff.

Hrn. Hofr. Beckmanns Phyſicaliſch-ökonomiſche Bibliothek. Göttingen ſeit 1770, Band 1 — 15. 8.

Ebendeſſ. Beyträge zur Oekonomie, Technologie, Policey- und Cammeral-Wiſſenſchaft. Theil 1 — 11. ſeit 1779, 8.

Kaufmänniſche Hefte von J. C. Sinapius. Altona 1780, f. 2 Bände kl. 8.

J. L. Schedel's Ephemeriden der Handlung. Lübeck 1784, 8. in 12 Heften.

C. X. Hauſens Staatsmaterialien. Deſſau und Leipzig 1784, 2 Bände 8.

Fabri's Geographiſches Magazin. Deſſau 1783. f.

Ebendeſſ. Neues geograph. Magazin. Halle ſeit 1785, 8.

Journal von und für Deutſchland. Seit 1784, erſter Jahrg. von Hrn. Kriegsrath Göking; zweytes und ff. Jahre von Siegm. Frhr. von Bibra. 4.

Göttingiſches hiſtoriſches Magazin, herausgegeben von C. Meiners und L. T. Spittler. Hannover, ſeit 1787, gr. 8.

Auch das deutſche Muſeum, in Rückſicht der frühern Jahrgänge, gehört nebſt einigen andern noch hieher.

Von publicistischen Schriften, deren großes Verzeichniß in Hrn. GJR. Pütters Litteratur des teutschen Staatsrechts (Göttingen 1776 — 83. 8) geliefert ist, sind im allgemeinen hier als die zweckmäßigsten zu bemerken:

J. J. Mosers neues teutsches Staatsrecht, das nach seinen verschiedenen Rubriken in 20 besondern Theilen, mancher aus mehrern Bänden bestehend, von 1766 — 1775 in 4to, nebst 3 Bänden Zusätze 1781 und 82, herausgekommen ist.

Hrn. GJR. Pütters Institutiones iuris publici Germanici. Edit. IV. Götting. 1787, 8. nebst

Ebendess. historischer Entwickelung der heutigen Staatsverfassung des teutschen Reichs. Götting. 1786. 87. 3 Thle. 2te Aufl. 1788. 8.

Franc. Xaver. Holl statistica Ecclesiae Germanicae. Tom. I. Heidelberg. 1779, 8. (Die vorgebliche neue Ausgabe von 1787. besteht blos in einer neuen Auflage des Titelblatts.)

Geistliches und weltliches Staatsrecht der deutschen katholisch-geistlichen Erz = Hoch = und Ritterstifte. Von Jos. Edlen von Sartori. Erster Band 2 Theile, Nürnberg 1788, gr. 8.

Wegen verschiedener Erörterungen über Teutschlands jetzige Verfassung:

Hrn. von Dohm Schrift, Ueber den deutschen Fürstenbund. Berlin 1785, 8. Und

(Müllers) Darstellung des Fürstenbundes. Leipzig 1787, 8. 2te Aufl. 1788.

Eine eigene, sehr schätzbare Klasse statistischer Quellen und Hülfsmittel sind überdieß noch:

Die Lünigschen Schriften, vornehmlich sein Teutsches Reichsarchiv Leipz. 1710 — 1722. (Pars generalis et specialis cum continuationibus omnibus T. I — XIV. 1710. — Spicilegium

Schriften.

gium ecclesiasticum des teutschen Reichsarchivs T. I—IV nebst 3 Continuat. 1716.— Spicilegium seculare T. I. II. 1719. — Hauptregister über das Ganze 1722) 24 Bände Fol. Ferner

Deductionen, deren Zahl, nach Hrn. von Holzschuhers Versicherung, bereits an 12,000 beträgt, und worüber als nützliche Verzeichnisse zu gebrauchen sind:

Joh. Chr. Lünigs Bibliotheca deductionum S. R. I. 1717, verbessert und vermehrt von Aug. Gottl. Jenichen. Leipz. 1745, 8. 4 Theile in 2 Bänden.

(Christoph Sigmund von Holzschuher) Deductions-Bibliothek von Teutschland. Frankf. und Leipzig 1778 — 1783. gr. 8. — Und

Sammlungen öffentlicher Staatsschriften, worunter insonderheit zu bemerken ist:

Anton Fabers Europäische Staatscanzley von 1697 — 1760, 115 Thle und 9 Registerbände, 8. Fortgesetzt von 1761 — 1772 unter dem Titel:

= = Neue Europäische Staatscanzley, 30 Thle. Von 1772 — 1783:

= = Fortgesetzte neue Staatscanzley, 25 Thle. — Seit dem betitelt:

Teutsche Staatscanzley, von Joh. Aug. Reuß, 1782 ff. verbunden mit dessen Deductions- und Urkundensammlung, ein Beytrag zur teutschen St. C. Ulm seit 1785, 8.

Erster Abschnitt.
Bestandtheile des teutschen Reichs, und deren physicalisch-ökonomische und anderweitige Beschaffenheit.

I. Lande.

§. 1.

Länder-
bestand
über-
haupt.
In sofern bem Teutschen Reiche, außer seiner Verbindung mit dem Römischen Kaiserthum, zugleich auch das sogenannte Italiänische oder weiland Longobardische Königreich unterworfen ist, besteht es überhaupt aus zweyerley verschiedenen Landen; theils aus denen, die das eigentliche Teutschland oder Teutsche Königreich ausmachen; theils aus verschiedenen Provinzen und Districten in Italien. Diese beyderley Bestandtheile werden oft gemeinschaftlich unter der Benennung des heiligen Römischen Reichs, oder auch des heiligen Reichs, begriffen; und ist von Teutschland ausschlüßlich die Rede, so hat jene Benennung meist noch den Beysatz "Teutscher Nation".

§. 2.

I. Lande.

§. 2.

Kraft seines Röm. Kaiserthums hat das Teut- **Italiäni-**
sche Reich, außer einigen Lehen, keine Ländereyen **sche**
mehr in Italien; die Ueberbleibsel bestehen blos in **Lande.**
Titel und Ehren, nebst gewissen andern damit verbundenen Gerechtsamen a). Zu den noch vorhandenen Provinzen des Italiänischen Königreichs aber gehören I. unter Oesterreichischer Herrschaft: ein Theil des Herzogthums Mailand, nebst Mantua, Castiglione und Solferino. II. Unter Sardinischer Botmäßigkeit: das Fürstenthum Piemont und Herzogthum Montferrat, nebst dem übrigen Theile von Mailand. III. Die Besitzungen des Infanten von Spanien: Parma mit Placenza und Guastalla. IV. Die Staaten des Herzogs von Modena: nähmlich Modena und Mirandola, sammt den Fürstenthümern Novellara, Massa und Carrara. V. Das Großherzogthum Toscana; und VI. verschiedene kleinere Ländereyen und Besitzthümer.

a) Moser von Teutschland S. 82. und vornehmlich im Ersten Anhange seines Grundrißes der heutigen Staatsverfassung des Teutschen Reichs (Tübingen 1745, 8.) Seit. 791. f. Vergl. PÜTTER *Institut.* p. 33. f.

§. 3.

Diese Italiänischen Reichslande werden von **und ihr**
ihren Besitzern als Lehen des Teutschen Königreichs **Verhält-**
beherrscht; haben aber im Reichssystem nicht ei- **niß im**
nerley Gerechtsame mit eigentlich Teutschen Pro- **Reichssy-**
vinzen. Ihre Landesherren regieren zwar, in An- **stem.**
sehung

sehung der innern Verfassung meist unbeschränkt; sie haben jedoch nicht wie Teutsche Stände, bey ihrer Reichsunterthänigkeit, zugleich auch Antheil an der höchsten Gewalt auf Reichstagen; sie müssen diejenige Person, welche die Teutschen zu ihrem Oberhaupte erwählen, auch für das ihrige erkennen; und sind verbunden, vor dem kaiserlichen Reichshofrathe in Teutschland zu Recht zu stehn a).

a) Moser am angef. Ort Seit. 83 f. und mehreres im 2ten Anhange seines Grundrisses der heutigen Staatsverfassung des teutschen Reichs. S. 804 ff.

§. 4.

Teutschland insbesondere.
Das heutige Teutschland, oder das heil. Reich Teutscher Nation, bestehet theils aus alten Provinzen, die kraft des Vertrags zu Verdün 843 zu Teutschland gehörten; theils aus den Resten der nachher hinzugekommenen Königreiche Lothringen und Burgund oder Arelat.

Die Ueberbleibsel des Lothringischen Reichs sind I. die Oesterreichischen Niederlande; II. das Bisthum Lüttich; III. das Erzstift Trier; IV. das Erzstift Köln; V. die Herzogthümer Jülich und Cleve ꝛc. ꝛc. VI. die Pfalz; und VII. verschiedene kleine Ländereyen jenseits des Rheins.

Vom Arelatischen Königreiche werden noch zu Teutschland gerechnet: I. das Herzogthum Savoyen; II. das Bisthum Basel; III. die gefürstete

I. Lande.

fürstete Grafschaft Mömpelgard; IV. die Teutsche Ordens-Balley Elſaß und Burgund. Von dieſen urſprünglich verſchiedenen Beſtandtheilen Teutſchlands aber iſt, im Syſtem des Teutſchen Reichs, keine Spur einer beſondern Gerechtſame oder Pflicht weiter übrig, als der Titel eines Erzcanzlers durch das Königreich Arelat für den Kurfürsten von Trier a).

Nächſt den angegebenen eigentlich Teutſchen Landen, ſind einige Provinzen auch mittelbar zu Teutſchland gehörig, wiewohl, was inſonderheit Schleſien und Glaz betrift, beſtrittener weiſe b).

a) PÜTTER l. cit. pag. 14. ſeqq. Moſer von Teutſchland p. 87. und 362.
b) Moſer von Teutſchl. S. 24 ff.

§. 5.

Seinen jetzigen Landen nach, erſtreckt ſich Teutſchland vom 45 Gr. 15 Min. bis 55 Gr. nördlicher Breite; und vom 20 Gr. 8 Min. bis 36 Gr. 40 Minuten öſtlicher Länge. *deſſen Lage,*

In Betracht seiner relativen Lage, iſt es das Herz von Europa, und hat zu Grenzen: gegen Morgen Preußen, Polen, (Schleſien), Ungern, Slavonien und Croatien; gegen Mittag das Adriatiſche Meer, Italien und Helvetien; gegen Abend den Rhein, nebſt Frankreich, die Nordſee und die Vereinigten Niederlande; gegen Mitternacht die Eider und Oſtſee. *Grenzen*

Die

Erster Abschnitt.

und Größe. Die Größenkunde dieses weitläuftigen Landes beruht bis jetzt noch blos auf unmaßgeblichen Zahlen, die nach Verschiedenheit ihrer Urheber immer verschiedener lauten a). Doch nimmt man meist nach Mittelschätzung an, daß Teutschland gegen 12,000 Teutsche Quadratmeilen b) an Fläche, und über 500 Meilen im Umkreis habe.

a) Die Angaben schwanken zwischen 10= bis nahe an 13,000 Quadratmeilen. Das Nähere enthält die Büschingische Berechnung der Mayerschen Mappa critica Germaniae, Erdbeschr. Thl. 3. B. I. S. 5. — Crome Seit. 398. und Tab. IX. Der Grund dieser Abweichungen liegt theils in den verschiedenen Meynungen über die zu Teutschland gehörigen Länder; theils in den Abweichungen der bisher ohne Ausnahme noch unvollkommenen Karten. Je weniger die Teutsche Vielherrigkeit eine durchaus richtige, auf geometrische Vermessungen gegründete Karte von Teutschland hoffen läßt; desto mehr verdient Hrn. Oeders Wunsch (Blätter vermischten Inhalts, Oldenb. 1787, Bd. I. S. 470) erfüllt, und Hrn. Nicolai's Verfahren (Reisebeschreibung Bd. I. Seit. 16 ff.) von mehrern Reisenden nachgeahmt zu werden.

b) Diese seit einiger Zeit gangbar gewordene Schätzung, gründet sich auf Büsching am angef. O. S. 6. Dabey aber ist Savoyen nicht, hingegen Schlesien mitgerechnet.

§. 6.

Oberflächliche Beschaffenheit: In seiner südlichen Hälfte hat Teutschland sehr viele und große Gebirge; im nördlichen Theile hingegen verlieren sich Berge und Anhöhen immer mehr in Ebenen, und wird das Land überhaupt ge-

gen

I. Lande.

gen die Küsten der Ost- und besonders der Nordsee birge und hin so niedrig, daß es durch kostbare Dämme und übriger Deiche gegen die Fluthen des Meeres geschützt werden muß. Boden, Dagegen hat der Norden mehr dürres Haide- und Sand- auch Sumpfland, als der Süden; obgleich die Natur jene Einöden wieder durch fette Marschländer vergütet hat a).

Die Hauptgebirge I. des südlichen Teutschlands sind: das Vogesische Gebirge, im Westen von Frankreich her; der Schwarzwald in Schwaben und die rauhe Alp; Arme der eigentlichen Alpen und Eisgebirge, die aus Rhätien kommen, Tyrol ꝛc. durchstreichen, und, ihrem östlichen Ende nach, bis in Krain sich erstrecken; der Kahlenberg, von Wien her durch Steyermark und Kärnten bis gleichfalls in Krain; das Riesengebirge, zwischen Schlesien und Böhmen; die Mährisch-Ungrischen Grenzgebirge, die sich gegen Osten nach dem Karpathischen, und gegen Norden nach dem Riesengebirge ziehen. II. In der Mitte von Teutschland, in Franken, ist der Fichtelberg der vornehmste; und III. nördlich der Harz mit dem Brocken ꝛc.

a) J. N. Tetens Reisen in die Marschländer an der Nordsee zur Beobachtung des Deichbaues. Th. I. Leipzig 1788, 8.

§. 7.

Der mehrern Gebirge wegen ist Teutschland Wälder, in der südlichen Hälfte waldigter, als in der nördlichen. Und ob sich gleich die alte „*Terra sylvis horrida*„ des Tacitus ganz verändert hat; so sind doch

doch ihre Gebirge und größern Anhöhen meist noch mit Wäldern bekleidet, die zum Theil viele Meilen in die Länge und Breite sich erstrecken. Die größten aller Teutschen Wälder sind vornehmlich: der Böhmerwald, der Speßart, der Schwarzwald, der Harz- und der Thüringer-Wald ꝛc.

§. 8.

Gewässer, Teutschland wird an seinen Grenztheilen von dreyerley Meeren bespült; im Westen und Norden von der Nord- und Ostsee, und im Süden vom Adriatischen Meere. Innerhalb demselben aber entspringen aus seinen Gebirgen und Anhöhen unzählige Gewässer, die nicht nur als Bäche und kleinere Flüsse den Boden tränken, und die Gegenden ihres Laufs zu fruchtreichen Fluren machen; sondern auch zum Behufe der Schiffahrt, in mannichfaltiger Richtung, zu den wichtigsten Strömen anwachsen. Die vornehmsten darunter, theils an Größe, theils an Länge ihrer Schiffbarkeit in Teutschland, sind:

I. Die Donau, die in Schwaben entsteht, oberhalb Ulm, wo sie die Iler aufnimmt, schiffbar wird, sich sodann, außer andern minder beträchtlichen Wassern, unterhalb Donawerth durch den Lech, der aus Tyrol kömmt; bey Kirchheim durch die aus Franken kommende Altmühl; unterhalb Deckendorf durch die Iser, die gleichfalls in Tyrol entspringt; bey Passau durch den Inn, welcher von Graubünden her Tyrol durchströmt; bey Ens durch die Ens, vergrößert, unterhalb der Oesterreichischen

I. Lande.

chischen Stadt Haimburg in Ungern eintritt, und endlich als der größte Strom Europens ins Schwarze Meer ausfließt. Sein reißender Lauf aber, viele spitzige Felsenstücke mitten im Strom, und oft hohe felsigte Ufer, schwächen die Vortheile seiner Schiffbarkeit.

II. Der Rhein, der bereits schiffbar aus Helvetien nach Teutschland kommt, bey Mannheim den im Herzogthum Wirtemberg entspringenden schiffbaren Necker; bey Maynz den Mayn, der aus Franken kommt; bey Oberlahnstein den Lahn, dessen Ursprung im Nassau-Siegenschen ist; bey Coblenz, die vom Wasgauischen Gebirge her durch Lothringen und Luxemburg kommende Mosel; unweit Duisburg die Roer, bey Wesel die Lippe aufnimmt, und sodann aus dem Herzogthum Cleve in die Vereinten Niederlande eintritt. — Bis Maynz führt er den Nahmen des Ober-, und von seiner dasigen Vereinigung mit dem Mayn an, den Nahmen des Nieder-Rheins.

III. Die Weser, die, bey ihrer Vereinigung mit der schiffbaren Fulda von Münden an, diesen Nahmen führt, nachdem sie aus dem Fürstenthum Hildburghausen, wo sie entspringt, unter dem etwas veränderten Nahmen der Werra, bereits schiffbar nach Münden gekommen: im Fürstenthum Werden nimmt sie die schiffbare Aller, welche ihren Ursprung im Herzogthum Magdeburg hat; und im Herzogthum Bremen die Wümme auf, die auf der Lüneburgischen Grenze entsteht, und fließt endlich in die Nordsee aus.

IV.

IV. Die Elbe, die vom Riesengebirge her, ganz Teutschland nordwestlich durchströhmt, und gleichfalls ihren Ausfluß in die Nordsee hat, verstärkt sich in Böhmen durch die Moldau bey Melnik, und oberhalb Leutmeritz durch die Egerz unweit Dessau, nimmt sie die Milde, und oberhalb Barby die schiffbare Saale auf, die vom Fichtelberge her durch das Voigtland und Thüringen kommt; bey Werben, unweit Havelberg, empfängt sie die in Mecklenburg entstehende schiffbare Havel; im Fürstenthum Lüneburg die schiffbare Elmenau, und sodann noch, nebst verschiedenen kleinen Wassern, unterhalb Glückstadt die gleichfalls in Mecklenburg entstehende schiffbare Stör.

V. Die Oder, die in Mähren quillt, ihre Richtung nach Norden nimmt, sich in Pommern in den großen Haff, und daraus in die Ostsee ergießt, fängt bey Ratibor in Schlesien an schiffbar zu werden, nimmt, außer verschiedenen andern Gewässern, unterhalb Crossen, den Bober und die Neisse, und in der Mark Brandenburg die Warte auf.

Außer diesen aber ist Teutschland noch mit einigen gleichfalls schiffbaren Flüßen versehen, die sich in keinen der genannten größern Ströhme ergießen, z. B. der Ems, Etsch u. s. w.

Unter den Landseen endlich, deren Teutschland auch keine unbeträchtliche Menge hat, zeichnen sich als die merkwürdigsten aus: der Bodensee, zwischen Helvetien und Schwaben; der Chiemsee, in Baiern; der Dümmer-See, in Westphalen;

nebst

nebst mehreren andern, vornehmlich im Oesterreichischen und Baiernschen, in der Mark Brandenburg, in Pommern, und im Mecklenburgischen, wo vorzüglich der Müritz eine nahmentliche Erwähnung verdient a).

a) Vergl. Hydrographia Germaniae — (auctore PHIL. HENR. ZOLLMANN) exhibita a IOH. BAPT. HOMANNO.

§. 9.

Teutschland liegt unter den mittlern Graben der gemäßigten Zone des Norden; sein Klima aber ist, nach Verschiedenheit der Oberfläche des Bodens, oft in wenig Meilen ungemein verschieden, obgleich im Ganzen gemäßigt und gesund. Am mildesten und schönsten ist es in seinen mittlern Provinzen; den südlichen Theil erhalten meist Gebirge und Wälder rauh, obgleich auch in offnern Thälern und Ebenen selbst Italiänisches Klima ist. Der ebene Norden wird hier und da durch stehende Wasser und Sümpfe, durch Mündungen großer Flüsse und Seeluft feucht. *Klima.*

§. 10.

Teutschland ist in zehen große Reichsprovinzen eingetheilt, die den Nahmen der Reichskreise führen. Von diesen Kreisen liegen *Politische Eintheilung.*

III. an der Donau: der Oesterreichische, der Baiernsche und Schwäbische Kreis;

III. am Rhein: der Oberrheinische; der Churreinische oder Niederrheinische Churkreis; der Niederrheinisch-Westphälische Kreis.

B II.

II. an der Elbe: der Oberſächſiſche Kreis, um die Mittelelbe bis hinauf an die Oſtſee; der Niederſächſiſche Kreis, an beyden Seiten der Niederelbe.

I. am Mayn: der Fränkiſche Kreis, in der Mitte von Teutſchland.

1. um die Maas: der Burgundiſche, oder vielmehr der Reſt vom ehemaligen Kreiſe dieſes Nahmens *).

In ſofern ſechs von dieſen Kreiſen: der Fränkiſche, Baiernſche, Schwäbiſche, Oberrheiniſche, Weſtphäliſche und Niederſächſiſche Kreis, früher (1500) entſtanden ſind, als die vier übrigen: der Oeſterreichiſche, Burgundiſche, Churrheiniſche und Oberſächſiſche Kreis (1512); werden jene alte, dieſe hingegen neue Kreiſe genannt. In Beziehung ihrer Lage gegen Frankreich führen auch Chur-Rhein, Franken, Schwaben und Ober-Rhein, den Nahmen der vordern Reichskreiſe a).

*) Die in Privatſchriften und gemeinem Sprachgebrauch übliche Eintheilung in Ober- und Niederteutſchland, hat keinen Bezug auf die Staatsverfaſſung.

a) Erſte Veranlaſſung und Geſchichte dieſer Reichskreiſe, in Pütters Entwickelung Th. I. S. 313 f. Moſer von der Teutſchen Kreisverfaſſung. S. 3. ff. 26. ausführlicher in ERN. CHR. WESTPHAL differt. *de veris initiis circulorum Imperii.* Halae 1761, 4.

§. 11.

Zweck und Mängel

Dieſe Eintheilung dient zu Juſtiz-Polizey- und militäriſchen Abſichten; iſt übrigens aber ſehr unvoll-

unvollkommen. — Erstlich sind nicht alle Länder des Teutschen Reichs unter diesen Kreisen begriffen. Es sind weder zu einem eigenen Kreise gemacht, noch werden zu irgend einem gerechnet 1) die größern beysammenliegenden Provinzen: Böhmen, Mähren, Schlesien und die Lausitz; 2) viele kleinere Länder und Gebiete, die selbst im Umfange der Kreise hier und da zerstreut liegen. Dahin gehören: verschiedene Grafschaften, Herrschaften und unmittelbare Abteyen; die Güter der unmittelbaren Reichsritterschaft; die Ganerbschaftlichen Oerter, und die unmittelbaren Reichsdörfer. — Zweytens kommt zur Unvollständigkeit dieser Reichseintheilung auch noch der geographische *) Fehl, daß manche Länder, die in dem einen Kreise liegen, zu einem ganz andern gerechnet werden a).

dieser Eintheilung.

*) Eine dritte Unvollkommenheit bey dieser Eintheilung ist der Mangel eines sichern staatsrechtlichen Grundsatzes; davon unten.

a) Moser von der Teutschen Kreisverfassung S. 33. 36. ff.

II. Einwohner.

§. 12.

Teutschland, an Größe der dritte, an Volksmenge der erste Staat Europens, wird nur von wenigen andern an Bevölkerung übertroffen. Es ist bereits ein Vierteljahrhundert verflossen, seit dem ihm diejenigen, welche den Anschlag am niebrigsten

brigſten machten, doch 24 a), andere hingegen 25 und mehrere Millionen b) Einwohner gegeben haben. Auch nur jenen geringern Anſchlag als richtig vorausgeſetzt, und dabey weder den Schaden von den Jahren der Noth 1771 und 1772 c), noch auch die ſeit dem Hubertsburger Frieden Statt gehabten Auswanderungen d), und Ausſendungen e) Teutſcher Unterthanen, vergeſſen; ſo ſcheint an ſich gleichwohl die Vermuthung nicht ohne Grund zu ſeyn, daß Teutſchlands jetzige Volksmenge, Schleſien mit inbegriffen, gegen 30 Millionen betrage f). Vorhandene ſtatiſtiſche Angaben aber zu einer wirklichen Berechnung des Ganzen, nebſt der wahrſcheinlichen Schätzung der übrigen, noch nicht öffentlich in Rechnung gebrachten Stücke von Teutſchland, füllen höchſtens 27 bis 28 Millionen g); woran die einzelnen Provinzen und Länder Teutſchlands, nach einer überaus ungleichen Bevölkerung Theil nehmen, die von 4000 und darüber, bis zu 1000 und noch weniger Seelen auf die Quadratmeile, herabfällt h). — Städte ſoll Teutſchland haben über 2300; Marktflecken an 3000; und Dörfer zwiſchen einigen 80 - bis 100,000 i): die Tauſende von Klöſtern Schlöſſern und Ritterſitzen ungerechnet.

a) Hr. Büſching ſchon in den frühern Ausgaben ſeiner Erdbeſchreibung Th. III. Einleitung §. 12. Ueber den Maaßſtab dieſer Schätzung ſieh. Wöch. Nachr. Jhrg. 1776. S. 283 f. und Erdbeſchr. am angeführten Ort. (Aufl. 1779.) S. 23 f. — Jhm ſind Hr. Hofr. Gatterer und andere gefolgt.

b) Süßmilch göttliche Ordnung ꝛc. bereits in der 2ten Aufl. (1762) Th. II. S. 213.

c)

II. Einwohner.

c) Sachſen z. B. allein erlitt durch die Hungerjahre einen Verluſt von beynahe 66,000 Seelen, die jedoch im Jahr 1777 bereits mit einem Gewinn von mehr als 17,000 erſetzt waren. Auch ſelbſt die Preußiſchen Staaten litten, obgleich, wegen der vorräthigen Magazine und Friedrichs II. Verfügungen, weniger durch Hunger, als durch das darauf erfolgte allgemeine Sterben. Siehe hievon und von mehrern Ländern unten die Specialſtaatskunde.

d) Teutſche Auswanderungen:

I. nach Jütland, und dortige Kolonien in den erſten Jahren von 1760. Schrebers neue Sammlung von Cameralſchriften Th. II. S. 416. In dem Bericht darüber heißt es, zur traurigen Beſchämung Teutſchlands: "diejenigen, welche die beyden Kolonien geſehen haben, verſichern, daß die Einwohner ſehr beregſam und arbeitſam ſind, daß verſchiedene Meilen Erdreich, welche daſelbſt ſonſt kaum einige Heerden Schafe nährten, jetzo (1762) ſchon wohl angebauet ſind, und daß ſich allda bereits unterſchiedene Fabriken befinden, welche zu dem allgemeinen Beſten des Landes, nicht wenig beytragen müſſen."

II. Nach Rußland, und Kolonien in den Wüſteneyen von Saratov in Aſtracan ſeit 1763. Schlözers Verſ. eines Briefw. S. 217 ff. Brw. IV, S. 247—50. — Vergl. Schreber am angef. Ort. S. 459 über die angekommenen Teutſchen zu Petersburg im Jhr 1765. Vom Jahr 1766, ebendenſ. am angef. Ort. Th. VII, S. 232 ff. Der Ruſſiſche Geſandte im Haag verſicherte ſelbſt, daß in dieſem Jahre allein 16,000 ſolcher Emigranten in Rußland erwartet würden.

Erster Abschnitt.

III. Nach Ungern, in den Bannat, rief und erhielt Maria Theresia mehrere Tausende zu gleicher Zeit mit Rußland. Briefw. IV. S. 250. Die mit solchen Teutschen besetzten 8 ganz neuen, und 3 vormahls Walachischen Dörfer, sind bey Büsching bemerkt, Erdbeschr. Th. I. Bd. 2. S. 1607 und 1609.

IV. Auch der König von Spanien bekam bey den gehörten Auswanderungen der Teutschen Lust, solche Kolonisten zu haben, und machte durch sie *Sierra Morena* urbar. Schlöz. Brw. XXI, 149—72. XXIV, 387—403.

V. Nach dem Amerikanischen Frankreich. Siehe Schreiben von Marseille im Jun. 1766. bey Schreber am genannten Ort S. 234. f.

VI. Nach dem Englischen Amerika, Schlöz. Briefw. IV, 207. 214. Vergl. Schreber Th. 5. S. 458. 460.

Zur Hemmung dieses Emigrirens erfolgten Kreis- und Kaiserliche Edicte. Siehe Kur-Rheinisches Edict von 1766, Sammlung der neuesten Staatsangelegenheiten vornehmlich des Teutschen Reichs. Ulm, Frkf. und Leipz. 1767, 8. Band I. Th. I. S. 97. Und Kaiser Josephs unterm 7 Jul. 1768 ins Reich erlassene Edict, wegen dieses "Frevels" des Auswanderns, und gegen die herumziehenden "Anwerber, Emissarien, Verführer, die nach befinden mit Leibs- und allenfalsiger Lebensstrafe" angesehen werden sollen, f. Staatsanz. XXII, 214-17 — Vergl. 1783 Josephs Emissarien zu Frankfurt am Mayn, und Rothenburg am Neckar, wegen Einladung Teutscher Kolonisten nach Sandomir, Staatsanz. IX, 128. XII. 511 ff. Journal v. u. f. Deutschland Jhrg. 1784, Hft. VI, S. 659 f.

a)

II. Einwohner.

e) Die von sechs Teutschen Fürstenhöfen, während des Amerikanischen Kriegs, in Englische Subsidien gegebenen Truppen, erhielt Teutschland mit dem mäßigen Verlust von 15,853 Mann wieder zurück. Staatsanz. XXIV. S. 521 f. — Grundsatz der Holländer in Betracht des Ausmiethens Teutscher Unterthanen zu fremden Kriegsdiensten, f. Göttingisches hist. Magaz. von Meiners und Spittler B. II, S. 307 f.

f) Crome S. 398. Auch Hrn. Hofr. Schlözers Schätzung bereits im Jahr 1779. Briefw. XXIV, S. 412. — Als Commentar über die Wahrscheinlichkeit dieser Summe könnte dienen Hrn. Mösers Vergleichung Westphalens mit Frankreich, Patriotische Phantasien Th. I. S. 241-246. — und Hrn. Cammerassessors Hüpedens vortrefflicher Aufsatz über die Grafschaft Catzenelnbogen, Staatsanz. XXII, S. 166 ff.

g) Hrn. Büsching giebt ein "neuer Versuch zur Berechnung der Zahl der Menschen im deutschen Reich" auch für die neuern Zeiten kein höheres, wahrscheinliches Resultat, als höchstens 25 Millionen. Seine berechneten Data aber sind zum Theil ein, und mehrere Jahrzehende alt. Wöch. Nachr. Jhrg. 1784, S. 57 ff. Vergl. indessen wegen der Vermutheten 30 Millionen (Risbecks) scharfsinnige Briefe eines reisenden Franzosen B. II. Br. 73.

h) Ueber die verschiedene Bevölkerung ganzer Reichskreise, f. Crome Tab. IX. — Abstufung einzelner Länder, Statistische Uebersicht S. 158 f.

i) Nach Hrn. Büsching und Gatterer 82,000; nach Keyßler Th. II. 1036; 100,000.

§. 13.

Verschiedener Nationalbestand.

Jene 28 oder mehrere Millionen Einwohner Teutschlands bestehen, bis auf eine kleine Zahl Französischer Fremdlinge a) und Juden b), aus Menschen von zwey Hauptnationen; aus Teutschen oder Germanen; und aus Völkern von Slavischer oder Wendischer Herkunft. Die Wohnplätze der ursprünglich Teutschen, sind die Länder der Unterelbe, nebst den mittlern und südlichen Gegenden von Teutschland; Slaven und Wenden hingegen bewohnen Germaniens Provinzen nord- und ostwärts der Elbe, so wie eine Strecke west- und ostwärts der Mulda und südöstlich herab.

a) Der fremden Reformirten Gemeinden in Teutschland sind überhaupt dreyerley Arten, die sich zu verschiedenen Zeiten, in verschiedenen Gegenden niedergelassen haben, und mit einander nicht zu verwechseln sind:

I. So genannte Wallonen, aus den Niederlanden zu verschiedenen Zeiten, besonders 1567 unter der Statthalterschaft des Herzogs von Alba, geflüchtet. Siehe (außer Thuan, Grotius in seinen Annalen, und Wagenaer in der allg. Gesch. von den vereinigten Niederlanden) von ihrer Niederlassung in Teutschland, vornehmlich in der Pfalz, Wund kurze Geschichte von dem Einfl. auf Handel und Landbau der Franz. Reformirten in der Pfalz, in den Bemerkungen der Pfälzischen physicalisch-öconomischen Gesellschaft Jhrg. 1780, S. 242 ff. und Journ. v. u. f. Deutschland Jhrg. I. S. 124 ff. Zweifel dagegen in der Topographischen pfälzischen Biblioth. St. I. (Speyer und Leipz. 1785, 8.) S. 98 ff.

II.

II. Einwohner.

II. Eigentliche Französische Refugiés, die kurz vor, bey und nach der Aufhebung des Edicts von Nantes 1685, in verschiedene Gegenden Europens geflüchtet, und was Teutschland betrifft, sich vornehmlich in den Staaten des Königs von Preußen, in Franken, Hessen und zum Theil im Meklenburgischen niedergelassen haben. Siehe von ihnen überhaupt ELIAS BENOIT in seiner histoire de l'Edit de Nantes, von 1693 an zu Delft in 5 Octavbänden herausgekommen; und *Etienne*, in Hrn. Hofr. Schlöz. Briefw. XIII. S. 52. — In Ansehung der besondern Teutschen Staaten giebt von ihnen — in den Preußischen Ländern Hrn. Nicolai's Beschreibung der königl. Residenzstädte Berlin und Potsdam in verschiedenen Kapiteln Nachricht. Und noch genauer: DAVID ANCILLON's *histoire de l'Etablissement des François Réfugiés dans les Etats de S. A. E. de Brandenbourg*, à Berlin 1690; nebst den *Memoires pour servir à l'histoire des Refugiés François dans les Etats du Roi*, par Mrs ERMAN et RECLAM. à Berlin 1782 — 1787. 6 Bände in 8. — Von den Franz. Kolonisten in Ober- und Niederhessen; Regnerus Engelhard in seiner Erdbeschreibung von den Hessischen Landen, Casselschen Antheils. Cassel 1778, 8. — Von Meklenburg; Schlöz. Briefw. XXVII. S. 137 ff.

III. Waldenser, die vornehmlich 1655, 1686, und 1696 nach Teutschland kamen, und besonders im Wirtembergischen und Darmstädtischen sich niedergelassen haben. S. die bey Preußen genannten Memoires von ERMAN und RECLAM, Tom. VI. p. 194 — 238. Von denen im Wirtembergischen insbesondere, giebt Nachricht Hr. Prof. Seibold im deutsch.

Muſeum May 1780 S. 469. Ueber die im Darmſtädtiſchen, Heſſendarmſtädtiſche privilegirte Landzeitung Jhrg. 1778.

b) Füllen muthmaßlich, in den geſammten Provinzen von Teutſchland wohl kaum die Zahl von 150= oder 200,000 Seelen.

§. 14.

Standes-Klaſſen. Ihrem politiſchen Verhältniſſe nach, werden Teutſchlands Einwohner in viererley Klaſſen oder Stände geſondert, worunter der erſte den hohen Adel, d. i. Fürſten, Grafen und Herren begreift; der zweyte aus dem Niedern oder Lehnadel beſteht a); der dritte den Stand der Bürger, und der vierte den Bauernſtand ausmacht. Wie die Glieder von jenem insgeſammt freye Leute, und überdieß gewöhnlich noch mit gewiſſen Vorrechten verſehen ſind; ſo iſt hingegen der Teutſche Bauer in einigen Gegenden zwar auch perſönlich frey, jedoch dabey meiſt zu gewiſſen Herrndienſten verbunden. In den Wendiſchen Ländern, wie auch ſelbſt in mehrern urſprünglich Teutſchen Provinzen, unterliegt er noch der Leibeigenſchaft, die aber nicht nur überhaupt von der in andern Europäiſchen Ländern Statt findenden ſtrengen Knechtſchaft weſentlich abweicht *), ſondern auch in Teutſchland ſelbſt dreyerley Abſtufungen hat; worunter die der Wendiſchen Länder ſammt der Holſteiniſchen, die härteſte; die Weſtphäliſche von mittler, und die in Heſſen und Schwaben von der gelindeſten Art iſt

II. Einwohner.

ist b). Nach Verschiedenheit der besondern Staaten, hat übrigens jede dieser drey Gattungen noch ihre eigene nähere Bestimmung.

a) Chr. Ludwig Scheidt vom hohen und niedern Adel in Teutschland. Hannover 1754. 4.

*) Der Stand der Leibeigenen in Teutschland ist nicht so ganz ohne politische Existenz, wie z. B. in Pohlen, Rußland u.s.w. Selbst in öffentlichen Reichsacten wird ihrer gedacht, um ihnen gewisse Rechte und Befugnisse zu sichern. Sieh. z. B. Westphäl. Frieden Art. V. §. 34. 37.

b) Selchow *Elem. iur. Germ.* Edit. VII. Götting. 1787, 8vo.

§. 15.

Dem vorgedachten Nationalunterschiede Sprache, zufolge, sind in Teutschland auch zwey Hauptsprachen, deren keine mit der andern etwas gemein hat: die Slavische nähmlich oder Wendidische, und die der eigentlichen Teutschen.

Jene wird nicht mehr nach ihrer ehemahligen Ausdehnung, in allen Slavischen Provinzen Germaniens gesprochen, sondern ist nur in Böhmen und Mähren, in einem Theile Schlesiens, in der Lausitz, im Brandenburgischen, in einigen Provinzen des Oesterreichischen Kreises, in einem Theile von Pommern, wie auch im nordöstlichen Winkel des Herzogthums Lüneburg, noch übrig.

Die andere Hauptsprache Germaniens, die Teutsche, theilt sich in zwey Hauptmundarten, ins

Platt-

Platt - und Hochteutsche, ab. Das Hochteutsche erstreckt sich südöstlich längs der Donau hin, und mindert sich oder verschwindet westlich und nordöstlich, wie es gegen die Weser, Elbe und Oder fortläuft a). Kirchen- und Bücher-Sprache, und die der vornehmern Volksklassen, ist das Hochteutsche, nach einem besonders dabey zum Grunde liegenden Nebendialecte, dem Meißnischen b). Als Nebensprachen aber finden sich in Teutschland noch, die Französische und Italienische.

    a) Friedr. Carl Fulda Preisschrift über die beyden Hauptdialecte der Teutschen Sprache. (Leipz. 1773, 4.) S. 38. 43. ff.

    b) Nähere Untersuchung über die Entstehung und Ursachen der Verbreitung dieses Dialects: Io. DAVID MICHAELIS *de ea Germaniae dialecto, qua in sacris faciundis et in scribendis libris vtimur.* Götting. 1750, 4to. Ist wieder gedruckt im *Syntagm. Commentatt.* P. 1. (Gött. 1759, 4to) p. 171 seqq.

§. 16.

Religion. Bis zum Jahr 1517 hatte ganz Teutschland einerley öffentliche Religion, die Römisch-Katholische. Seit dem aber ein Theil zu der durch Luthern bewirkten Glaubensverbesserung übergegangen, ein anderer der durch Zwingli veranlaßten Reformirten Lehre beygetreten, und ein dritter Theil bey dem katholischen Glauben verblieben ist; und diese verschiedenen Theile die Freyheit ihrer Religionssysteme durch Kriege und darauf erfolgte Verträge aufrecht erhalten haben: so ist nun Teutschland überhaupt in dreyerley herrschende Bekenntnisse und

Par-

II. Einwohner.

Partheyen, in Katholische, Lutherische und Reformirte Glaubensverwandte, getheilt. Letztere beyden gelten, im Gegensatz der Katholischen, nur für Eine Parthey, und werden unter dem gemeinschaftlichen Nahmen der Evangelischen, der Protestanten *) und Augsburgischen Confessionsverwandten **) begriffen. Die katholischen Religionsverwandten haben vornehmlich im südlichen Teutschlande ihren Sitz; die Reformirten am Rhein; und die Lutherischen in nördlichen Ländern ***).

Außer diesen aber sind, nebst der Jüdischen Religion, auch mehrere christliche Privatpartheyen noch, als: Mennoniten, Mährische Brüder, Griechen, und die in spätern Zeiten hinzugekommenen Herrnhuter a), in Teutschland befindlich.

*) Von einer Protestation so genannt, welche die der Lutherischen Glaubensverbesserung ergebenen Stände, auf dem Reichstag zu Speyer 1529, wider den daselbst gemachten Reichsabschied in Rücksicht der Religion übergaben.

**) So genannt wegen des von Seiten der Lutherisch gesinnten Stände auf dem Reichstag zu Augsburg 1530 feyerlich abgelesenen, und dem Kaiser übergebenen, Glaubensbekenntnisses.

***) Wahrscheinliche Anzahl der Protestanten, im Verhältniß der katholischen Volksmenge in Teutschland. Publicistisches Interesse dabey.

a) J. Curt Nachricht von dem Ursprung, und Fortgang der Brüderunität, oder der sogenannten Herrnhuter. Halle 1778. — Ueber die jetzige innere Verfassung der Herrnhuter. Leipz 1788, 8.

§. 17.

§. 17.

Allgemeine Charakteristik. So merklich auch im Einzelnen, nach Verschiedenheit der Provinzen, Religion a) und anderer Rücksichten, Teutsche von Teutschen selbst, moralisch b) und physisch c), verschieden sind; so zeichnen sie sich doch, als Nation überhaupt, durch mehrere gemeinschaftliche Grundzüge aus. Die Organisation der Teutschen hält, wie die Temperatur ihres Klima's, das Mittel zwischen harter Gefühllosigkeit und weichlicher Empfindsamkeit. Der Teutsche ist mehr, als seine südlichen und westlichen Nachbarn d); ist aber auch, neben dem Engländer, eine der kraftvollesten Nationen in Europa e), und soll zugleich unter allen Bewohnern dieses Welttheils am längsten leben f). Seine Denkungsart ist voll Ernst, und mit kalter Bedachtsamkeit verbunden. Ein alter Ruhm des Teutschen ist, Treue und gerader Sinn g), verbunden mit dem reißbarsten Gefühle für Ehre; und dieses Ruhms ist sein Character, alles Anstrichs von fremden Sitten ungeachtet, auch jetzt noch werth h). In seiner Rache geht er frey zu Werke, ohne Heimtücke, Meuterey und Meuchelmord; und wird er von andern übertroffen an Arglist, so übertrifft er hingegen Alles an Tapferkeit i). Er ist arbeitsam, und in seinen Unternehmungen beharrlich. Die Talente seines Geistes, und die Tiefe seiner Forschungen, beurkundet die Geschichte der Erfindungen und Litteratur k). Vorzüglich zeichnet er sich aus durch unbegränzte Wißbegierde, mit welcher er sich um alles bekümmert, was Gegenstand des Wissens ist, besonders ums Ausländische. Wie er mittelst seiner

Kunde

II. Einwohner.

Kunde fast aller Sprachen von Europa, die er lernt, unter allen Europäern das Ausland am besten kennt; so ist er auch offener für alles fremde Gute, und gerechter in seinem Urtheile darüber, als irgend eine andere Nation in Europa. Indem er aber zu wenig vom Nationalstolze anderer Völker hat, und sich oft zu sehr um das bekümmert, was draußen ist, wird er nicht selten unachtsam und ungerecht gegen das Einheimische l); schätzt an dem Ausländer zu viel, an sich zu wenig, und ahmt nach, ohne daran zu denken, daß sein Volk sowohl an Geist, Zahl und Ruhm überhaupt, als an Geburtswürde seiner Edlen m), groß genug sey, um sich seiner Teutschheit nicht schämen zu dürfen.

a) Les Protestans sont généralement *mieux instruits* que les Catholiques etc. ROUSSEAU Confessions Livr. VII. p. 127. — Vergl. den Bauer zu Prohlis in Sachsen hinter dem Pflug, als Mitglied der Societät zu London (Deutsche Zeitg. Jhrg. 1788, S. 94.), und die Köllnische Edictal-Citation eines Geistlichen, der die vier Species verstehe (Journ. v. u. f. Deutschl. Jhrg. 1787. St. IX. S. 268.). — Die einzige protestantische Seele zu Heiligenstadt auf dem Eichsfelde, ist ein protestantischer Apotheker, weil kein katholischer gedeihen soll: siehe dazu die protestantischen Kaufmanns-Diener bey katholischen Herren in Straubingen. Nicolai Reis. II. S. 472. — Bemerkung eines Reisenden vom Postwagen herab, ob ein Land protestantisch oder katholisch sey, von Schießen vor und seit dem Jar 1740. Freyburg, 1785. Th. II. Seit. 267. welches auch Hr. Schmidt aller Wendung ungeachtet, nicht ohne Bestätigung läßt, Geschichte d. Deutsch. Th. VI. S. 303.

b)

Erster Abschnitt.

b) Vergl. z. B. die jährliche Anzahl der Gehenkten oder sonst hingerichteten Müsserhäter mancher Länder. In Baiern wurden 1785 allein in der Stadt München 18 Personen hingerichtet, und im Jahr 1775 wöchentlich sogar 2 bis 3. Nicolai Reis. B. VI. S. 769. Sieh. dabey Anspach in Journ. v. u. f. D. Jhrg. 1786, St. IV. S. 322. Die angefüllten Gefängniße, nebst der ursprünglichen Heymath der Gefangenen ic. Siehe sehr interessante Bemerkungen über letztern Punct, in den Annalen der Braunschweig-Lüneburgischen Churlande Jahrg. I. St. I. S. 150=59. Verhältniß der unehelichen Kinder in verschiedenen Städten oder Provinzen Teutschlands; s. außer Süßmilch, Histor. Portef. 1783 St. 6 S. 799. St. 7, S. 90. Ueber die Summa der unehelichen Kinder von verschiedenen Preußischen Provinzen, Hrn. OCR. Büschings Wöch. Nachr. 1783, St. 45. In der Grafschaft Ranzau war (1787) das 62ste Kind unehlich; in den Sächsischen Städten ist's im Durchschnitt das 11te bis 12te, in dem andächtigen Baiern aber das 6te bis 7te; und in München waren im Jahr 1782 unter 1329 Kindern, 287 uneheliche, also unter 4 Kindern, fast immer 1 uneheliches; und überdieß wollte die Stiftspfarre ihre Unehelichen nicht einmahl angeben; "weil Aergerniß daraus entstehen würde." Hrn. Hofrath Schlözers Staatsanz. XVII, S. 62. — Vergl. ferner in Ansehung der Trinklust, den hölzernen Esel zu Zerbst, laut öffentlichen Blättern, überschrieben: "Strafe der Vollsäufer." — Oder Oesterreichische Vielesserey, und Wiener Fräulein schlafend mit einer gebratenen Gänsekeule im Munde (Nicolai Reise Bd. V. S. 213.), mit der Nüchternheit des von Wien aus sogenannten Hungerlandes der Brandenburger (Allg. D. Biblioth. LIX, 1. S. 242. Nicolai Reise Bd. VI, S. 318 ff.) und der Sachsen (Bernoulli Sammlung

II. Einwohner.

lung von Reisebeschr. Band XII. S. 313).
"Wir kommen nicht einmahl zu einem rechten Nationalfluch oder Scheltworte; jede Provinz flucht anders, oder verbindet mit dem Fluche oder Worte andere Begriffe, anstatt daß ein Fluch aus Paris nicht allein in Frankreich, sondern auch sogar in Teutschland, in seinem völligen Tone verständlich ist." Möser patriotische Phantasien Th. I. S. 307.

c) Verschiedenes Maaß der Kräfte bey Einwohnern zweyer, oft zunächst an einander gränzenden Provinzen, und von dem Einflusse der Nahrung auf diese Verschiedenheit, siehe Büsching Wöch. Nachr. Jhrg. 1786. St. 21, S. 161 f. Jhrg. 1787, St. 22. — In Ansehung des Aeußern, vergl. die Bemerkungen der Reisenden über die Einwohner von Hessen, im Gegensatz der Oesterreicher, Baiern, Sachsen u. a.

d) Maaß und Verhältniß der gewöhnlichen soliden Nahrung verschiedener Europäischen Völker gegen einander. Wichtigkeit dieses Verhältnisses im Kriege, bey Proviantsorge für Armeen.

e) Siehe Note c, und Büsch. Wöch. Nachr. Jhrg. 1780 St. I. Briefw. XX, S. 128.

f) Ioh. Bernh. de Fischer *de Senio eiusque gradibus et morbis*. Edit. II. Erfordiae 1760, 8. pag. 50 seq.

g) Schönes Zeugniß Kaiser Karls V, bey den heimlichen Insinuationen wider Kurfürst Moritz von Sachsen. Schmidt Geschichte der Deutschen Bd VI. S. 181.

h) Wie characteristisch verschieden Elisabeth von Rußland im siebenjährigen Kriege, ihre Rußen, wegen des Siegs in der Kunersdorfer Schlacht, jeden mit einem gewissen Maaße Brandwein und Befreyung von den Schanzarbeiten; Friedrich II. aber das bey Torgau den

29 Oct. 1759 vorzüglich tapfer gewesene Drago‍ner‑Regiment von Platen, mit der Ehre des Grenadier‑Marsches belohnte, s. in dem Werke: von Schlesien vor und seit dem Jahr 1740. Freyburg 1785, 8vo. Th. II. S. 141. Vergl. dabey Hrn. Möser über die Nationalerziehung der alten Deutschen, in Patriotischen Phantasien Th. IV. S. 13 ff.

i) Schon Tacitus Annal. L. XIII. c. 54. schrieb: Nullos mortalium *armis* aut *fide* ante Germanos esse.

k) *Indole est Germania ingens, nec minor*
solertia,
Nil tamen festinat vnquam; nec citatioribus
Fertur ad metam quadrigis, sed gradu lentae
bouis,
Quae moram omnem tarditatis copia implet vberi;
Sic ad omnes disciplinas, sic et ad scientias,
Liberali mente dignas, pene venit vltima
Nationum; at nacta spartam plurimis ornat
modis,
Et parit praesens quod aetas approbet cum post-
huma: „ ist Urtheil Gruters an Opitz, welches Hr. Müller (Darstellung des Fürstenbandes S. 102.) anführt.

l) Neben andern, alltäglich vorkommenden Beyspielen, stehe das Wiener Institut für Taubstumme, zu dessen Muster die Schule des Abbé l'Epee zu Paris genommen wurde, da Teutschland bereits ein weit vollkommneres zu Leipzig hatte, dessen Vorzüge man aber erst hinter drein kennen lernte und nachzuahmen suchte. Nicolai Reisebeschr. V, S. 792 ff. und S. 804. — Auf ähnliche Weise bleiben Hrn. Schäffers Papierversuche von Teutschen unbenutzt, bis sie vielleicht eine Ueberlieferung Frankreichs werden, wo sie bereits zu Langle, bey Montargis, ein wirk‑

II. Einwohner.

wirklicher Industriezweig geworden sind, und man bey Erwähnung des Französischen Unternehmers, von unserm Landsmanne schreibt: "il a laiſſé bien loin derrière lui ce *Scheffer* que nos érudits citent avec tant d'emphase." S. *De la France et des Etats-unis ou de l'importance de la revolution de l'Amerique pour le bonheur de la France* etc. Par Etienne Claviere et I. B. Briſſot de Warville. Londres (Paris) 1787; 8vo. pag. 112.

m) "*Nobilitas* Veſtra, cariſſimi Germani, fere totum terrarum orbem impleuit, et eumdem, torrentis inſtar rapidiſſimi, inundabit, ſie, vt nulla gens, nulla regio ſit, *quae non ſibi pro honore reputet ac laetetur*, ſi *nobilitatis ſuae* ortum ad *Vos Germanos* referre debeat. Si quod *excellens atque nobile genus Italia, Gallia aut Hispania habet*, id *gloriam originis ſuae Germanis tribuit, maioresque ſuos inde geſtit repetere.*" Biſchof Campanus, der im 15ten Jahrhundert den Cardinal Aeneas Sylvius, als päpſtlichen Geſandten, nach Teutſchland begleitete, in einer ſeiner Reden an die Teutſchen Stände zu Regensburg, Edit. Operum Venet. 1502. fol. Blatt XCII.

III. Producte und Nationalfleiß; Maaß, Gewicht und Münzen.

§. 18.

Teutschland ist theils an und für sich von der Natur mit sehr reichen Gaben ausgesteuert, theils durch menschliche Pflege, nach Verschiedenheit seiner Gegenden, fast zu allen Erzeugnissen Europens geschickt; und wird, bey dem so thätigen Eifer edler Fürsten hier und da, an Producten, wie an nutzbarer Oberfläche, immer reicher, mannichfaltiger und edler a).

a) Briefw. XXIV. S. 410 ff. Staatsanz. XXII. S. 166. ff.

§. 19.

Thierreich. An den Küsten der See sowohl, als innerhalb, mittelst seiner Flüsse und übrigen Gewässer, hat Teutschland Fische im Ueberfluß, und von sehr mannichfaltiger Art a); auch die Perlenmuschel in einigen Flüssen. Die zahlreichen Wälder sind voll Wild; jedoch leider! in manchen Gegenden bis zur Plage der Einwohner b). Dagegen ist der Wolf seltener c), Elendthiere (und Bäre) aber ganz unsichtbar geworden d); so wie der Hamster, ein nur in verschiedenen Provinzen Teutschlands, in Polen und einigen andern Gegenden Europens, sonst aber auf der ganzen Erde nicht weiter anzutreffendes Thier, gleichfalls seltener wird e). Gemsen halten sich auf, an den hohen Gebirgen in Steyermark, Oesterreich, Tyrol und Salzburg, und in beyden letztern Ländern auch Steinböcke; so wie in Mähren noch eine Art von Leoparden.

Frem-

III. Producte und Nationalfleiß ꝛc. 37

Frember Pferde bedarf Teutschland nur in einigen Gegenden; andere f) hingegen haben daran Ueberfluß, der dem Ausländer zugeführt wird. Schafe hat es, nach einem mäßigen Ueberschlage, mehr als 12 bis 13 Millionen g), deren Art in neuern Zeiten durch Paduanische und Spanische Verpflanzungen hier und da verbessert worden h); und nicht geringer ist verhältnißmäßig auch die übrige Viehzucht; worunter das Rindvieh in den Marschländern, die Schweine in Westphalen, die Gänse in Pommern, nebst den Kapaunen in Böhmen und Steyermark, an Menge und Güte sich besonders auszeichnen i); einiger Gattungen des wilden Geflügels nicht zu gedenken.

Auch die Bienenzucht, die zwar, so wie die Deichfischerey, durch die Reformation, in Teutschland wie in andern protestantischen Ländern, in Verfall gerathen ist, wird in verschiedenen Provinzen noch auf eine sehr einträgliche Weise betrieben k). Dagegen ist freylich der Seidenbau bey weitem in dem größten Theile von Teutschland, theils noch ganz unversucht, theils in der ersten Kindheit noch, und nur in wenigen Provinzen von Bedeutung l). Die in mehrern Teutschen Landschaften neuerer Zeit angesetzte Angorische Ziege, eröffnet auch nicht ungegründete Aussichten zu einem ganz neuen inländischen Thierproduct von Wichtigkeit m).

a) Ein nach den Monaten eingerichtetes Verzeichniß von den mancherley Gattungen von Fischen, welche in der untern Elbe gefangen werden, findet sich in den Hamburgischen Kalendern. — Von den verschiedenen Fischarten in der Weſer, ſ. Hrn. Kriegsr. Culemanns Ravensbergiſche Merkwürdigkeiten. ‖ Seit. 95. — Von dem Mayn vornehmlich: Oeconomiſche Naturgeſchichte der Fiſche in der Gegend um Maynz, von Bernhard Seabaſtian Nau (auch unter dem Titel. Beyträge zur Naturgeſchichte des Maynzerlandes. Heft I.) Maynz 1787, 8. — Von dem Rhein, ſ. Schlöz. Briefw. XL. S. 193.—Mannichfaltigkeit der Fiſche im Bodenſee, und Größe der Lachsforellen: Keyßler Reiſebeſchr. Th. I. (edit. Hannov: 1740, 4.) S. 15. Richtiger noch in Gercken Reiſe Th. I. S. 167. - Auch iſt die Größe des ehemahligen Heeringsfanges an den Küſten der Oſtſee, aus Helmoldi *Chronic. Slavorum et Venedorum.* II. c. 12, und aus Anderſons Geſch. der Schiffahrt und Handlung Th. I. S. 88, zu erſehen; wozu vielleicht in Zukunft wieder Hoffnung wäre, wenn die Züge nicht vorher weggefangen würden. Indeſſen fängt man den Heering noch jetzt bisweilen an der Küſte von Schwediſch-Pommern und Rügen in ſolcher Menge, daß das Wall oder 80 Stück für 1 Ggl. oder 6 Pfennig gekauft werden.

b) Siehe unten Specialſtatiſtik von Teutſchland. — Man berechnet aus Kirchenliſten die Anzahl der Menſchen eines Landes: auf ähnliche Weiſe würde ſich aus Jagd- oder Pürſchliſten, wenn ſie öffentlich zu haben wären, die Menge des Wildes und die Plage der Unterthanen ermeſſen laſſen. Auch giebt es einen ungefähren Begriff davon, wenn man lieſt, daß in Einem Herzogthum während eines einzigen kalten Winters bey 7000 Stück rothen Wildprets, und bald darauf in zwey andern 20,000 Stück ſchwarz u. roth Wild umgekommen, oder beſſer zu ſagen, "geſtorben" ſind, wie jener Fürſt bey Keyßlern, von ſeinen wilden Schweinen ſich auszudrücken pflegte,

III. Producte und Nationalfleiß ꝛc.

pflegte, da es indeß von seinen Bauern nutzließ, sie seyen "crepirt". Keyßler Th. I. S. 108. - Ueber das Verhältniß zwischen dem Wildstande eines Landes, wo z. B., wie im Anspachischen, 40,000 Gulden jährlich aus dem Jagdregale gelöst werden, und der Anzahl von Quadratmorgen Waldung, die erforderlich sind, wenn durch Wildfraß niemand Schaden leiden soll, siehe die schätzbare Berechnung des Hrn. Grafen Mellin im Journ. v. u. f. D. Jahrgang 1785, St. II. S. 185 ff.

c) Wie zahlreich diese reißigen Thiere noch gegen das Ende des 16ten Jahrhunderts in Teutschland gewesen, sieh. ein Beyspiel in Schlöz. Briefw. XL, S. 197.

d) Elendthiere gab es noch im 10ten Jahrhunderte in Teutschland; Schlöz. Briefw. II. S. 79 : 83. — und Bäre sollen sich auch vor einem Paar Jahrzehnten noch im Baireuthischen gezeigt haben.

e) In ganz Teutschland ist diese Thierart, auf dessen Vertilgung man, ihrer Schädlichkeit wegen, sehr bedacht ist, nirgend häufiger, als in der Gegend um Gotha, wo in einem einzigen Jahre über 80,000 gefangen worden. S. Sulzers Versuch einer Naturgesch. des Hamsters. Gotha 1778, 8. Seite 94.

f) Die vornehmsten Provinzen der Pferdezucht in Teutschland, sind Pommern, Mecklenburg, Holstein, Ostfrießland, Oldenburg, einige Braunschweig-Lüneburgische Landschaften, Wirtemberg, Anspach, auch die Bisthümer Bamberg und Würzburg. J. B. Zehentners Unterricht von der Pferdezucht S. 39 ff. — die Ostfrießländischen Pferde werden besonders in Rom als vorzügliche Kutschpferde geschätzt. S. des Herzogs von Newcastle neueröffnete Reitbahn

bahn S. 50 f. — Ein wildes Gestüt hat Teutschland nur auf der Sennerheide, in der Graffchaft Lippe; welches zugleich, nebſt dem zu Bückeburg in der Graffchaft Schauenburg, die berühmteste Stuterey vormahls in Teutschland gewesen, aber nach 1730 in Verfall gerathen ist. Siehe davon, und über dessen Einträglichkeit zur Zeit des Flors, Zehentner am angef. Ort. S. 116–125. J. G. Prizelius vom Sennergestüt. Lemgo 1770, 8. — Vergleichung der Teutschen mit Englischen Pferden, in Stärke und Geschwindigkeit; f. Auszug aus *Pennant's* Britisch Zoology mit Anmerk. vom Hrn. Stallmeiſter Ayrer, in Hrn. Hofr. Schlöz. Briefw. XXXVI, S. 336 ff. — Wegen Rußischer Pferde, *Mercure de France* Sept. 1757, S. 121. —

g) Eine Vermuthung, daß diese Summe nicht übertrieben sey, giebt ſchon das Contingent der Oesterreichisch-Teutschen Länder, von faſt 4 Millionen; der Brandenburgischen (Preußen mit gerechnet), von mehr als 5. Millionen; der Sächsischen, von beynahe 1 Mill. 600,000 u. ſ. w. — Heidschnucken im Lüneburgischen und in der Mark, ſ. Hrn. Hofr. Beckmann's Grundsätze der Teutsch. Landwirthschaft S. 458. — Für das große Teutschland iſt übrigens dieſe Summe noch immer gering, in Vergleichung mit England, das bereits zu Anfange dieſes Jahrhunderts 12 Mill. hatte. Auch iſt der Werth und Ertrag eines Teutschen Schafs, auffallend gering, gegen den Werth eines Englischen von der großen Art; Taube Abſchilderung der der Englischen Manufacturen. Wien 1776, 8. S. 41 f. — oder eines Spanischen feinen Wollenschafs; ſ. Schreiben eines Englischen Edelmanns von der Schafzucht in Spanien, in Clarke's Briefen vom gegenwärtigen Zustande des Königr. Spanien, übersetzt, und erläutert von Joh. Tob. Köhler Lemgo 1765, 8.

Ueber

III. Producte und Nationalfleiß ꝛc.

Ueber die Größe der ehemahligen Schaf- und Viehzucht überhaupt in Teutschland, in Vergleichung der jetzigen, theils zufolge der großen Wollmanufacturen, theils der ehemahligen Naturallieferungen. Wie die Verwandlung dieser Naturallieferungen der Viehzucht geschadet, davon giebt eine Probe Sachsen, an dem Abtrage der Zinslämmer in Geld. S. Gutherziges Schreiben an seine achtbare liebe Landsleute, die .... Bauern in Sachsen, den Ackerbau und die Viehzucht zu des Churf. Augusti Zeiten betreffend. Von H. A. S. Chemnitz 1764, 8. S. 93. f. — Ehemahlige Hirtenzahl im Braunschweig-Wolfenbüttelschen; Keyßler Reise Th. I, S. 104, aus einem Voto des Br. Wolfenb. Gesandten zu Regensburg 1663. Ist jedoch unwahrscheinlich; vergl. die Zahl der Hirten in Spanien, für 5 Mill. Schafe.

b) S. Oesterreich, Sachsen u. a. m.

i) Eine große Marschkuh giebt im Sommer des Tages 5 bis 10 mahl so viel Milch, als eine in nördlichen und einigen andern Ländern. — Ein gemästetes Schwein in Westphalen von 400 bis 500 Pfund, ist nichts ungewöhnliches; und eben so eine fette, entblutete Gans in Pommern von 18 bis 24 Pfund. Beyspiele von Schweinen in teutschen Ländern, die sogar 1000 Pfund gewogen, sieh. in Büschings Wöchentl. Nachr. Jhrg. 1778. St. 34. Seit. 274. — Rapaunen werden, nach Schweighofer, allein aus Steyermark jährlich gegen 20,000 Stück ausgeführt.

k) Die vornehmsten Gegenden der Teutschen Bienenzucht sind, im Braunschweig-Lüneburgischen, in Westphalen, in der Lausitz u. e. a. Das einzige Amt Ebstorf im Fürstenthum Lüneburg, hat mehr als 60 Lagen Bienen, die jähr-

jährlich bey 5000 Pfund reines Wachs, und mehr als 360 Tonnen Honig, jede zu 300 Pf., geben; aus welchem letztern gegen 4500 Rthl. gelöset werden. — In Westphalen hat in mancher Gegend ein Hausvater jährlich, nach Abzug aller Kosten, bey 200 bis 300 Rthlr. reinen Gewinn von der Bienenzucht. S. Hrn. Carstens Nachrichten in den Hannöverschen gel. Anzeigen J. 1750, S. 181 — 206. — Auch Waldbienenzucht hat Teutschland noch in zwey Gegenden. S. Hrn. Hofr. Beckmann's Grundsätze d. T. Landwirthschaft S. 523.

Etwas über die verminderte Consumtion des Wachses, und die gefallene Bienenzucht in Teutschland durch die Reformation; und in wie weit der gestiegene Luxus den Abgang des ehemahligen kirchlichen Wachsverbrauchs ersetze? Adam Gottl. Schirachs Erläuteruug der Kunst, Ableger zu erzielen. Budißin 1770, 8. S. 50. ff. — Beckmann's Physical. öconom. Biblioth. Bd. I. St. III. S. 435. ff. u. Ebendeff. Technologie S. 210 u. 313.

1) Erster Anfang des Seidenbaues in Teutschland, und Vorurtheile dagegen, s. Schreber Sammlung öconomischer Schriften, Th. I, S. 185 ff. Am beträchtlichsten ist er in einigen Provinzen der Oesterreichischen Erbländer, besonders in Tyrol; nächst diesem in der Pfalz; und neuerer Zeit haben darin auch die Brandenburgischen Staaten wichtige Fortschritte gemacht. Das übrigens noch immer in vielen Provinzen herrschende Vorurtheil, daß sie für den Seidenbau zu kalt seyen, und er nur in einem heissen Lande gut gedeihen könne, widerlegt die Erfahrung. Die vortrefflichste Persische Seide fällt am Fuße des Kaukasischen Gebirges; die beste Welsche, in Piemont; und die theuerste von China in der Landschaft Nankin, wo gleichwohl

III. Producte und Nationalfleiß ꝛc.

wohl die Winter so kalt sind, daß die Flüße zu gefrieren.

m) Bemerkk. der Kurpfälz. physical. öconom. Gesellsch. Jhrg. 1771 S. 284 ff. — Beckmann Grundf. der Teutsch. Landwirthsch. Seite 295.

§. 20.

Im Pflanzenreich zeichnet sich Teutschland vornehmlich durch seinen Ueberfluß an Getreide a) durch Pflanzengewächse, Baumfrüchte b) und Weine c), durch seinen unermeßlichen Flachsbau d), und durch seine Holzungen aus; welche letztere jedoch durch unwirthschaftliche Verschwendung bereits hier und da nur allzusehr verdünnet sind e). Der sonst so wichtige Waidbau ist durch den Indig zwar verfallen f): an dessen Statt hingegen hat die Cultur des Krapps g) angefangen, in verschiedenen Gegenden beträchtlich zu werden; so wie es der Tabak h) vornehmlich seit einem Jahrzehend geworden ist, und vielleicht die glücklich versuchte Rhabarbar in der Pfalz i) künftig auch seyn wird.

a) Jedoch mit Ausnahme des Waizens, dessen überhaupt in Teutschland zu wenig gebauet wird. Beckmann Grundf. der Teutsch. Landw. S. 104. — Buchwaizen oder Heidekorn, wird in Gegenden, wo der Boden zu andern Getreide geschickt ist, wenig; desto mehr aber im Lüneburgischen, in der Mark Brandenburg, und in Holstein gebauet. — Mays oder Türkischer Waizen, gedeihet vornehmlich in den südlichen Gegenden von Teutschland; in nördlichen Provinzen ist ihm die Kälte nachtheilig. Nächst dem Roggen und der zweyzeiligen Sommergerste, als den beyden gemeinsten und häufigsten Getreidearten in Teutschland, ist für manche Gegen-

Gegenden, vornehmlich für Schwaben und Franken, auch der Dinkel oder Spelz ein sehr wichtiges Product, dessen sehr feines und weisses Mehl in- und außerhalb Teutschland geschätzt ist.

b) In einigen seiner südlichen Provinzen hat Teutschland auch Zitronen, Pomeranzen, Oliven ꝛc., die zum Theil den Italiänischen vorgezogen werden, weil man sie besser aufbewahren kann. Am reichsten und mannichfaltigsten ist es an Aepfeln, deren es bey 200 Arten hat. — Unter nutzbare Bäume, deren mehrere Anpflanzung noch zu wünschen ist, gehört vorzüglich der Wallnußbaum, wovon oft ein einziges Schweizerisches Kirchspiel mehrere hat, als manches große Fürstenthum in Teutschland besitzt. Von dem vielfachen Nutzen dieses Baums, und was er der Bergstraße allein durch sein Holz einbringt, s. Hirschfelds Gartenkalender Jhrg. 1785, S. 130 f. — Keyßler Reise II. S. 1202 ff.

c) Der Weinbau wird vorzüglich betrieben: Im Niederrheinischen Kreise, und wachsen hier die mancherley Rhein- und Moselweine, worunter die Rheingauer die edelsten sind. S. v. Forster, Rheingauer Weinbau, Frkf. u. Leipz. 1765, 8. — Einträglichkeit guter Weinjahre, und Armuth der Winzer am Rhein; Bemerk. der Kurpfälz. physical. öconom. Gesellschaft J. 1772, S. 9. — In Franken, vornehmlich um Würzburg, wo der Stein- und noch mehr, der Leisten-Wein sich auszeichnet; Fischer Fränkischer Weinbau. Anspach 1783, 8. Von den Leisten- und Steinwein insbesondere; Gothaische Handlungszeitung Jahrg. 1787, S. 281 f. — In Schwaben, dessen Neckarweine und Bleicherte nahmhaft sind; und in Oesterreich. Von den verschiedenen Gattungen der Weinreben in Oesterreich, s. einen Aufsatz in der Gothaisch. Handlungszeit. J. 1787, S. 324 ff. Beschaffenheit und

III. Producte und Nationalfleiß ꝛc.

und Güte der dasigen Weine; Nicolai's Reise Bd. III. S. 256. — Auch Böhmen, Mähren, die Niederlausitz, Thüringen und Kursachsen, bauen Wein; er hat aber so wenig, als jetziges Einbecker Bier; mehr die Ehre, zum Geschenk von Fürsten begehrt zu werden.

d) Der feinste Flachs, nicht nur in Teutschland, sondern in Europa überhaupt, wird zu Cortryck im Oesterreichischen Flandern, und zu Rœrmonde in Geldern erzeugt, wovon der Werth eines Pfundes, zu Spitzen verarbeitet, nicht selten bis zu 6 bis 7000 Gulden erhöhet wird. Nachricht von Erbauung und Zurichtung des feinen Flachses zu Batristen, Brabanter Spitzen und feinen Leinwand in Holland. Aus Engl. Urkunden gesammelt von Seifert. Dresden 1780, gr. 8. Vergl. von dem zu Mecheln und Ryssel gesponnenen Zwirn zu Spitzen, Schreb. Neue Sammlung von Cameralschriften Th. VI. S. 239.

Hanf bauet Teutschland kaum den dritten Theil so viel, als blos zu groben Manufacturen gebraucht wird. Die vornehmste Hanfgegend in Teutschland ist die Markgraffschaft Hochberg, wo bisweilen Stängel von 16 Rheinländischen Schuhen wachsen, und aus 1 Pfund 20 Ellen Tuch gesponnen werden. Schreber Oconom. Sammlung. Th. IX. S. 197. Verhältniß des Französischen dagegen; *Journal oeconomique* Oct. 1753. p. 75 ff.

Der Saame zum Hanf sowohl, als zu seinem großen Flachsbau, erhält Teutschland aus Liv- und Curland, aus Litauen und dem benachbarten Polnischen Gebiete; den Seinigen läßt man nicht zur völligen Reife kommen. Geglaubter Vortheil beym Leinsaamen jener nordischen Länder, wenn er in wärmern Gegenden gesäet wird, Hamburg. Magazin Th. VII. S. 73. Th. VIII. S.

S. 198 f. Doch gehen von dem besten Lein=
saamen der nordischen Länder nur ⅓ des Ganzen
auf. Hannöversche nützliche Sammlungen.
Jhrg. 1755. S. 1607 f.

e) Eine Probe siehe in den Bemerkk. der
Kurpfälz. physical. öconom. Gesellsch. Jhrg.
1780. S. 196 f. Dergleichen holländische Frey=
gebigkeit und fröliche Tage der Forstbedienten,
auf Kosten der schönen Teutschen Wälder, mögen
nicht selten gewesen seyn. Vergl. Schlözers St.
Anz. XIV. S. 167. Seit hundert Jahren ist
das Holz in Teutschland, in manchen Gegenden
6=, in andern 8= und 10 mahl theuerer gewor=
den. Büschings Vorbereitung zur gründli=
chen Kenntniß der geographischen Beschaf=
fenheit und Staatsverfassung der europäischen
Reiche und Republiken. Hamburg 1784, S. 34.

f) Ueber den ehemahligen Waidbau in Teutsch=
land überhaupt, s. D. G. Schrebers histori=
sche, physische und öconomische Beschreibung
des Waids. Halle 1752, 4. — Von der Stadt
Erfurt und dem Wohlstande Thüringischer Dör=
fer durch den Waid. Beckmann's Technologie
S. 111. Vergl. Schlözers Briefw. XX. S.
111. — Seit 1781 wird zu Neudietendorf von
einer Herrnhutischen Gemeine, aus Thüringischem
Waid jährlich bey 300 Pfund ächter, alle Pro=
ben haltender Judig gemacht. Sieh. Demachy
Laborant im Großen= mit Anmerkungen ==
Wieglebs. Aus dem Französ. von Samuel
Hahnemann. Bd. 2. Leipz. 1784, 8. — Wie
vortheilhaft es sey, künstlichen Indig aus Waid
zu bereiten, ist berechnet in der Gothaischen
Handlungszeitung Jhrg. 1787, S. 94 f.

g) Vom Anbau und Commerce des Krapps
oder der Färberröthe in Deutschland. Leipzig
1779, 8. Krapp wird gebauet, (nächst Schle=
sien, wohin er sich durch den 30 jährigen Krieg,
aus

III. Producte und Nationalfleiß ꝛc.

aus Böhmen gezogen hat, und gegenwärtig dem Lande auf 300,000 Rthlr. einträgt,) am meisten im Darmstädtischen; Büsching Wöch. Nachr. J. 1778. S. 271. Vergl. Schlözers St. Anz. IX. 116 f. u. XIV. 162 ff. — in der Pfalz seit 1763; Bemerkk. der Kurpfälz. physical. öconom. Gesellschaft. J. 1771. — im Magdeburgischen, etwas auch im Wirtembergischen und in Thüringen.

h) In der Pfalz z. B. stieg der Betrag des erzeugten Tabaks in den Jahren 1777 u. 1778 so hoch, daß man über 65,000 Centner Blätter, am Werth für 810,000 Fl., in dem einzigen Jahre 1778 ausführen konnte. Gercken Reise Th. I. S. 2. Vergl. mit Münchner Intell. Blatt J. 1780 Num. 8. S. 83. — Eben so wuchs die Kultur dieses Krauts während und durch Veranlassung des Amerikanischen Kriegs auch in andern Ländern. Siehe Briefw. XIII. Seite 71. Der Nürnbergische, Hanauische, Hessische und Mannheimische Tabak, wird unter allen übrigen Teutschen Arten für den besten geachtet, weil er dem Maryländischen am nächsten kommen soll.

i) Zu Kefernthal. Eine Gesellschaft Teutscher, nicht Franzosen, wie eine gedruckte Nachricht sagt, haben diese Rhabarberpflanzung unternommen, die bereits vor vielen Jahren über 10,000 Stöcke betrug. Vergl. Hrn. Hofr. Beckmanns physical. ökon. Biblioth. B. III. St. 3. S. 203 und Bemerkk. der Kurpfälz. physical. öconom. Gesellsch. J. 1771. S. 212 ff.

§. 21.

Einzig aber unter allen Provinzen Europens, ist Teutschland in Rücksicht seiner mineralischen Producte. Unter seinen mannichfaltigen Erdarten, die für Fabriken wichtig sind, hat es Porcellanerde, *Mineralreich.*

erde, in mancher Gegend von so vorzüglicher Art, daß auf deren Entwendung sogar Strang und Tod verordnet ist *). Es ist sehr reich an Verschiedenheit und Menge des Marmors, zum Theil selbst von Carrarischer Güte a), und hat, neben dem Achat, Jaspis, und mancherley andern Steinen von Werth, unter den Topasen, als der einzigen Art ächter Edelsteine, die überhaupt in Europa sich finden, den schätzbarsten b).

Gold findet sich in seinen Bergwerken c) sowohl, als in verschiedenen seiner Flüße d); obgleich jetzt weniger, als ehemahls e). An Silber hingegen hat es unter allen Europäischen Ländern die größte Menge, und Zinn nebst England fast allein f) in Europa; so wie es auch mit Kupfer, Eisen g) und Bley; mit den Halbmetallen jeder Art, vornehmlich mit Kobold h), und in ausgezeichneter Menge mit dem, durch die Amalgamation zu einem ausgedehntern Gebrauche und Absatz gekommenen, Quecksilber i), sammt andern Bergproducten, gesegnet ist k).

Ein wichtiges Erzeugniß, womit Teutschland gleichfalls in mehreren Gegenden versehen ist, sind auch Steinkohlen, und Torf. Gemeines Salz, sowohl Stein- als Brunnensalz, hat es so viel, als es nicht nur überhaupt zu eigenem Gebrauche bedarf, sondern es führt auch dessen jährlich eine große Menge dem Auslande zu l).

Endlich ist Teutschland noch versehen mit einer ungezählten Menge warmer Bäder und Sauerbrunnen in verschiedenen Gegenden, so daß ihre Anzahl über 900 bis 1000 steigen soll m); worunter

man-

III. Producte und Nationalfleiß ꝛc.

manches dieser Waſſer derjenigen Landſchaft, wo es entſpringt, theils eben ſoviel, theils zwey- und drey- mahl mehr einbringt, als oft die geſammten Ein- künfte wichtiger Grafſchaften, ja ganzer Herzog- und Fürſtenthümer betragen n).

*) Siehe Sachſen.
a) S. z. B. den Marmorbruch Grünheyn, und den zu Crottendorf bey Schwarzenberg in Sach- ſen. Vergl. Hamb. Mag. B. XIX. S. 298-310.
b) S. die Vergleichung der Sächſiſchen ſoge- nannten Schneckenſteiner Topaſe mit andern, beſonders den Ceyloniſchen und Braſiliani- ſchen, in Joh. Gottl. Kerns Abhandl. vom Schneckenſteine oder dem Sächſiſchen Topas- felſen. Herausgegeben mit Anmerkk. von Ignaz Edlen von Born (Prag 1776, gr. 4.) S. 24 f. S. 26 Not. z.
c) Außer dem wenigen Golde, welches aus Silber- und Kupfererzen geſchieden wird, hat Teutſchland auch einige Bergwerke, die unmit- telbar auf Gold bauen: — in Böhmen das Goldbergwerk bey Eule im Kaurzimer Kreiſe, wo noch neuerlich Stufen von gediegenem Golde brachen. Ign. v. Born Index foſſilium, quae collegit et in claſſes ac ordines diſpoſuit. Pra- gae 1772, 8. Th. I. S. 64. 67. — Am Fich- telberge, das Goldbergwerk bey Goldkronach. Nachrichten von der politiſchen und ökono- miſchen Verfaſſung des Fürſtenthums Bay- reuth. (von Hrn. v. Meyer) Gotha 1780, 8. S. 114 — 118. — Salzburgiſche Goldberg- werke. v. Born am a. Ort. Seite 64 ꝛc.
d) Goldwäſche im Rhein, vornehmlich im Pfälziſchen Oberamt Germersheim, und im Baadenſchen; — in der Eder, hauptſächlich im Waldeckiſchen; — in der Elbe, ehedem bey Torgau; — Goldſand in der Saale, in der

Schwarze

Schwarze ꝛc. ꝛc. Siehe Köhlers Münzbelusti-
gungen Th. II. S. 203 ff. Keyßler Theil II.
S. 1308 f. Vergl. 1095. Voigt Mineralogi-
sche Reise durch Weimar und Eisenach. Th. I.
Dessau 1782, 8. S. 27. Von der Beträchtlich-
keit des Goldsandes mehrerer Böhmischen Flüsse,
v. Born am angef. Ort Seite 65.

e) Das Böhmische Goldbergwerk bey Eule
war einst so reich, daß es ein Jahr gab, da auf
einer einzigen Fundgrube 1,600,000 Ducaten gewonnen wurden; nun dauert es nur kümmerlich
noch durch Hamburgische Gewerken fort. Neue
gesellschaftliche Erzählungen Th. IV. S. 3 f.
Herrmann Abriß der physical. Beschaffenheit
der österreichischen Staaten. St. Petersburg
u. Lpz. 1782, 8. S. 203. — Wie viel Goldkronach in der ersten Hälfte des 16ten Jahrhunderts
alle sieben Tage an Gold geliefert, s. GEORG
AGRICOLA *de veterib. et novis metallis* L. b. I.
c. 10. Opp. p. 670. — und in den noch reichern
Jahren. 1577 u. 1578, Brückmann *Magnalia
Dei in locis subterran.* Braunschweig 1727, Fol. I.
S. 85. Vergl. damit dessen neuern Zustand, in
den Nachrichten von der politischen und ökonomischen Verfassung des Fürstenthums Bay-
reuth. Gotha 1780, 8. S. 114 — 118. —
Ertrag der Goldbergwerke in Salzburg, noch
während der Jahre 1700 bis 1706, s. von Beust
Entwurf von der Münzgerechtigkeit im heil.
Römischen Teutschen Reich. Leipzig 1745, 4.
Seite 183 f. Neuerer Zustand dagegen, von
Born am angef. Ort. Theil I. S. 64 ff. Theil
II. S. 109. — Wie übrigens verfallene Gruben
Teutscher Bergwerke hier und da, eine Folge
der Zerrüttung durch Hußiten und den 30 jäh-
rigen Krieg sind; so hat, wenigstens in mancher
Gegend, die für den Staat und verdienstlose
Menschen so nützliche Goldwäscherey aufgehört,
weil der gnädigste Landesfürst, durch kleinliche

III. Producte und Nationalfleiß ꝛc. 51

Gewinnsucht, beym angewiesenen Verkauf des Waschgoldes an die hohe Rentkammer, den Lohn des Armen verkümmerte. S. Keyßler Th. II. Seite 1309.

f) Die vornehmsten Zinngruben Teutschlands sind in Böhmen und Meisen. Nächst diesen geben zwar auch einige andere Teutsche Landschaften Zinn, als Trier ꝛc.; aber an Menge und Güte von geringer Bedeutung. Unter den übrigen Europäischen Ländern, haben Ungern, Spanien, Portugal und Sicilien gleichfalls Zinn; jedoch nur wenig, und ohne an Güte dem Böhmischen gleich zu kommen, welches nur dem Englischen nachsteht.

g) Das beste unter dem Teutschen Eisen, ist das Steyermärkische. Der daraus verfertigte Stahl war sonst größtentheils das Materiale der Englischen Stahlfabriken; er soll aber ausgeartet, und vornehmlich zu Scheermessern nicht mehr dienlich seyn. *L'art du coudelier par* Mr. Jean Jaques Perret. à Paris 1771. 8.

h) Wird am besten und häufigsten angetroffen in Meißen, und gewährte Sachsen, mittelst der in unbeschreiblicher Menge daraus verfertigten Schmalte, ehedem einen nicht viel kleinern Gewinn, als seine wichtigen Silberbergwerke. v. Justi Göttingische Policeyamts-Nachrichten, J. 1755, S. 81 f.

i) Außer Teutschland haben nur Ungern und Siebenbürgen, Polen, Spanien und das Großherzogthum Toscana, etwas Quecksilber in Europa. Dem Reichthume Teutschlands aber an diesem Halbmetall, kommt keines dieser Länder gleich. Es findet sich in Kärnten, in Böhmen und Meißen, im Hessischen, in der Pfalz im Zweybrückischen, in Tyrol; und mehr, als irgendwo, bey Ydria im österreichischen Friaul. Von einer Quecksilberader oberhalb Klosterneuburg, mitten in in der Donau, wo Queckſilber gleich dem Waſſer hervorquellen ſoll, ſ. Gothaiſ. Handlungszeit. Jhrg. 1785, S. 216.

k) Gröſſerer Verbrauch des Queckſilbers durch den Borniſchen Amalgamationsproceß; — Vermehrte Bearbeitung der Queckſilberminen, und große Fulgen dieſer neuen Methode überhaupt. S. Hrn. v. Born über das Anquicken der Gold- und Silberhaltigen Erze ꝛc. Wien 1786, 4. S. 174 — 190. Und vollſtändiger: Nachricht von dem Anquicken der Gold- und Silberhaltigen Erze, Kupferſteine und Speiſen in Ungarn und Böhmen, von Joh. Jac. Ferber. Berlin 1787, 8. S. 64 — 124.

Ueber die Bergwerke Teutſchlands und ihren jetzigen Zuſtand überhaupt, ſ. Hrn. Hofr. Gmelins ſchätzbare Schrift: Beyträge zur Geſchichte des Teutſchen Bergbaues, vornehmlich aus den mittlern und ſpätern Jahrhunderten. Halle 1783, 8.

l) An Salz ſind vorzüglich reich: einige Landſchaften des Oeſterreichiſchen Kreiſes, und der Baierſche; in Schwaben, die Reichsſtadt Halle; die Braunſchweig-Lüneburgiſchen Staaten, wo die einzige Stadt Lüneburg ehedem bey leichterm Salzvertrieb, jährlich an 120,000 Tonnen, oder 1,440,000 Himten Salz lieferte; die Heſſen-Caſſelſchen Lande, und das Herzogthum Magdeburg, deſſen Salzquellen ſo ergiebig ſind, daß ſie allein hinreichen könnten, ganz Teutſchland mit Salz zu verſehen. Die Halliſche Soole iſt, nur die Lüneburgiſche allein ausgenommen, nicht nur die reichhaltigſte in Teutſchland, ſondern auch die reichhaltigſte unter allen bekannten Soolen des Erdbodens, und wird daher ſogleich ungradirt verſotten. (Helnecciuſ) Topographiſche Beſchreib. des Herzogth. Magdeburg,

III. Producte und Nationalfleiß ꝛc. 53

deburg, Berlin 1784, 4. S. 9. — Schätzbare
Bemerkungen über die ganze Zahl der gangbaren Salinen Teutschlands, über ihren Gehalt, und über die jährliche Salzconsumtion in Teutschland nach einzelnen Köpfen, verglichen mit England und Frankreich: S. des Grafen Dundonalds Gedanken von der gegenwärtigen Bereitung des Kochsalzes, dessen Handel und den Vorschlägen, das gesottene Salz zu reinigen; aus dem Englischen nach der zwoten Ausgabe (von einem der ersten, obgleich ungenannten, Kenner dieses Faches, mit Anmerkungen übersetzt). Leipz. 1787, 8. Verbunden mit Allg. deutsch. Biblioth. Band LXXXII. St. 2. Seit. 502 ff.

m) Die nahmhaften darunter sind, in medicinischer Rücksicht, beschrieben in Joh. Friedr. Zückerts systemat. Beschreibung aller Gesundbrunnen u. Bäder Deutschlands. Berl. u. Leipz. 1768, 4. 2te Aufl. (von Andria) Königsb. 1782, 4.

n) Vergl. z. B. Coburg=Saalfeld (Schlözers Briefw. XXII, S. 191. 194.) — Sachsen Hildburghausen (Briefw. XXVI, S. 81 f. XXIX, S. 309.); auch Meiningen, Mecklenburg = Strelitz, die Anhaltischen Fürstenthümer, eine Menge geistlicher Staaten ꝛc., mit den Wassern von Spa (Les amusemens des eaux de Spa, par *Jean Phil. de Limburg.* edit. 2. Amsterd. 1782, 8. Vol. I. p. 203. Vol. II. p. 194. und Hrn. Büsch. Erdbeschr. Th. III. B. I. S. 846.); — mit Carlsbad (Schrebers Reise nach Carlsbad. Leipz. 1771, 8. S. 93.); — mit dem Selters=Brunnen (Briefw. XXII, S. 275 ff. Neue wöchentl. Nachrichten. J. 1783, St. 22. S. 337. Fabri's neues geogr. Magazin Bd. IV. St. 2. S. 346.); — Pyrmont u. a. m.

§. 22.

Zustand des Kunst-fleißes über-haupt.
Bey diesen so reichen Producten der Natur, ist auch der Teutsche Kunstfleiß in Manufacturen und Fabriken von ungemeiner Wichtigkeit. An verschiedenen Orten, besonders in Reichsstädten, dauern nicht nur beträchtliche Ueberreste aus jenen Zeiten noch fort, da Teutschland für die meisten Bedürfnisse Europens, fast die einige Werkstatt war: sondern es ist auch die Teutsche Industrie überhaupt, nachdem sie durch innere und äußere Ursachen in Verfall gerathen, und, bis auf wenige Zweige, fast ausgestorben war, in verschiedenen Ländern, theils durch die Aufnahme ausgewanderter Wallonen, Französischer Flüchtlinge und Waldenser, aufs neue belebt, und vermehrt a); theils auf mancherley andere Weise befördert worden. Einige Landschaften, vornehmlich katholische, haben sich zwar in Ansehung dieses Emporstrebens ungemein verspätet, und andere scheinen bis jetzt noch kaum etwas mehr, als die gemeinsten Handwerke zu kennen; desto thätiger hingegen zeichnen sich die übrigen durch Mannichfaltigkeit, Güte und Menge ihrer Arbeiten aus. Es giebt jetzt keine Art von Materialien, die Teutschland hat, oder von außen her bekommen kann, die nicht von Teutschen Händen zu einem Kunstproducte verarbeitet würden.

---

a) Den Einfluß der Französischen Refugiés, zum Theil auch der Wallonen und Waldenser, auf den veränderten Zustand der Manufacturen, wie in den Preußischen, so auch in verschiedenen Ländern Teutschlands überhaupt, haben die Herren *Erman* und *Reclam* zu Berlin in ihren oben

III. Producte und Nationalfleiß ꝛc. 55

oben (Seite 25) genannten Memoires hier und da mit vieler, oft kleinlicher, Mühe, ins Licht zu stellen gesucht. Siehe auch Hrn. Wund in den Bemerkk. der Pfälz. physicalisch-öconomischen Gesellschaft J. 1780. S. 242 ff.

Hutmanufacturen, seidene Strumpfwirkerey, Verfertigung seidener Stoffe, auch verschiedener halbseidenen und wollenen Zeuge, sind vornehmlich die Industriezweige, die durch Refugies in Teutschland, theils neu entstanden, theils mehr verbreitet und verbessert worden sind. Vergl. Klagen französischer Schriftsteller über die in fremden Ländern naturalisirten Manufacturen Frankreichs, durch die Aufhebung des Edicts von Nantes. DESLANDES *Essai sur la marine et sur le commerce.* pag. 159.

§. 23.

Die Leinwandmanufactur ist unter allen übrigen in Teutschland die wichtigste und größte, und zugleich an Güte wie an Größe in Europa die erste a). Die feinsten Gattungen werden gewebt im Oesterreichischen Flandern, in Ostfriesland, im südlichen Westphalen b); im Schlesischen Gebirge, in der Lausitz, in Böhmen und Mähren, in Franken und Schwaben; Mittelgewebe aber und gröbere Sorten liefert vornehmlich das nördliche Westphalen, Braunschweig-Lüneburg, Hessen, Sachsen, verschiedene Rheingegenden u. a.

dessen nahmhafteste Production.

Die wichtigste Manufactur nächst der Leinwand, sind die **Wollenarbeiten**, besonders in Strumpfweberey und Tuchmanufacturen. In Ansehung der erstern, zeichnet sich in ganz Teutschland die Stadt Apolda c) aus: die vornehmsten

D 4 Tuch-

Tuchmanufacturen aber bestehen im Lüttichschen, und ziehen sich von Limburg her nach Aachen, durch das Jülichsche und an den Rheingegenden hin d). Auch sind sie von vorzüglicher Wichtigkeit in Sachsen und der Lausitz, in Schlesien, Mähren, Brandenburg und Oesterreich, in verschiedenen Strichen von Schwaben, Franken u. a. m.

Eben so sind auch die **Baumwollenmanufacturen** ausgebreitet, und nächst den Englischen die größten und ersten. Sie finden sich in sehr vielen Provinzen und Städten Teutschlands; sind aber am vorzüglichsten in Flandern, Sachsen, in den Westphälischen Provinzen am Rhein, in Niedersachsen, Brandenburg und Oesterreich e).

Die kostbarsten **Spitzen**, die Europa kennt f), werden gleichfalls von Teutschen Händen gemacht: die feinsten in Brabant g), und nicht viel geringere in Sachsen h).

Nicht minder ist auch Teutsches **Porcellan** das erste und berühmteste in Europa; und wird unter allen am vollkommensten in Meißen und Berlin verfertiget, unter den übrigen Orten aber am besten, in Wien und Fürstenberg i).

Auch die Eisen- Stahl- und andere Metallfabriken sind äußerst mannichfaltig; aber an Güte nur in wenigen Artikeln den Englischen gleich, obschon nächst ihnen überhaupt die vollkommensten *).

Unter der übrigen Menge von Gegenständen des Kunstfleißes in Teutschland, sind auch die

Gold-

III. Producte und Nationalfleiß ꝛc. 57

Gold- und Silberarbeiten k), Glaswaaren, un̈ ächtes Porcellan und Steingut, Wachsbleichen l) ꝛc. und selbst die Nürnberger Kleinwaaren m), von nicht geringer Erheblichkeit.

Viele Zweige haben jedoch nicht nur mehrere Ausbreitung, sondern auch viele Verbesserung noch nöthig; worunter vornehmlich Papier n), Tabaksbereitung, Seidenfabriken u. a. m. gehören.

a) Hr. von Pfeiffer in seiner Schrift, über die Teutschen Manufacturen, führt (Th. I. S. 15 — 17) eine Berechnung auf, nach welcher sich die jährliche Consumtion der Leinwand in Teutschland selbst, auf 368 Mill. Fl. beläuft; vorausgesetzt, wie er glaubt, daß Teutschland 30 Mill. Menschen habe. Wenn auch sein zu hoher Maasstab, in Ansehung dessen, was er für jedes einzelne Individuum im Durchschnitt jährlich rechnet, um 100 und mehr Millionen Fl. zu viel giebt; so bleibt doch die Summe immer groß genug, um die Größe dieser Manufactur zu bewundern, in sofern Teutschland bey alle dem noch im Stande ist, auch fremde Nationen, selbst in Ost- und Westindien, in seine Leinwand zu kleiden.

b) Auffallend ist die Feinheit des Garns, das in dasigen Gegenden gesponnen wird. Westphälische Bauern um Bielefeld, Gütterslohe und Rittberg, die in Holzschuhen gehen, spinnen mit den groben Händen, die den Pflug regieren, so feines Garn, daß aus 1 Pfunde Flachs ein Faden wird, der 23 Meilen, jede von 20,000 Fuß, lang ist, und daß 16 Stücke Garn, oder 19,200 Faden, jeder von 6 Fuß, wenn sie etwas zusammengedrückt werden, durch einen Fingerring gezogen werden können. S. Büsch. Vorber. S.

S. 114. — Vom Garn der Landleute im Schlesischen Gebirge, s. Joh. Samuel Halle, Leinwandmanufactur, oder vollständige Oeconomie des Flachsbaues. Berlin 1788, 4. S. 125.

c) Apolda, eine Stadt im Herzogthum Weimar, mit nicht vollen 4000 Einwohnern, ist nicht nur die größte Strumpfmanufactur in Teutschland, sondern, nächst Aberdeen, die erste unter allen bekannten auf der Erde. Nach einem beschriebenen Etat vom J. 1779, liefert sie jährlich, auf 780 Stühlen, 40,420 Dutzend Paar Strümpfe; also gegen 8000 Dutzend mehr, als ganz Schlesien jährlich verfertiget, und auf 17,000 Dutzend mehr, als *Kendal* in England, das 5000 Paar Hände mit Strumpfstricken beschäftiget, und lange für die größte Manufactur der Art gehalten worden ist. Briefw. XXXI. S. 52 ff.

d) Vergl. Briefw. XIX. S. 44 ff. — Unter allen Teutschen Tuchmanufacturen sind die Aachner, und, nächst ihnen, die zu Monjoy und Imgenbruch, die größten. Beyde haben sich während des siebenjährigen Krieges, da die Französischen darnieder lagen, vorzüglich gehoben, und durch die Aachener Tuchmanufactur insbesondere, soll die Leidener um ihren Flor gekommen seyn.

e) Etwas über die fast allgemein seit dem vorigen Jahrhundert verminderte Anzahl der Tuchmacher in Teutschland, und die dagegen entstandene Aufnahme der Baumwollenarbeiten.

f) Ueber den großen Verbrauch der Spitzen in Europa, ihre verschiedene Gattungen, und über die wenigen Länder, die sich mit Verfertigung derselben beschäftigen, siehe einen lehrreichen Aufsatz in Schrebers neuen Cammeralschriften Th. III. S. 684 ff.

g)

III. Producte und Nationalfleiß ꝛc.

g) **Brüssel,** der Hauptsitz kostbarer Brabanter Spitzen, beschäftiget bey 4000 Arbeiterinnen mit Klöppeln, ohne die 9 bis 10,000 Hände der umliegenden Gegend zu rechnen; die sich damit abgeben; obgleich der Verbrauch und Absatz feiner Spitzen und Kanten, in neuern Zeiten sich um ein sechstheil, durch die zur Mode gewordenen wohlfeilern Blonden ꝛc., vermindert haben soll. *Handbuch für Kaufleute für das Jahr* 1785. 86. Th. II. S. 230.

h) Gegen Annaberg und Schneeberg zu. — Für die Sächsischen sowohl, als die Brüßeler und andere feinere Spitzenmanufacturen, wird das Garn, dessen Faden kaum sichtbar ist, großentheils von den groben Händen Schlesischer und Westphälischer Landleute gesponnen (s. Not. b vorherg. Seit.), auf Harlemer Bleichen zu blendender Weiße gebracht, auf dasigen Mühlen gezwirnet, und geht sodann als Lothzwirn wieder nach Sachsen, so wie in andere Länder fort. — Aus einer kleinen Portion Flachs von dem Werth eines Gr. spinnt der Schlesier für 2 Rthlr. Garn, der Holländer veredelt es zu feinem Zwirn, den der Brabanter mit 24 Rthlr. kauft, und dieser endlich macht daraus für 200 Rthlr. Spitzen. Sic vivitur ingenio! A. M. *Lipius Einleitung in die Finanzwissenschaft.* Seite 79.

i) Eine Anzeige und kurze Beschreibung aller bekannten Porcellanfabriken in Teutschland, so wie auch derer in andern Europäischen Ländern, findet sich in Goth. Handlungszeitung Jhrg. 1787, St. 37. S. 289 ff. St. 38. S. 297 ff. — Ob sich übrigens die Französische Bescheidenheit mit Grunde einbilde, Französisches Porcellan sey unter allen das vollkommenste, ergiebt sich daraus, daß es in einer Berliner Kaffeetasse zu grünem Glas zusammengeschmolzen wer-

werden kann. Hrn. Hofr. Beckmann's Technologie S. 307.

*) Ein Beyspiel vielleicht vom höchsten Grade der Industrie in Eisen, giebt Teutschland mittelst der Fischangeln, die zu Waidofen, im Erzherzogthum Oesterreich, gemacht werden. Diese Fischangeln sind so klein, daß 6310 Stück nur 1 Loth wiegen. Das Loth wird für 26 Fl. verkauft; und so wird der Centner Eisen bis zu 73,000 Fl. verarbeitet! — Der größte Theil wird nach Italien verführt.

k) Die meisten und besten Silberarbeiten in Teutschland liefern Augsburg, Berlin und Wien. Einen Beweis von dem Rufe der Augsburger Silberarbeiten, giebt die Bestellung der Russischen Kaiserin, die bey Errichtung verschiedener Gouvernemente vor vier oder fünf Jahren, sechs Tafelservice, jedes für 40 Personen, und am Werth zu 80,000 Fl., in Augsburg machen ließ, welche bestimmt waren, bey jedem Gouvernement als Inventarienstücke zu bleiben. — Das Silber, welches jährlich in Augsburg verarbeitet wird, kommt, durch verschiedene Wege, größtentheils aus den Bergwerken von Südamerika. Nicolai Reise, Band VIII. Beylage IV. 13. S. 88. — Ein wichtiger Umstand, in Ansehung der Bilanz der Teutschen Industrie!

1) S. Hrn. Hofr. Beckmann in *Novis commentariis Societat.* Goetting. Tom. V. pag. 105 seqq., und mehreres in Goth. Handlungszeitung Jhrg. 1787, S. 164.

m) Von ihrer kaum begreiflichen Wohlfeilheit, aber auch ihrer Menge, s. Nicolai Reise Bd. I. S. 252 f. 257 f. Nebst Briefw. Heft XL. wo (S. 213 ff.) blos ein Verzeichniß von nackten Nahmen ausgehender Handelsartikel, enge gedruckt, vier Seiten füllt.

n)

III. Producte und Nationalfleiß ꝛc. 61

n) Die Teutschen Papiermanufacturen befriedigen das inländische Bedürfniß so wenig in Ansehung der Menge, als in Güte, da fast kein Teutscher, besonders in Niederteutschland, einen Brief schreibt, ohne den dazu nöthigen Bogen vom Ausländer zu kaufen. Teutschland hat zwar wo nicht mehr (*Neue Wöchentliche Nachrichten* St. XXXIX und XLI.), doch nicht weniger, als 400 Papiermühlen, die nach Hrn. Hofr. Beckmanns Schätzung, jährlich bey 20,000 Ballen Papier liefern. Aber bey dem ungeheuern Papierverbrauch, der in Teutschland theils wegen übertriebener Schriftstellerey, theils wegen der großen Menge besonderer Regierungen und Canzelleyen, theils wegen des auf unsern Universitäten gewöhnlichen Heftschreibens, verhältnißmäßig viel größer ist, als in andern Ländern, reicht das inländische Fabrikat bey weitem nicht aus. Nach sichern Erkundigungen, verbrauchen z. B. allein die Druckereyen in Göttingen jährlich über 700 Ballen, und von denen in Leipzig wird von Sachkundigen bezweifelt, ob sie mit 4000 auskommen. Ob das Bedürfniß der Wiener Pressen geringer sey, zeigt ungefähr die Zahl 1172 großer und kleiner Schriften, die daselbst blos vom 1sten April 1781 bis Ende Sept. 1782 erschienen (*Blumauer Beobacht. über Oesterr. Aufklärung und Litteratur.* Wien 1783, 8. S. 36). — Wie viel wohl beym Obrigkeitlichen Papierverbrauch, durch die geflissentliche Schreibart der Acten, über das wesentliche Bedürfniß verschwendet werden mag?

Ueber das Papier in Teutschland überhaupt und Papiermangel, S. Schreber Samml. öconomischer Schriften Th. VIII. S. 255 ff. — Nicolai Reise, Bd. II, S. 378 ff, — Georg Friedr. Wehrs vom Papier und den vor der Erfindung desselben üblich gewesenen Schreibmassen.

maſſen. Hannover 1788, Th. I. S. 173—320.
— Neuerlich eingeführte Bereitung des Hollän-
diſchen blauen Zuckerpapiers in Teutſchland.
Beckmann Technol. S. 131.
Mögliche Vermehrung des Papiermaterials
durch Erſparung des Zunders; durch Abſtel-
lung der Lumpenausfuhr nach Holland, die
noch immer jährlich über 100,000 Fl. beträgt,
und beſonders von Köln und andern Städten
am Rhein, getrieben wird. Nicolai Reiſe Bd.
II. S. 380. Vergl. über den Lumpenhandel der
Holländer in Hamburg, Schreber Samml.
öconom. Schriften Th. VIII. S. 285 f. —
Auch nach England werden Teutſche Lumpen
verführt, ſ. Roſtocker Schifffahrtsliſten von
1787, im Journ. v. u. f. D. Jhrg. 1788, St.
II. S. 160. — Ueber Hrn. Superint. Schäfers
Bemühungen, ſ. Verſuche und Muſter, ohne
alte Lumpen, oder doch nur mit einem geringen
Zuſaz derſelben, Papier zu machen. Regensb.
1785; 2 Bände kl. 4. Neue Verſuche, 4 Bde,
1765 bis 71, kl. 4.

§. 24.

Handel: Bequem- lichkeiten; Zum Handel iſt Teutſchland durch ſeine Lage, als Mittelpunct von Europa; durch die Begrän- zung von drey Meeren; und wegen ſeiner an- ſehnlichen Ströme und ihrer vortheilhaften Rich- tung nach ſo verſchiedenen Gegenden hin, mit überaus erwünſchter Bequemlichkeit verſehen.

Von dieſen Vortheilen der Natur aber, verliert es anderer Seits ungemein vieles durch die
Beſchwerlichkeit ſeiner überhäuften Zölle, worüber bereits im Mittelalter vergebens geklagt wurde a); durch den Abgang einer künſtlichen Verbindung

III. Producte und Nationalfleiß ꝛc.   63

bindung mehrerer Flüsse durch Kanäle, worauf schon Karl der Große, obgleich nicht des Handels, sondern kriegerischer Absichten wegen, bedacht war b); und endlich überhaupt durch Erschwernisse von mancherley anderer Art, die ihren Grund in der vielherrischen Verfassung Teutschlands haben c). Wegen dieser Vielherrschaft und des getheilten Interesse's, das den Geist des gemeinen Nutzens in den neuern Zeiten immer mehr und mehr zum Unding machte, wurde bisher zum Behuf des gesammten Besten in Teutschland nichts unternommen d): die für das Ganze unpolitischen Zölle, die der Teutsche selbst für die Ausfuhre Teutscher Producte in seinem Vaterlande bezahlen muß, sind geblieben e), und Kanäle unterlassen worden f). Jedoch hat mancher mächtigere Fürst innerhalb seiner Lande dergleichen nützliche Unternehmungen ausgeführt; worunter neuerlichst die künstliche Vereinigung der Nord- und Ostsee durch den Holsteinischen Kanal, an Kostenaufwand die wichtigste ist, obgleich die Nützlichkeit des Erfolgs für problematisch gehalten wird *).

Besser ist, und wird immer mehr, gesorgt für den Zustand der Landstraßen, die bereits mehr als in einer vollen Hälfte Teutschlands g) zu bequemen Dammstraßen (Chauſſées) umgeschaffen sind, und den Transport zur Axe erleichtern.

Das Teutsche Postwesen, ist im Ganzen zwar weniger vollkommen, als das in England und Frankreich; kömmt aber letzterm wenigstens in einigen,

nigen, besonders den Oesterreichischen, Provinzen ziemlich nahe h).

a) Schon um jene Zeit gedenken auch Englische Chroniken der Teutschen Zölle unter dem Prädicat einer „*mira insania Germanorum,*„ Thomas W ICKES Chron. ad ann. 1269. — S. übrigens, was über dieses Verderbniß des Handels unter Kais. Friedrich II Olenschlager angemerkt hat, in seiner Neuen Erläuterung der goldenen Bulle Kaisers Karls des IV. Frankfurt und Leipzig 1766, 4. Seite 200 f.

b) Von seinem Vorsatze und bereits auch angefangenen Unternehmen, den Rhein und die Donau, und folglich das Schwarze Meer und die Nordsee, mittelst des Mayns, der Altmühl und Regniz, mit einander zu verbinden, s. *Annales Eginhardi, Metenses* u. a. ad Ann. 793.

c) Treffliche Erläuterungen darüber in Mösers Patriot. Phantasien Th. I. S. 202 ff.

d) In der neuesten Wahlcapitulation heißt es zwar noch:

„Ihro Kayserliche Majestät wollen die Commercia des Reichs zu Wasser und zu Lande nach Möglichkeit befördern„

Es ist aber blos eine überlieferte Redensart, die noch mehr dadurch ihren Sinn verliert, daß es weiter heißt:

„Dagegen aber die großen Gesellschaften, Kaufgewerksleute und andere, so bisher mit ihrem Gelde regiert, gar abthun.„

e) Und, leider! alle von Rechtswegen! Versuch einer Abhandlung *de iure vectigali*, insonderheit auf den schiffbaren Ströhmen von Teutschland, — von Fr. Wissel. Zelle 1771, 8. — Auf der Elbe haben Waaren, die z. B. von

Pirna

III. Producte und Nationalfleiß ꝛc.

Pirna in Sachsen bis Hamburg bestimmt sind, nicht weniger als 32 Zölle zu entrichten. — Die Anzahl der Zollcomtoirs auf der Weser von Münden bis Bremen, beläuft sich auf 23; weniger beschwehrt ist verhältnißmäßig die Donau, desto stärker wieder der Rhein. Siehe darüber, und wie viel der Rhein, muthmaßlich, seinen sämmtlichen Zollherren von Germersheim bis Rotterdamm einbringe, Hrn. Hüpedens vortrefflichen Aufsatz, Staats Anz. Hft. I. S. 9 ff.

f) Herzog Ernsts zu Gotha Anerbieten, die Saale und Unstrut bis zur Vereinigung mit der Elbe schiffbar zu machen, und Vereitelung dieses Vorhabens Kursächsischer Seits, wegen der Leipziger Gewölber. S. Pragmatisch. Handelsgesch. der Stadt Leipzig. 1772, 8. S. 173 ff.

*) S. Specialstatistik von Holstein.

g) Gerade aber im industriösesten Theile von Teutschland, im nördlichen nähmlich, am wenigsten.

h) Allgemeine treffliche Bemerkungen über die Mängel Teutscher Posten. S. Journ. v. u. f. D. Jhrg. 1785, St. X. S. 382 ff. Vergl. mit Jahrg. 1784. St. XI. S. 303 ff. - und Hrn. Hofr. Meiners im Götting. hist. Magazin Bd. I. St. II. S. 263 ff.

** Posttabellen, oder Verzeichniß der Poststraßen von Teutschland und einigen andern Ländern. Frankf. am Mayn, 1786, 8.

§. 25.

Seiner Behinderung durch vorgedachte Erschwernisse ungeachtet, führt indessen Teutschland doch einen nicht weniger ansehnlichen auswärtigen Handel,

Handelsplätze und Institute.

Handel, als sein inneres Gewerbe, mittelst der Messen verschiedener Städte, lebhaft ist.

Die wichtigsten Messen sind: die zu Leipzig und Frankfurt am Mayn, zu Braunschweig und Frankfurt an der Oder, zu Naumburg und zu Botzen.

Alle diese Messen werden nicht blos von Teutschen, sondern zu gleicher Zeit auch von Ausländern, und manche darunter, besonders die zu Leipzig, von Fremden fast aus allen Provinzen Europens, selbst von Asiaten, besucht. Vornehmlich aber ist es, nebst Frankfurt an der Oder und Naumburg, der Marktplatz für Polen, Rußland und andere nordische Provinzen; so wie Botzen hauptsächlich für Italien, und Frankfurt am Mayn der vorzüglichste Markt für Holländische und Französische Waaren ist.

Noch sind aber auch, theils mit theils ohne Messen, von vorzüglicher Wichtigkeit, wegen ihres Speditions- Wechsel- und eigenen Waaren-Handels, im nördlichen Teutschlande Berlin; im südlichen Wien, Augsburg und Nürnberg.

Die erste aller See- und Handelsstädte in Teutschland überhaupt, so wie, nächst London und Amsterdam, auch die größte in Europa, ist Hamburg; welche Stadt zugleich mit zwey andern See- und Handelsorten, Lübeck und Bremen, den Bund der ehemahls berühmten Hansa fortsetzt, und nebst diesen mit verschiedenen Freyheiten noch jetzt selbst in England und Frankreich begünstiget ist a).

III. Producte und Nationalfleiß ꝛc.

Andere See- und Handelsplätze Teutschlands sind vornehmlich noch: Stettin, Stralsund, Rostock und Wismar, sämmtlich an der Ostsee; Altona, bey Hamburg an der Elbe, und Emden, am Ausflusse der Ems in den Dollart und die Nordsee; Ostende und Nieupoort, gleichfalls an der Nordsee; und endlich Trieste, am Mittelländischen Meere.

Zum Behuf des Handels haben Hamburg und Nürnberg, nächst Amsterdam und Venedig, die vornehmsten Giro-Banken in Europa, eine dritte der Art ist auch zu Altona; Berlin und mehrere Städte des Preußischen Staats haben Zettelbanken, die Wiener Bank von gleicher Art aber (die Bargumsche ausgenommen) geht die Handlung nichts an.

Assecuranz-Gesellschaften hat Hamburg, Lübeck, Bremen, Emden, Antwerpen, Ostende und Trieste.

Auch sind zur Sicherung des Waarencredits, besonders der wollenen Waaren und Leinewand, in vielen Provinzen, zum Theil bereits seit ältern Zeiten, einige Hall- oder Schaugerichte angeordnet.

a) Io. KLEFEKER *diff. de Hansa Teutonica secundum principia iuris publici inprimis considerata.* Goetting. 1783. 4. — ANTON. DIEDERIC. GÜTSCHOW *Studia Lubecensium promovendi commercia.* Goetting. 1788. 4. p. 13 seqq.

§. 26.

Obschon Teutschland keine Kolonien in fremden Welttheilen besitzt, so hat es wenigstens Schiffe,

Teutschen se, die auf allen Europäischen Meeren kreuzen,
Handels und nimmt, mittelbarer Weise, fast an jedem
zu Wasser; Zweige des Europäischen Koloniehandels Antheil.
auf Außer demjenigen, was auf der Oder, in besonderer Rücksicht auf die Brandenburgischen Länder, und über die Schwedischpommerischen, Mecklenburgischen und Oesterreichischteutschen Häfen aus- und eingehet, richtet sich der große Gang des Teutschen Handels hauptsächlich nach dem Laufe der Donau, des Rheins, der Weser und der Elbe, sammt ihren gleichfalls schiffbaren Zuflüssen (§. 8).

§. 27.

der Der Donauhandel fängt schon zu Ulm an;
Donau, ist überhaupt aber, in Vergleichung mit den übrigen größern Strömen Teutschlands, am wenigsten beträchtlich.

Ulm, Regensburg und Wien, üben das Stapelrecht aus, und besorgen den Transport. Kraft der Verträge, wodurch zwischen ihnen die Donauschifffahrt regulirt ist, fahren Ulmische Schiffer nur bis Regensburg, die Regensburger bis Wien. Wiener hingegen haben stromaufwärts die Fracht aller Waaren, wiewohl sie selten, außer mit Ungrischem Kupfer, dahin kommen; Regensburger fahren sodann weiter die Ladungen bis Ulm. Kein Schiffer der einen Stadt darf mit Waaren zurückschiffen; nur Ungrische und Oesterreichische Weine, sind dem Regensburger zu Wien erlaubt. Die Ulmischen und Regensburgischen Schiffer verkaufen daher insgemein, jene zu Regensburg und diese zu Wien, ihre Fahrzeuge,

und

III. Producte und Nationalfleiß ꝛc. 69

und kehren zu Lande zurück; welches zu einer, obgleich nicht sehr beträchtlichen, Schiffsbauerey Gelegenheit giebt. Was aus Baiern auf der Iser und Donau vorfällt, fahren die Baiern bis Stadt am Hof, die Regensburger über Passau bis Ingolstadt.

Die sehr beschwerliche Fahrt im Gegentrieb oder stromaufwärts, erfodert, bey gewöhnlicher Höhe des Wassers, auf 100 Centner, ungefähr Ein Pferd; und die zwischen Regensburg und Wien gehenden Schiffe, welche übrigens, wie alle Donauschiffe, wegen der üblen Beschaffenheit des Flusses (§. 8.), ohne Segel sind, haben folgende sechs verschiedene Nahmen und Größen:

I. Ein Hochenau oder Hohenau, auch Klobzille; ist die größte Art von Schiffen, und 136 bis 146 Baiernsche Fuß lang.

II. Ein Nebenbey, (in Niederteutschland Anhang, Achterhang genannt); zwischen 130 bis 136 Fuß lang.

III. Ein Schwemmer, von 124 Fuß. — Diese drey größten Arten werden nur gebraucht, gegen den Strom oder im Gegentriebe zu fahren, weil man, um die Fracht zu erleichtern, gern die größten Gefäße nimmt, und lieber ein Pferd mehr vorspannt.

IV. Ein Kellheimer (von der an der Donau liegenden Baiernschen Stadt Kellheim, mit einer Schiffsbauerey), 120 Fuß lang.

E 3   V.

V. Ein Gamsel (Chamsel, vom Städtchen Cham am Flusse Regen?), von 90 bis 100 Fuß.

VI. Eine Platte oder Plätte, ist 36 bis 40 Fuß lang.

Briefe über die Donaukommerzschifffahrt (vom k. k. Schiffs- und Brückenhauptmann v. Bartling) Wien 1768, 8.

Almanach von Ungarn auf das J. 1778, wo S. 176 ff. die Donauschifffahrt beschrieben wird.

Nachrichten von den im Jahr 1778 bis 1781 in dem Strudel der Donau zur Sicherheit der Schiffahrt vorgenommenen Arbeiten, durch die kaiserl. königl. Navigationsdirection an der Donau. Wien 1781, gr. Fol.

Nicolai Reise, Bd II. S. 409 ff. - Und über die Taxen des Schifflohns auf der Donau, die jedoch nicht genau befolgt wird, Ebend. Beylage XIV, S. 20 f.

§. 28.

dem Rhein. Ungleich wichtiger ist der Rheinhandel, wegen des Antheils, den mehrere Provinzen, zufolge der damit verbundenen Schifffahrt mehrerer beträchtlichen Flüsse, daran haben. Der Rheinhandel beruht größtentheils auf dem Hafen von Amsterdam, und wird der Republik Holland jährlich zu 100 Mill. Gulden angeschlagen. Er erstreckt sich auf dem Rhein bis Basel; mittelst der Mosel bis Metz und Lothringen; mittelst des Mayns bis Frankfurt, Würzburg und Bamberg; vermittelst

III. Producte und Nationalfleiß ꝛc.

hilft des Neckars bis in die Gegend von Stuttgard; der Lahn bis Nassau, Diez ꝛc. (§. 8.); auch sind Nürnberg und Marktstest die Verbindungsorte des Rhein- und Donauhandels.

Zwischen Maynz und Köln, welche beyden Städte nebst Speier, das Stapelrecht haben, gehen jährlich bey 1300 Schiffsladungen theils den Rhein herauf, theils hinab; wobey über 300 besondere Schiffe, und mehr als 1000 Menschen, gebraucht werden. Ein Schiff von erster Größe in dieser Gegend, trägt 3000; von zweyter Größe, 1500; und eines von dritter Größe, Anhang genannt, 1000 Centner Ladung: Die Schiffe von Köln bis zum Ausflusse des Stroms hingegen, sind zwey- bis dreymahl größer. An jenem vom ersten Range wird insgemein noch ein Anhang bevestiget.

Schiffe, die den Strom hinabfahren, werden Thalschiffe, die hinangehenden aber Bergschiffe genannt. Bis Speier bedient man sich bey letztern der Pferde zum Vorspann, deren 10 bis 12 eine Ladung von 3000 Centnern zu ziehen pflegen. Von Speier an bis Straßburg, treten Menschen an die Stelle, deren alsdann oft 80 bis 90 die Arbeit von 10 bis 12 Pferden verrichten.

In neuern Zeiten haben die allzuhohen Wasserzölle auf dem Rhein, Mayn und Neckar, den Handel zum Theil von den Flüssen auf das Land gezogen.

gezogen. Es gehen daher gutentheils die Schweizer und Elsasser Güter nicht den Rhein hinauf nach Straßburg und Basel; sondern von Frankfurt oder Maynz zu Lande nach Schafhausen, Mühlhausen u. s. w. Die Güter für das Kurfürstenthum Trier, Herzogthum Luxemburg und Lothringen, gehen vielfältig durch Landwege nach Metz, Nanci, und andere Orte ihrer Bestimmung.

Hrn. Kammer=Assessor Hüpeden's, vortrefflichen Aufsatz vom Rheinhandel, s. Staatsanzeig. Heft I. S. 1 — 24.

Betrachtungen über die Folgen der Eröffnung der Schelde, in Absicht auf den Rheinhandel, und den Handel von Franken, Schwaben und der Schweitz. Berlin u. Stettin 1785, 4. mit einer Karte.

Die neuregulirten Thalfrachten von Maynz, s. in Gothaisch. Handlungszeit. Jahrg. 1785, Seite 158.

§. 29.

der Weser, Ein dritter Hauptweg der Teutschen Handlung, beruhet auf dem Laufe des Weserstroms. Die Stapelstädte desselben sind Münden und Bremen; jedoch in der Maaße, daß Mündensche Schiffer das Fahrrecht auf der Werra mit Heßischen Schiffern gemeinschaftlich, und nur die Fahrt auf der Fulda nach Cassel und von da zurück, ausschlüßlich, haben: so wie hingegen zum Befahren des Weserstroms jeder, sowohl Mündensche als fremde Schiffer, berechtiget ist. Mittelst der Fulda gehen die Weserfrachten über Cassel bis Hersfeld, und auf der Werra bis Wan-

III. Producte und Nationalfleiß ꝛc. 73

Wanfried; durch die schiffbare Aller bis Zelle; und mit Hülfe der Aller und Leine, welche im lüneburgischen Amte Ahlden zusammenkommen, bis vor Hannover. Ausserdem aber gehen viele Güter auch auf der Achse von und nach Münden aus Hessen, Thüringen, Sachsen, Frankfurt, Franken und Baiern, um von oder nach Bremen spedirt zu werden. Die ordentlichen Fahrzeuge der Weser sind von dreyerley Größen und Nahmen.

Die Erste Art, Böcke genannt, besteht aus Schiffen, die 118 bis 120 Fuß lang, 8 bis 9 Fuß breit sind, und 30 bis 40 Lasten tragen.

Die von zweyter Größe heißen After, Achter oder Hinterhänge: ihre gewöhnliche Länge beträgt 106 bis 108, ihre Breite 6 bis 7 Fuß, und ihre Ladung 20 bis 25 Lasten,

Die dritte Art führt den Nahmen Bullen. Die Länge eines solchen Fahrzeugs steigt auf 60 bis 65, und seine Breite auf $3\frac{1}{2}$ Fuß; seine Ladung beträgt 10 Lasten. — Nächst diesen giebt es zwar noch eine vierte Art, genannt Dielenschiffe: ihre Größe aber ist unbestimmt, und ganz der Willkühr und dem Bedürfnisse des Schiffers überlassen, da sie nur bey vorbenannten Schiffen als Boote gebraucht werden.

Drey beladene Fahrzeuge von vorbeschriebener Art, gelten, in Ansehung eines Mündenschen Schiffers, für ein volles Fahrzeug oder eine Mast; von fremden Schiffern hingegen dürfen dazu nicht mehr als zwey Gefäße, oder Theile einer Mast, genommen werden. Die Anzahl solcher verschiedenen Schiffstheile, die, ein Jahr ins andere gerechnet, zwischen Bremen und Münden gangbar sind, wird auf 100 bis 110 geschätzt, die jährlich mehrmahls hin und wieder gehen; vom Jahr 1787 bis 88 passierten deren zu Dreye, 341.

Bey der Fahrt den Strom herauf, ist es, bis zur günstigen Endschaft der hierüber gepflogenen Unterhandlungen, bisher für alle Schiffer noch Zwang, daß sie sich zum Heraufziehen ihrer Masten, von Bremen bis Hameln der Linienzieher, zuweilen 40 bis 70 an der Zahl, bedienen. Von Hameln hingegen bis Münden gebrauchen sie 8 bis 12, auch nach Beschaffenheit des Fahrwassers, mehrere Pferde.

Gothaische Handlungszeitung Jahrg. 1786, St. VII. berichtiget und ergänzt im Jahrg. 1787, St. VIII, Seite 57 ff.

Weddingen Westphälisches Magaz. Bd III. Heft IX. S. 248 ff. Vergl. mit

Johann Ludolf Quentin's, Rector des Gymnasiums zu Münden, Berichtigung eines Abrisses von der Schifffahrt auf der Weser. Göttingen 1788, 4. - und Ebenders. in *Neuen* Wöchentl. *Nachr*. Jahrg. 1789, St. III. IV.

§. 30.

der Elbe. Größer endlich, als auf allen bisher beschriebenen Flüssen, selbst den Rhein nicht ausgenommen, ist die Betriebsamkeit der Schiffahrt auf der Elbe. Schon im Innern von Böhmen beginnt der Waarenzug für diesen Strom, der vermittelst der Havel und Spree mit Brandenburg, mit Hülfe des Kanals von der Spree nach der Oder, mit Schlesien u. s. w., und überhaupt, theils

III. Producte und Nationalfleiß ꝛc. 75

theils unmittelbar, theils durch seine schiffbaren Zuflüsse, mit ganz Ober-und Niedersachsen Verbindung hat. Außer Hamburg, dem größten Sammelplaß Teutscher und ausländischer Schiffe und Waaren, sind noch Dresden, Magdeburg und Lauenburg, drey Stapelorte für die Schiffahrt der Elbe; und Lauenburg insbesondere auch der Vereinigungspunct des Elbehandels mit dem Verkehr der Lübecker. Die Dresdenschen Schiffe ungerechnet, die nur bis Magdeburg fahren dürfen, so sind blos von Magdeburg bis Hamburg jährlich gegen 300 besondere Fahrzeuge beschäftiget.

Topographische Beschreibung des Herzogthums Magdeburg und der Grafschaft Mansfeld, Magdeb. Antheils. Seite 60.

Franz Einleitung in die Handlungs-Erdbeschreibung. Th. I. Seite 190 f.

* Etwas überhaupt noch über die Reihe-oder Rangfahrt der Schiffer auf den verschiedenen Teutschen Strömen, und dem nachtheiligen Einfluß derselben auf die Betriebsamkeit des Handels.

Von den Zöllen auf jedem dieser Ströme, siehe §. 24. Not. e.

§. 31.

Die nahmhaftesten Artikel, die Teutschland in Exporten, auswärtigen Handel bringt, sind Holz, sowohl zum Schiffsbau, als mancherley anderm Behufe a); ferner Getreide von jeder Art b), Obst c), Wein, besonders Rhein- und Moselweine d); Tabak e), Waid und Krapp, Pottasche f), Pferde g), Ochsen und anderes Vieh h), eine große Menge gesalzenes und geräuchertes Fleisch i); Butter,

Butter, Käse k), Honig und Wachs l), Lederwerk, aber meist unbereitetes, Wolle und wollenes Garn m).

In Teutsche Leinwand kleiden andere Europäische Nationen nicht nur sich, sondern auch ihre Kolonien, und bezahlen dafür jährlich mehr als 30 Millionen Thaler n). Gleichwohl wird noch überdieß, jedoch immer zum Schaden der inländischen Manufacturen, eine überaus große Menge Garn, besonders nach Holland, verführt o). Nicht wenig ansehnliche Summen scheint Teutschland bereits auch für seine Wollenarbeiten wieder im Auslande zu lösen p).

Die gleichfalls sehr verbreiteten Baumwollenmanufacturen, haben ihren Vertrieb in den Süden, Norden und Osten von Europa q.); und Teutsche Spitzen, die überhaupt in allen Europäischen Ländern gesucht werden, bringen, ungeachtet dessen, was Teutschland davon selbst verbraucht, mehrere Millionen Thaler noch vom Auslande ein r).

Mit Teutschen Eisen- und Stahlwaaren werden das eisenarme Holland fast ganz s), von der massiven Kette an, die den Haven verschließt, bis auf das kleinste Schlößchen und Thürgehänge; und außer Holland viele, zum Theil selbst eisenreiche Länder t), versehen.

Auch geht ein Beträchtliches an Bley und Kupfer, sowohl roh als verarbeitet, nebst Messing- Gold- und Silberarbeiten u) aus; so wie die Halbmetalle, besonders Kobold x), in neuesten

III. Producte und Nationalfleiß ꝛc.

ſten Zeiten auch Queckſilber y); nebſt den mancherley andern Berg- und mineraliſchen Producten, einen überaus wichtigen Exportenhandel geben, wovon ſelbſt Waſſer z) und Erde a) nicht ausgenommen ſind.

Keinen unbedeutenden Artikel der Ausfuhre, machen endlich auch mehrerley irdene Geſchirre, ächtes und unächtes Porcellan b), Spiegel und Glaswaaren c), vielerley hölzerne Arbeiten d) ſammt den Nürnberger Kleinwaaren e), aus.

a) Allein aus Stettin in Pommern wurde im Jahr 1783 für 257,023 Rthlr. Holz ausgeſchifft, und im Jahr 1787 nicht viel weniger. Siehe daſige Ein- und Ausfuhrliſten von gedachten Jahren, gedruckt in 4. — Die Ausfuhre des Holzes auf der Weſer ſoll, ein Jahr ins andere, gegen 1 Million Rthlr. betragen. — Auf der Elbe wurde im Sommer 1782 für 5,400,000 Rthlr. Schiffsbauholz nach Hamburg hinab geflößt. Briefw. LIX. S. 327. — Und auf dem Rhein erhielten die Holländer im Jahr 1780, ohne das, was von der Moſel dazu kam, über $6\frac{1}{4}$ Millionen Fl. an Schiffs- und Hausbauholz. Staatsanzeigen I, S. 19.

b) Schwerlich dürften, ſo weit ſich aus bekannten Datis verſchiedener Länder folgern läßt, 9 bis 10 Millionen Rthlr. für die Summen hinreichen, die Teutſchland für Getraide von Ausländern löſt. Die Hauptabnehmer ſind: Helvetien, Frankreich, Holland und Schweden ꝛc., nächſt ihnen auch Spanien und Portugal. — Auch gewinnen einige Provinzen beträchtliche Summen für ihr feines Spelzmehl, welches häufig nach Holland und Frankreich,

nach

nach Dänemark, Rußland und in andere Länder verführet wird.

c) Frisch sowohl, als getrocknet. Aus Mecklenburg allein giengen im vorigen Jahre 7 Schiffe mit Obst nach Rußland. Einzelne Gattungen, als Borstendorfer und Stettiner (auch Rostocker genannte) Aepfel, gehen gleichfalls in ganzen Schiffsladungen, besonders in die nordischen Länder aus; so wie unter den Ladungen der Rheinschiffe überaus häufig einzelner Schiffe mit Zwetschen gedacht wird.

d) Aus dem Baadenschen und andern Orten, jedoch zum Theil auch mit aus dem Elsaß, erhält die Schweiz jährlich über Basel für 240,000 ganze Laubthaler Wein aus Teutschland. Neue Briefe über die Schweiz, von C. L. Hirschfeld. Erstes Heft. Kiel 1785, 8. Seite 74. — In Holland, wo jedoch wegen des Französischen, wenig Teutscher Wein getrunken, sondern letzterer meist wieder anderwärts verführt wird, haben die Städte Dort und Rotterdam den Rheinweinhandel ganz allein. Von Maynz sollen jährlich allein bey 1000 Stück, am Werth für 300,000 Fl., verschickt werden. S. Betrachtungen über die Folgen der Eröfnung der Schelde, in Absicht auf den Rheinhandel. Berlin und Stettin 1785, 4. — In England betrug, nach Lord Nords Angabe im Parlament, die Einfuhr der Teutschen Weine im Jahr 1780, 157 Tonnen. Wendeborn Th. I. Seite 316.— Ausschweifender Preis, selbst mittelmäßiger Rheinweine, in England, und warum? Staatsanz. Heft I, S. 19. — Vergl. Briefw. XL, S. 231 ff. und im Allgemeinen: die Hauptzweige des Weinhandels, in einem kurzen Entwurf bekanntgemacht, durch Joh. Christian Sinapius. Hamb. und Leipzig 1781, 8.

e)

III. Producte und Nationalfleiß ꝛc.

e) Rohen Tabak führen bey weitem die meisten Teutschen Provinzen, und manche darunter in ungeheuerer Menge, z. B. die Pfalz allein jährlich über 50,000 Centner, aus; kaufen ihn dann aber bereitet dem Ausländer wieder, noch einmahl so theuer, ab.

f) Von Stettin allein gehen manches Jahr über 100 bis 130 Tonnen Pottasche aus.

g) Im Jahr 1783 haben z. B. im Kurbraunschweigischen die Dörfer Langenau und Iserhagen allein an den König von Neapel 2000 Stück geliefert; Ostfriesland führt jährlich bey 3000 Stück, theils zwar auch ins Preußische und Oesterreichische, jedoch größtentheils nach Frankreich und Italien aus, wo man sie vorzüglich in Rom als die besten Kutschpferde schätzt; auf der Rostocker Ausfuhrlisten fehlen selten 2 — 3 Schiffe mit Pferden, die besonders nach Rußland gehen u. s. w.

h) Ochsenhandel aus dem Fränkischen nach Straßburg, Metz und Paris. Briefw. XLIV. Seite 89 ff. XLIX. S. 34. Vergl. Staatsanz. XXXI, S. 376 f. — Austreibung Krainischer Schafe nach Venedig. — Gänsehandel der Nördlinger, wodurch über 30,000 Stück jährlich ausgetrieben werden sollen. Franz Einleit. in die Handlungserdbeschr. Th. I. S. 188.

i) Westphalen, Pommern, Hamburg, Braunschweig und Göttingen, sind die Hauptprovinzen und Orte des Räucherns.

k) Wie beträchtlich diese Artikel für manche Provinzen sind, erläutert z. B. - Mecklenburg, das für seine ausgeführte Butter im Durchschnitt jährlich bey 250,000 Rthlr. lösen soll. Staatsanz. X, S. 173., und - Ostfriesland, welches im J. 1762 von Emden aus für 127,700 Rthl. Käse nach Hamburg und Bremen (Krünitz öconom.

öconom. technolog. Encyclopädie Th. 35.), und im Jahr 1784 an Butter 4346 Centner, und an Käse 27,250 Centner seewärts ausschickte. Gothaische Handlungszeit. v. J. 1785, S. 282.- Noch beträchtlicher ist die Ausfuhre dieser Artikel bey Holstein, obgleich nicht alles davon dem Ausländer allein zukommt, sondern zum Theil nach verschiedenen Provinzen innerhalb Teutschland selbst, verführt wird.

l) Die Kaufleute aus dem Kurbraunschweigischen schicken allein jährlich auf 150,000 Pf. gelbes Wachs nach Frankreich; und nach Spanien gehen mehr als 1,000,000 Pfund gebleichtes Wachs, aus verschiedenen Gegenden Teutschlands, über Hamburg aus. Mehreres über den Teutschen Wachshandel, s. in Hrn. Hofr. Beckmann's Abhandlung *Nov. Commentar. Societat. Goetting. Tom. V. pag. 105 seqq.*

m) Frankreich erhält und verarbeitet davon eine überaus große Menge; Ancienne z. B. erhält von den 30,000 Rthlr. wollenen Garns, das allein aus dem Gothaischen ausgeht, den größtentheil. Aus Weimarischer und Polnischer feineren Wolle, wurden bisher meist die leichten Zeuge von Reims und Champagne gemacht. S. v. Blancheville Preisschrift von der Wolle, übersetzt mit Anmerkk. bey Schreber, Samml. öconom. Schriften Th. V. S. 84.-88.

n) Hamburg z. B. allein führt im Durchschnitt jährlich für 14 — 15 Millionen Rthlr. Teutsche Leinwand aus, s. Norrmann Seite 3060. — Bremen über 4 Mill.; Ulm jährlich für 16 — 1700,000 Fl. Haid's ökonomische Abhandlungen für Schwaben, Ulm 1780, 4. S. 188 ff. — ohne was Memmingen, Kempten und das übrige Schwaben, der Burgundische Kreis, (s. Handbuch für Kaufleute

für

III. Producte und Nationalfleiß ꝛc.

für das Jahr 1785. 86. Th. II. S. 230.) — und andere Theile Teutschlands, auf verschiedenen Wegen aussenden. Vergl. Staatsanz. XLI, S. 12 f. — Geschwächte Linneneinfuhre in England, s. Handlungsbiblioth. von Büsch und Ebeling Bd II. St. II. Seite 112.

o) Es macht einen ungefähren Begriff von den vielen tausend Centnern rohen und gebleichten Garns, das jährlich ausgehet, wenn man bedenkt, daß allein der Garnhandel im Herzoglich-Braunschweigischen nach Hamburg jährlich über $\frac{1}{4}$ Mill. Rthlr. beträgt; daß in der kleinen Grafschaft Rittberg über 1 Mill. Stücke Garn von allerley Schwere gesponnen wird, wovon fast die Hälfte in die Hände der Holländer kommt. Die größte Garnausfuhre liefern Schlesien, die Länder des Westphälischen, und die des Niedersächsischen Kreises. S. über die Größe und Schädlichkeit dieses Handels, Joh. Samuel Halle Leinwandmanufactur, oder vollständige Oeconomie des Flachsbaues S. 124 ff.

p) Die ihren Zug besonders nach Italien und Spanien, in den Norden, und nach dem östlichen Europa haben; zum Theil auch durch Holländer, Franzosen und Spanier in andere Welttheile verführt werden.

q) Baumwollene Schleier zu Türkenbinden, wurden schon im 16ten Jahrhunderte durch Griechische Kaufleute aus Teutschland geholt. Rößigs Kursächsische Staatskunde nach ihren ersten Grundsätzen, Leipz. 1787, 8. S. 115.

r) Wie viele Millionen Gulden der Burgundische Kreis allein aus Frankreich jährlich für Spitzen ziehen soll, s. Handbuch für Kaufleute für die Jahre 1785 u 86. Th. II. Seite 230. — Nach Sachsen soll kommen, besage der Geleitsbücher, für Blonden und Spitzen gegen 1 Mill. Rthlr (Litteratur und Völkerkunde vom J. 1784. Bd IV. S. 920 ff.); wiewohl hier nicht bestimmt ist, wie viel davon der Absatz außerhalb Teutschland betrage.

s) Remscheid liefert allein jährlich für 30,000 Rthlr. Schlittschuhe nach Holland. Bemerkk. der Kurpfälz. physical. ökonom. Gesellsch. J. 1780, S. 96.

t) Die Türkey ungerechnet, so erhielt Rußland, im J. 1784, allein bey 360,000 Stück Steyerische Sensen. Gothaische Handlungszeitung J. 1784, S. 216. — Auch ist es noch nicht gar lange, daß die Solinger Waffenfabrike allen Armeen in Europa einen Theil ihrer Schwerdter lieferte. Bemerkk. der Kurpfälz. physical. ökonom. Gesellsch. J. 1780, S. 86 ff.

u) Augsburger Silberwaaren werden bis nach Afrika und Asien verführt. Nicolai Reise, Bd VIII. Beylage IV. 13. S. 88.

x) Teutscher Kobold geht bis nach Sina und Japan hin, vieler mittelst Englischer Schiffe. S. Wendeborn Th. I. Seite 193.

y) Vom Teutschen Quecksilberhandel nach Holland und nach Spanien, zum Gebrauch der Spanischen Bergwerke in Amerika, s. Ferber Nachricht vom Anquicken der gold- und silberhaltigen Erze. Seite 84 ff.

z) Selterser Wasser, ordentliches Getränk reicher Holländer zu Batavia. S. Bougainville Reise um die Welt. S. 299.

a) Sowohl Farbenerde, als Thon. Fast zu allen holländischen Pfeiffen wird der Thon aus Teurschen Provinzen geholt; der meiste aus dem Lüttichschen. Einige Teutsche Staaten haben jedoch klüglich in neuern Zeiten diese Ausfuhre verboten.

b).

III. Producte und Nationalfleiß ꝛc.

b) Ueber den Debit verschiedener Porcellan=
fabriken im Auslande, siehe Journ. v. u. f. D.
J. 1785, St. I. S. 8. f. — Schade nur, daß
die allzu vielen Fabriken der Art sich unter ein=
ander selbst an einem mehr ausgebreiteten Ab=
satze hindern!

c) Wichtige Beweise von der beträchtlichen
Ausfuhre dieses Products blos von Stettin, lie=
fern die dasigen Ausfuhrlisten von jedem Jahre;
und die Rostocker Listen von Mecklenburg. —
Böhmisches Glas geht, außer Rußland, auch in
Menge nach Portugal. Fabri N. Magaz. Bd I.
S. 577 vgl. Beckmann Technol. S. 325.

d) Versendung hölzerner Löffel allein aus
dem Nassau= Siegenschen nach Holland, und
von da nach Westindien. Bemerkk. der Kur=
pfälz. physical. öcon. Gesellsch. J. 1780, Seite
103 ff. — Betrag der bis nach Ost=und West=
Indien gehenden hölzernen Wanduhren, die
im Fürstenbergischen und im Schwarzwalde
gemacht werden, Gothaische Handlungszeit.
J. 1786, S. 208.

e) Siehe oben Seite 66 Not. m; und wegen
der erstaunenden Menge hölzerner Trompetchen
insbesondere noch, Nicolai Reise Bd I. Beyl.
XI. 2. S. 96. — Von Kleinwaaren der Osna=
brücker, die in großer Menge in Neapel ein=
kommen, Schwinburne in seinen Reisen nach
Neapel Th. I. S. 93.

* Artige Handelsindustrie mit Kanarien=
vögeln, deren viele Tausende bis nach Rußland
und in die Türkey verführt werden. Staats=
anzeig. I. S. 71, Beckmann Beyträge zur
öcon. technol. ꝛc. — Fabri geogr. Mag. Band
III. Seite 457 - 460.

§. 32.

Importen. Dagegen empfängt Teutschland vom Auslande wieder, nicht nur Getreide und Pferde, besonders aus Ungern und Polen, in den angränzenden Oesterreichischen und Preußischen Provinzen, so wie gleichfalls aus Ungern auch große Heerden Schweine a); ferner Irländische Butter; verschiedene Materialien zu Manufacturen und Fabriken, als Seide, Baumwolle ꝛc. aus Italien und der Levante: sondern ist auch zinsbar für alle Ost- und Westindische Waaren, für fremde Weine und Früchte verschiedener Art; für wollene b), baumwollene und seidene Zeuge, für Papier c), für Galanterie-Waaren, und überaus viele andere Dinge, sowohl zum Genuß und Verzehren, als zur Kleidung, zum äußern Prunk und Luxus d); worunter nur, leider! noch so mancher Artikel ist, wozu es Jahr aus Jahr ein rohe Materialien ins Ausland verschleudert e).

a) Man treibt sie Heerdenweise nach Oesterreich, Baiern, Franken; und, durch Mähren und Böhmen, nach Sachsen. Es ist aber mehr als um die Hälfte zu viel, wenn der Werth dieser Ausfuhren auf 1 Mill. Fl. von einigen geschätzt wird. S. Franz Einleitung in die Handlungs-Erdbeschr. S. 221.

b) Hr. Möser (Patriot. Phantas. Th. II. S. 452.) fand noch 1776 wahrscheinlich, daß davon blos aus England für 1 Mill. Pf. Steel. uns zugeschickt werde. Man sehe aber die *Annual-Register* 1773. p. 102. und Handlungsbibl. von Büsch und Ebeling Bd II. St. I. S. 112, wo die ganzen Importen der Engländer nach Teutschland u. Holland zusammen von 1771 bis 73, kaum über 3 Mill. Pf. St. angegeben werden. Vergl.

III. Producte und Nationalfleiß ꝛc.

Vergl. Hrn. Norrmann's in Hamburg Geogr. Handbuch S. 3068. über die verminderte Anzahl Englischer Schiffe mit Wollenwaaren zu Hamburg, in neuern Zeiten gegen sonst.

c) Ueber 1 Mill. Rthlr.? Schreber Samml. öcon. Schriften Th. VIII. S. 256. Vergl. Nicolai Reise Bd II. S. 380 ff. — Vom Papierhandel der Elsasser nach Teutschland, siehe Schriftrasche eines Reisenden durch Teutschland, Frankreich, Helvetien und Italien Th. I.

d) Vor dem Verfall des Genfer Uhrenhandels, soll Genf jährlich allein nach Teutschland gegen 30,000 Stück Uhren geschickt haben. Ohne Zweifel werden ihrer auch noch jetzt nicht weniger, aber vornehmlich von Neufchatel aus, nach Teutschland gesandt, seitdem ein Genie die Entdeckung gemacht hat, durch zwey Uhren sich im Gleichgewicht zu erhalten.

e) Außer den bisher schon vorgekommenen mancherley Beyspielen, dienet auch noch zur Erläuterung die Ausfuhre des Teutschen Rübsaamens nach Holland, und der Rückkauf des daraus geschlagenen Oels. S. Beckmanns Grundsätze ꝛc. S. 404. — Der Verkauf roher Edelsteine, Gerken's Reise Th. I. S. 14. u. f. w.

§. 33.

Der Teutsche Kunstfleiß und Handel hat sich allgemeinselt seinem Verfalle mit dem dreyßigjährigen Kriege, in diesem Jahrhunderte, und besonders seit dem Hubertsburger Frieden, überhaupt zwar unleugbar wieder gehoben. So inniges Vergnügen es aber auch jedem Patrioten machen mag, einer Seits die muthmaßlichen Summen zu überrechnen, die Teutschland bereits für manchen seiner Artikel wieder

Bemerkungen über Teutschlands jetzigen und ehmaligen Handel.

wieder vom Auslande ziehet, und andern Theils zu bemerken, wie der sonst so ansehnliche Verbrauch eines oder des andern ausländischen Kunstproducts in Teutschland gefallen sey a); so wahrscheinlich überdieß auch, bey dem edlen Bestreben mehrerer Regierungen, die Hofnung fernerer Fortschritts ist: so wenig ist gleichwohl zu erwarten, daß Teutschland, bey seiner jetzigen Verfassung, und so lange nicht einmahl die Kreisverbindung mehr zum allgemeinen Besten genutzt wird b), jemahls mehr, als blos den Schatten seiner ehemahligen Handelsgröße, zur Zeit der Hansa, erreiche.

Und vielleicht auch den Schatten kaum von jenen merkwürdigen Zeiten, als fünf und achtzig verbundene Städte in der untern Hälfte von Teutschland die schweresten Kosten zu mächtigen Kriegsflotten, dergleichen kein damahliges Reich in Europa stellen konnte, von dem Gewinn ihrer Handlung bestritten, die sie, mit Ausschluß aller übrigen Nationen, auf Dänemark, Schweden, Polen und Rußland behaupteten; — als dieser Bund Philipp den IV von Frankreich nöthigte, den Britten alle Handlung auf den Französischen Küsten zu verbieten; — als er, wo nicht mit einer Flotte von 100 Schiffen Lissabon eroberte, um auch diesen Stapel, vielleicht zur Handlung für Paläſtina c), zu haben, doch England zwang, den Frieden von ihm mit 10,000 Pf. Sterling zu erkaufen, Dänemark feil bot, Liefland erobern half, und von Margaretha, Heinrichs VI von England Gemahlin „um des Leidens Jesu Christi willen,, gebeten wurde, ihr Hülfe zu leisten d); — als

keine

III. Producte und Nationalfleiß rc. 87

keine Krone sich weigerte, Ambassadores dieser Teutschen Kaufleute ehrenvoll zu empfangen, und dergleichen auch an sie abzuschicken. Jene goldenen Zeiten der Teutschen Handlung, da andere Nationen über Teutschlands Reichthümer staunten, und Könige von Schottland nur so zu wohnen wünschten, als mittelmäßige Bürger von Nürnberg e), sind auf immer dahin. Auswärts sind sie durch besser verstandenes Kammeralinteresse; und innerhalb Teutschland selbst, durch den Kampf der Territorialhoheit, der gegen jene Städte und ihre Handlung stritt, hauptsächlich verdrungen.

a) Siehe §. 32. Not. b.

b) Siehe einiges hierüber in Hrn. Mösers Abhandlung von dem Verfall der Handwerke in kleinen Städten, Patriot. Phantas. Th. I. S. 202 ff. und Vorschlag zum bessern Unterhalt des RGerichts, ebendas. Th. II. S. 451 ff.

c) Möser am angef. O. Th. I. Seite 258. Schmidt Geschichte der Deutschen Th. III. S. 113. Not. o. Vergl. mit *Klefeker de Hansa teutonica* pag. 36.

d) „Nos amicitias vestras, nobis sub vinculis pacis et dilectionis carissimas, rogamus et sinceris affectibus, quantum carius possumus exhortamur sub *titulo passionis Domini nostri Jesu Christi*, quatenus ad repulsam iniuriarum nobis vobisque illatarum attentis animis vna nobiscum studeatis infistere, *quod levius fiet, si vestrae discretionis* auxilia *nostris decreverint consiliis adhaerere,*" Willebrandt Hansische Chronik (Lübeck 1748, Fol.) S. 105 f.

e) Schmidt Gesch. d. D. Th. IV. S. 447.— Möser am angef. O. und Seite 269 ff. — Io.

KLE-

KLEFEKER *de Hanfa teutonica secundum principia iur. publ. confiderata.* Goett. 1783. p. 34 seq.

§. 34.

Muthmaßliche Bilanz. Ob nun Teutschland, im Ganzen, bey seinem jetzigen Handel von andern Nationen wieder gewinne, oder an sie verliere, läßt sich, wegen der vielherrischen Verfassung und des so vielfältig offenen Ein- und Ausganges der Waaren, aus keiner directen Quelle erfahren. Unter allen Artikeln, wofür es an den Ausländer bezahlt, macht keiner die Vermuthung eines Verlusts so wahrscheinlich, als der so häufige Verbrauch Ost- und Westindischer Waaren, besonders des seit einigen Jahrzehnten, in Niederteutschland wenigstens, so überhand genommenen Kaffee's a). In Ansehung dieser Artikel wird man allerdings zweifeln müssen, ob es nicht an Holland b) und Frankreich c), ein Beträchtliches einbüße, so wie vielleicht auch Verlust in Ansehung der Levante d) Statt finden dürfte. Hingegen scheint es auch andern Theils keine leere Vermuthung zu seyn, daß Teutschland bey seinem Verkehr mit England e), Spanien, Portugal, Italien(?), ingleichen Polen und andern nordischen Ländern Einiges gewinne, und sonach im Ganzen die Handelsbilanz vielleicht doch nicht wider sich habe. Daß wenigstens der Verlust nicht von großer Wichtigkeit sey, ist aus der Vermehrung des baaren Nationalkapitals in Teutschland, verglichen mit dem ungefähren Zufluß unserer Bergwerke f), ohne alle Rücksicht auf die hereingeströmten fremden

III. Producte und Nationalfleiß ꝛc.

der Millionen im siebenjährigen Kriege g), zu folgern.

a) Ein sehr auffallendes Beyspiel geben die Schleswig-Holsteinischen Provincialberichte, Jahrg. 1787, Heft I. S. 86 ff. — Vergl. auch Joh. Christian Martins topographisch-statistische Nachrichten von Niederhessen Götting. 1788, 8. Bd I. S. 41. und Hrn. v. Borks Schrift: Was ist für und was ist gegen die General-Tabaksadministration zu sagen? 1786, 8. S. 7. — In England werden etwa, nach Ausweisung der Accise, 2000 Centner Kaffee verbraucht, ohne was noch durch Schleichhandel eingeht (Wendeborn Th. I. Seite 258 Not.); dagegen verbrauchen in Teutschland die Preußischen Staaten allein, jährlich für mehr als 1,000,000 Thaler. S. v. Bork am angef. O. S. 10.

b) Bey Holland stellt vielleicht insbesondere das Teutsche Holz das Gleichgewicht einigermaaßen zwischen beyden Nationen wieder her. S. oben §. 31. Not. *. Staatsanz. I. S. 23. —

c) Das nachtheilige Verhältniß auf Seiten Teutschlands, beweiset nicht nur der Wechselcours; S. Ephemeriden der Handlung, oder Beyträge und Versuche für Kaufleute, von J. B. Schedel Heft I. N. V. — sondern auch directe Angaben lassen es vermuthen. Lion z. B. schickte, nach einer Berechnung vor zehen Jahren, allein für 12 bis 15 Mill. Livres Waaren jährlich nach Teutschland, und erhielt dagegen nur ungefähr für 1 Mill. von daher zurück. Was überhaupt zu Lande an Seiden- und Galanteriewaaren aus Frankreich nach Teutschland kommt, wird, in Ansehung der erstern, auf 38 bis 40, und der letzten auf 5 Mill. L. geschätzt. Zu Wasser aber bekommt Teutschland, die kleinern Neben-

Erster Abschnitt.

wege über Lübeck, Wismar, Rostock, Stralsund, Stettin ꝛc. ungerechnet, blos über Hamburg, nach Hrn. von Doms Berechnung, im Durchschnitt jährlich gegen 40 Mill. Liv. am Werth; ohne die Waaren, 6 Mill. am Werthe, die über Bremen eingehen. Zwar bleibt davon nicht alles, aber doch der größte Theil in Teutschland. S. v. Dohm Materialien, und daraus in Auswahl kleiner Reisebeschreibungen Th. III. S. 669 ff.

d) Belege in Bruchstücken liefert hiezu a) ein Ungenannter (der sel. von Taube), in Ansehung der jährlichen Handelseinbuße Oesterreichs an die Türkischen Länder, von ungefähr 2,000,000 Fl. Büsching Wöch. Nachr. Jahrg. 1774, S. 411. — b) Die Teutsche Ein- und Ausfuhre zu Thessalonich, wovon jene z. B. im Jahr 1776 betrug 120,000, diese hingegen 1,948,000 Piaster. Sprengels Beyträge zur Länder- und Völkerkunde Bd II. S. 233 f.

e) Außer dem unleugbaren Beweise des Hamburgischen Wechselcurses auf London, siehe auf (Hrn. Seitwein's) Anfrage an das deutsche Publicum, die Handlungsbilanz zwischen Deutschland und England betreffend. Hamb. und Frankf. am Mayn 1773, 8. die

Beantwortung der Frage.... von J. G. Büsch. Hamburg 1773, 4. und

(Hrn. v. Taube) Antwort in Büschings Wöchentlichen Nachrichten J. 1774, St. II. III. Vergl. mit

Ebendes. Abschilderung der Engländischen Handlung, Schifffahrt ꝛc. nach ihrer jetzigen Beschaffenheit Th. II. (2te verbesserte Aufl. Wien 1778, gr. 8.) Kap. 6, wo Englands jährlicher Verlust an Teutschland zu 400,000 Pf. Sterl. angegeben ist. — Ein starker Gegner scheint zu seyn Hr. Wendeborn Th. I. S. 194, welcher

III. Producte und Nationalfleiß rc. 91

welcher geneigt ist, England jährlich "wenigstens 800,000 Pf. St., wo nicht 1 Million" bey dem Handel mit Teutschland gewinnen zu laßen. Je= doch dürfte auch dieser als richtig vorausgesetzte Gewinn, zufolge dessen, was er Seite 195 selbst erinnert, schwerlich auf Kosten der Teutschen gemacht werden.

f) Joh. Friedr. Unger, von der Ordnung der Fruchtpreise, und deren Einflusse auf die wichtigsten Angelegenheiten des menschlichen Lebens (Göttingen 1753, 4.) Seite 219, be= rechnet aus den Fruchtpreisen, daß Teutschland um das J. 1750 an baarem Gelde 428 $\frac{4}{5}$ Mil= lionen, ums Jahr 1700 hingegen nur 283 $\frac{4}{5}$ Mill. Rthlr. gehabt habe; folglich während dieses hal= ben Jahrhunderts um 145 Mill. reicher gewor= den sey. Graumann (Abdruck von einem Schreiben, die deutsche und anderer Völker Münzverfassung betreffend, ohne Druckort, 1749, 4. S. 25.) rechnet 170 Mill. Rthlr., welche theils aus Bergwerken, theils durch fremde Subsidien, während eben dieses Zeit= raums von 1700 an, nach Teutschland gekommen seyen. Erwäget man nun, daß immer wieder etwas eingeschmolzen, zu Geräthschaften und auf andere Weise verbraucht wird, und setzt dazu nur den sechsten Theil aus; so stimmen beyde Berechnungen, so verschieden auch ihre Princi= pia sind, auf welche sie sich gründen, mit ein= ander nicht übel zusammen.

g) In dem schätzbaren Werke: *Von Schlesien, vor und seit dem Jar* 1740, Th. II. S. 199, wird angemerkt, daß durch diesen Krieg über 500 Mill. Rthlr. baares Geld aus England, Frankreich, Rußland, aus den Oesterreichischen und Preußischen Kassen in Teutschland in Um= lauf gekommen sey.

§. 35.

Erster Abschnitt.

§. 35.

Maaße: Das Mittel, den Betrag der Dinge nach ihrer Größe oder Menge zu bestimmen, ist Maaß und Gewicht; so wie die Schätzung ihres Werthes nach Gold und Silber oder daraus geprägter Münze geschieht. Je einfacher und gleichförmiger diese für das gegenseitige Verkehr so wesentlichen Bestimmungsmittel sind, besonders in einem größern Staate; desto leichter, kürzer und sicherer wird dadurch ein Theil der Geschäfte.

Schon Karl der V trachtete daher, durch ganz Teutschland eine Gleichheit des Maaßes und Gewichts einzuführen; aber vergebens a). Bis auf den heutigen Tag weicht hierin nicht nur überhaupt jede Teutsche, Landschaft und Provinz, sondern in den meisten Provinzen selbst jede einzelne Stadt, von der andern ab.

Längen Das gemeine kaufmännische Längenmaaß ist die Elle, die überhaupt 2 Fuß, oder 24 Zoll hält. Der eigentliche Teutsche Fuß ist der Rheinländische, der etwas größer, als der Londoner, und kleiner, als der Pariser ist, zu dem er sich verhält, wie 1393: 1440, oder so, daß 27 von dem letztern, 28 Rheinländische Fuß geben. Wie aber fast jeder Ort in Teutschland ein anderes Fußmaaß hat, so ist auch die Elle fast überall von jenem Rheinländischen Maasstabe verschieden. Und überdieß giebt es auch an verschiedenen Orten eine doppelte, ja drey- und mehrerley Ellen, je nachdem die Waaren sind, die damit gemessen werden sollen *). Unter diejenigen, welche von

dem

III. Producte und Nationalfleiß ꝛc. 93

dem ausgebreitetsten Gebrauche in Teutschland sind, gehören die **Brabanter**, **Nürnberger**, die **Hamburgische** (mit welcher die **Frankfurter** für gleich gehalten wird), und die **Leipziger** Elle. Die Brabanter hält 3065 Theile eines Pariser Fußes, und sind

   5 Brabanter Ellen = 6 Hamburgischen.
 20 ——— ——— = 21 Nürnbergischen.
   9 ——— ——— = 11 Leipzigschen.

Bey Längen von mehrern Ellen, bezeichnet:

1 Klafter (Faden) 3
1 Mandel ——— 15
1 Stiege (Steige) 20 } Ellen
1 Zimmer —— 40
1 Schock —— —— 60
1 Webe —— —— 72

Bey liegenden Gründen geschehen die meisten Bestimmungen nach **Aeckern**, wie in Sachsen ꝛc.; nach **Scheffelaussaat** und **Tonnen**, z. B. im Osnabrückischen, Mecklenburgischen, Holsteirischen u. s. w.; nach **Jucharten**, **Morgen** und **Hufen**. Zwey Rheinländische Jucharte machen einen Rheinländischen Morgen; in manchen Landschaften aber, bezeichnet umgekehrt der Nahme Juchart eine größere Fläche, als die eines Morgen. Der Morgen gehen insgemein 30 auf eine Hufe. *Flächenmaaß.*

Bey Wiesen wird in einigen Gegenden auch nach **Thauen**, jede zu 1½ Rheinländischen Jucharten; und nach **Wannen** Heu gerechnet, deren 4 ungefähr auf 1 Morgen gehen. Ueberdieß unterscheidet man in verschiedenen Provinzen auch **Wald-**

morgen

morgen von Feldmorgen. Vier von letztern, machen insgemein drey von erstern aus.

Das Grundmaaß dieser Flächen-Benennungen sind Quadratruthen, jede zu 12 Quadratschuhen gerechnet, deren 120 auf einen Rheinländischen Morgen gehen. Sonst aber ist weder die Zahl dieser Ruthen und Schuhe, die auf einen Acker, Morgen u. s. w. gerechnet werden, noch auch ihre Größe, überall gleich.

Was auch noch die Meilenbestimmung betrifft, so hält eine gemeine Teutsche Meile, deren 15 auf einen Grad des Aequators gehen, nach genauen Berechnungen, 22,784 Pariser Fuß. Wie es aber überhaupt an den wenigsten Orten in Teutschland abgemessene Meilen giebt, so stimmt insbesondere auch jene gemeinangenommene geographische Meile mit keiner der gewöhnlichen Meilen in irgend einer Provinz überein. Hier und da in Niedersachsen und Westphalen werden sie meist nur nach Gutdünken, und nachdem die Oerter eben entfernt sind, angenommen; daher oft manche Meile mehr als zweymahl so lang ist, als eine andere.

Körper- oder Cubic-Maaß. Nichts aber kann mannichfaltiger und von einander abweichender seyn, als Teutschlands Fruchtmaaße. Die bekanntesten und gangbarsten Nahmen sind: Wispel, Malter, Simmer, Scheffel, Himten, Metzen ꝛc.; sie bezeichnen aber, nach Verschiedenheit einzelner Landschaften und Orte, so verschiedene Größen, und werden so verschiedentlich eingetheilt, daß eine Angabe ihrer Proportion hier im Allgemeinen unmöglich ist b).

Unter

III. Producte und Nationalfleiß ꝛc. 95

Unter den Maaßen flüßiger Dinge, besonders des Weins, halten:
1 Stückfaß 1¼ bis 1½ Fuder,
1 Fuder insgemein 6 Ohm oder Ahm,
1 Ohm 2 Eimer,
1 Eimer 2 Anker,
1 Anker zwischen 32 bis 40 Quart,
1 Quart aber hält ungefähr 49 Pariser Zoll, und wiegt an reinem Wasser 2 Pfund.
1 Oxhoft hält 1½ Ohm, oder 6 Anker.
1 Tonne — ungefähr 100 Quart.

a) Reformationsordnung von 1530.

*) So hat die Stadt Augsburg eine drey- und wenn man will, gar eine fünffache Ellenberechnung.

b) Wie nothwendig es wäre, um des gemeinen Besten willen, diesen allzugroßen Abweichungen der Fruchtmaaße, die sowohl den Obrigkeiten als den Unterthanen, und vornehmlich dem unerfahrnen Landmanne, täglich beschwerlich fallen, abzuhelfen, siehe gründlich erläutert in Hrn. Huberti's Gedanken über den Nutzen und die Möglichkeit eines einförmigen Fruchtgemäßes im Reiche, oder den vordern Reichskreisen. Maynz 1774. — Vergleichungen und Reductionen verschiedener Fruchtmaaße sind angestellt, in Ansehung

a. Frankens, in Franz Huberti's (Bruders des vorigen) Vergleichung der Hochfürstlich-Würzburgischen und mehrern andern fremdherrischen Fruchtmaaße, gegen das Würzburgische Stadtmaaß. Würzburg 1777. 4.

b.

b. **Schwabens**, in Joh. Herkules Haid's ökonomischen Abhandlungen für Schwaben. Ulm 1780, 4. Vte Abhandlung S. 44 — 60.

c. **Des Oberrheins**, in Salomon Haas Fruchtmaaß-Reduction im Oberrheinischen Kreise. Frankf. 1763, 8.

d. **Verschiedener Länder überhaupt**, in Hrn. v. Münchhausens Hausvater Th. I. (2te Aufl. Hannover 1766, 8.) S. 596 — 641.

§. 36.

Gewicht. Dasjenige Gewicht, woraus zunächst alle andere zusammengesetzt sind, die zu Bestimmung größerer Lasten gebraucht werden, ist das Pfund, welches in 2 Mark, die Mark in 8 Unzen, jede Unze in 2 Loth u. s. w., abgetheilt wird. Das gemeine Richtpfund in Teutschland ist das Kölnische Markgewicht, in Vergleichung dessen ein anderes Pfund entweder leicht, oder schwer, oder gemeines Gewicht genannt wird.

Unter den verschiedenen größern Gewichtsarten, gehören hieher vornehmlich der **Stein**; der nach Verschiedenheit der Provinzen und Waaren, wozu er gebraucht wird, zwischen 10 bis 22 Pfund begreift, auch in einen leichten und schweren Stein unterschieden, und im erstern Falle zu 10 bis 11, im letztern zu 20 bis 22 Pfund gerechnet wird; — Das **Ließpfund**, vornehmlich ein Schiffsgewicht, welches bey Frachten 16 und mehr, beym Kauf und Verkauf der Waaren aber insgemein 14 Pfund zu halten pflegt; — Der **Centner**, der in vielen Gegenden zu 110, in andern aber zu 100 bis 112 Pfund,

III. Producte und Nationalfleiß ꝛc. 97

Pfund, gerechnet wird; — Das Schiffspfund, welches gleich ist 20 Liespfunden, oder 280 gemeinen Pfunden; und endlich eine Last, auf welche 12 Schiffspfunde gerechnet werden.

Verschiedene, nicht blos flüssige, sondern auch trockene Waaren, werden im Handel nach Tonnen berechnet. Eine solche Tonne ist gleich 1 Schiffspfunde, und 12 Tonnen geben eine Last.

Wenn der Ausdruck Last und Tonne zur Bestimmung der Größe und Fracht eines Schiffs gebraucht wird, so bezeichnet eine solche Schiffslast 2 Tonnen, und die Tonne 2000 Pfund Französischen Gewichts an Seewasser, oder einen Raum von 28 ½ Französischen Kubikfußen.

Was zählende Güter betrift; so wird beym Papierhandel gerechnet, *zählende Güter.*

    1 Ballen zu 10 Rieß,
    1 Rieß — 20 Buch,
    das Buch { Schreibepapier zu 24 } Bogen.
                    { Druckpapier zu 25 }

Beym Blechhandel, nach
    Fäßchen, weiße und schwarze Bleche ohne Unterschied zu 450 Platten; in Hamburg aber besonders die weissen nur zu 300 Platten.

Beym Garnhandel, nach
    Stücken, Ströhm, Zaspel, Gebinden, Faden ꝛc.; die aber einander nicht überall gleich sind.

Beym Linnenhandel, gemeiniglich nach
    Stiegen, Stück, Schock ꝛc., das Stück aber ist gleichfalls nicht überall einerley.

Beym Tuchhandel wird gezählt:

Das Packtuch zu 10 Stück, jedes zu 22 Tuch, ein Tuch zu 32 Ellen in Braunschweig, Nürnberg ꝛc.

Den Ballen zu 12 Tücher ⎱ in Berlin, Breslau,
von 32 Ellen ⎰ Frankf. am Mayn,
Den Saum zu 22 Tücher ⎱ Leipzig, Nürnberg,
von 32 Ellen ⎰ Ulm ꝛc.

Das Fardel zu 45 Barchet ⎱ in Nürnberg,
von 22 und 24 Ellen ⎰ Ulm ꝛc.

Den Laken zu 24 Ellen, in Stralsund u. a. O.

Beym Holzhandel wird

I. Das Nutzholz, und zwar:

a) Stab- oder Faßholz, insgemein nach Ringen verkauft; ein Ring hält 4 Schock oder 240 Stück. Fünf Ringe machen ein großes Tausend, oder 10 große Hunderte. Letzteres hält 120, jenes 1200 Einheiten.

b) Sparr- und Bohlhölzer werden nach Schocken verkauft.

II. Das Brennholz wird nach Klaftern, Faden, Haufen, Schragen und andern Maaßen berechnet, die einander nicht überall gleich sind. Eine Klafter oder Faden Holz, soll eigentlich 6 Kubikfuß halten; wird aber insgemein 6 Fuß breit und hoch, und nur 5 Fuß lang, auch wohl noch kürzer, gemessen.

§. 37.

III. Producte und Nationalfleiß ꝛc.

§. 37.

Man hat in Teutschland sehr viele Rechnungs- *Münzwe-* arten; worunter aber überhaupt nur drey vorzüg- *sen* lich gangbar sind. Im nördlichen Teutschlande *über-* wird nach Reichsthalern, im nordwestlichen vor- *haupt.* nehmlich nach Marken, und im südlichen nach Gulden gerechnet; welche letztere, zum Unterschied mehrerley anderer, Rheinische und Reichs-Gulden genannt werden. Mark bezeichnet gleichfalls eine Münze, die nicht überall gleich ist: von der hier gemeynten aber machen 2 einen Gulden aus, und 1½ Gulden gehen auf 1 Rthaler; welcher letztere nur eine eingebildete Rechnungsmünze ist.

Das Teutsche Reich hat zwar viele ausdrück-lich angeordnete Münzstätte, aber keine allgemeine Münze, die unter Nahmen, Titel und Wappen des Kaisers, von Reichswegen, geprägt würde; sondern alle Münzsorten rühren von den besondern Teutschen Staaten her, die sowohl dem Nahmen als dem Münzfuße nach, unter einander verschie-den sind. Jedoch wird, in Ansehung des Gewichts, in ganz Teutschland (nur mit Ausschluß des Bur-gundischen Kreises, bey welchem das Troysge-wicht zum Grunde liegt, welches sich zum Köl-nischen wie 100 zu 104¾ verhält), nach einer Köl-nischen Mark bestimmt, wie viele Theile eblern Metalles eine Münze enthalte.

Diese Kölnische Mark ist

a) bey dem äußerlichen Gewicht von Gold, Silber und Münzsorten, nach folgendem Verhältnisse vertheilt:

G 2   Mark

Erster Abschnitt.

Mark	Unzen	Loth	Quent.	Pfen.	Kölln. Eschen.	Holländ. As.	Richtpf. Theile.
1	8	16	64	256	4325	4864	65536
	1	2	8	32	544	608	8192
		1	4	16	272	304	4096
			1	4	68	76	1024
				1	17	19	256
					1	$1\frac{2}{17}$	$15\frac{9}{17}$
						1	$13\frac{9}{17}$

b) Bey Probierung der Gold- und Silber-Feine hingegen, ist das Verhältniß:

1 Mark fein, hält in Silber 16 Loth; in Gold 24 Karat oder 288 Grän.
1 Loth hält 1½ Karat oder 18 Grän.
1 Karat Gold 12 Grän.

In Golde

insbesondere: Münzfüße, giebt es in Teutschland überhaupt auf viererley verschiedene Gehalte eingerichtete Münzfüße: den Goldgulden- Ducaten- Pistolen- und Severinen-Gehalt.

I. Der Goldguldenfuß, welcher eigentlich, nach der letzten Reichsmünzordnung von 1559, zu 18 Karat 8 Grän fein, und 72 Stück auf die rauhe Kölnische Mark, bestimmt ist, war sonst in Ansehung der zweyerley Goldgulden in Teutschland, des Rheinischen nähmlich und Hannöverschen, von zweyerley verschiedenem Gehalte; kömmt aber nun, da bereits seit mehrern Jahrzehnten Hannöversche Gold-

III. Producte und Nationalfleiß 2c. 101

Goldgulden nicht mehr geprägt werden, nur noch wegen des Rheinischen in Betracht. Dieser also, mit welchem auch Maxd'or und Caroline von gleicher Feine sind, ist von $18\frac{1}{2}$ Karat, und hält 72 Stück auf die rauhe Mark; das einzelne Stück $67\frac{4}{7}$ Holl. As am Gewicht.

II. Der **Ducatenfuß** erfodert Reichsgesetzmäßig 67 Stück auf die rauhe Mark von $23\frac{2}{3}$ Karat fein Gold, das einzelne Stück also zu $72\frac{48}{67}$ As an Schwere. Die gewöhnlichen Ducaten aber haben einen Gehalt, der von dem gesetzmäßigen 3 Karat 8 Grän bis auf 6, 5 und noch weniger Grän herab verschieden ist.

III. Der **Teutsche Pistolen-oder Louisd'orfuß**, nach welchem Georgsd'or, Carlsd'or 2c. geprägt werden, ist bey Gelegenheit der in Frankreich 1726 abgesetzten, und in die dortigen Münzhäuser verwiesenen alten Französischen Louisd'or aufgekommen. Die ungefähr nach diesem Fuß in Teutschland nachgeprägten gesetzmäßigen Pistolen, werden gerechnet, an feinem Golde, zu $21\frac{3}{4}$ Karat, am Gewicht das Stück zu $138\frac{24}{35}$ As, die rauhe Mark zu 35 Stück. Die Erfahrung bestätigt aber eine von jenem gesetzmäßigen Pistolenfuß sehr abweichende Verschiedenheit, besonders in Ansehung der Heßischen Pistolen.

IV. Der **Severinen** oder **Souverainb'or**-Gehalt ist, am Gewicht, $21\frac{1}{13}$ doppelte Stücke auf die Kölln. Mark, und an Feine 22 Kar. $\frac{3}{4}$ Grän.

In Silber,

als dem eigentlichen Richtgelde Teutschlands und des gesammten Nordens, läßt sich die Zahl der verschiedenen Teutschen Münzfüße auf zehen bis zwölf berechnen, wenn man diejenigen mit in Anschlag bringt, welche verschiedenen Handelsplätzen, zu besonderer Bestimmung des Handels, ausschlüßlich eigen sind. Die gangbaren aber im gemeinen Verkehr überhaupt sind:

I. Der Lütticher und Brabantische Münzfuß, nach welchem die Kölnische Mark fein Silber zu 10 Rthlr, und ein Unmerkliches darüber, berechnet wird;

II. Der Lübische Fuß, im nördlichen Theile von Niedersachsen, nach welchem die Mark fein, vom groben Courant der $\frac{2}{3}$ und $\frac{1}{3}$ Stücke an bis auf 2 Schillingsstücke herab, zu 11 $\frac{1}{3}$ Thaler, oder 17 Gulden, ausgemünzt wird;

III. Der Leipziger von 1690, und zugleich Reichsfuß von 1737, der nur in den Kurbraunschweigischen und Schwedisch-Pommerschen Landen noch vorhanden ist, zufolge dessen die Kölnische Mark fein, im Grobcourant bis herab auf 1 gute Groschenstücke, zu 12 Rthlr, in den feinen Kurbraunschweigischen $\frac{2}{3}$ Stücken aber nur zu 11 $\frac{11}{12}$ Thaler, ausgebracht wird;

IV. Der von Kaiser Franz und seiner Gemahlin, Marien Theresien, im Jahr 1748 zuerst gewählte a), sodann durch Graumanns Grundsätze

III. Producte und Nationalfleiß ꝛc. 103

ätze b) beförderte, und seit 1753, von der zwischen Oesterreich und Baiern geschlossenen Münz-Convention, sogenannte Conventionsfuß, kraft dessen die feine Mark, von groben Thalerstücken an, bis auf das einfache Groschengepräge herab, zu $13\frac{1}{3}$ Reichsthaler oder 20 Gulden ausgebracht werden, und das Gold zum Silber sich verhalten soll, wie 1 : $14\frac{1}{2}$ c); wiewohl hierüber eigentlich die Konkurrenz entscheidet.

V. Der Brandenburgische, auch Graumannische genannt, der 1750 angefangen, und, nach Statt gehabter Verschlimmerung, im Jahr 1764 dahin festgesetzt worden ist, daß seitdem die Kölnische Mark, in ganzen, in $\frac{2}{3}$, $\frac{1}{3}$, $\frac{1}{6}$ und $\frac{1}{12}$ Stücken, zu 14 Rthlr oder 21 Gulden ausgeprägt wird. Hier ist das gesetzliche Verhältniß des Goldes zum Silber wie 1 : $13\frac{11}{13}$.

VI. Der sogenannte 24 Guldenfuß, der, nebst dem von 20 Gulden, am weitesten in Teutschland verbreitet, und gegenwärtig im Baiernschen, Schwäbischen, Fränkischen, Kur- und Oberrheinischen auch Westphälischen Kreise, theils allein, theils neben dem 20 Guldenfuße, nach welchem meistens die Wechselpreise gestellt und bezahlet werden, gangbar ist. Ihm zufolge sollte Gold zum Silber im Verhältniß stehen, wie 1 : $13\frac{1}{2}$ *).

Das nach keinem dieser Füße geprägte Nothgeld im siebenjährigen Kriege, ist, nach erfolgtem Frieden, durch Verrufung und Umschmelzung d) aus dem Umlaufe vertilget worden **).

G 4

a) Vom Jahr 1748 an, alsbald nach geendigtem Kriege, der neben vielen andern gewöhnlichen Uebeln, auch einen neuen Münzverfall im Gefolge hatte, that Kaiser Franz, was noch keiner seiner Reichsvorfahren gewagt hatte, und ließ ohne alle Rücksprache mit den Reichsständen und ohne besondere öffentliche Anzeige, unter seinem Nahmen, Wappen und Bildnisse, Thaler und weiter herabgehende Münzen prägen, von welchen hinterdrein die Proben erwiesen, daß sie, statt zu 18 Gulden, vielmehr, mit einer starken Abweichung vom Schrot und Korne des Reichsfußes, zu 20 Gulden die feine Mark ausgebracht waren. Diesen Weg schlug zu gleicher Zeit mit ihm auch Maria Theresia für ihre Erbstaaten ein. S. die Beschreibung der Gepräge in Johann Georg Friedrich von Hages Conventionsmünz-Cabinet S. 1 — 18.

b) Die nähere Belehrung über diese für Teutschland höchst wichtigen Grundsätze, enthalten die verschiedenen Graumannischen Schriften, als:

Abdruck von einem Schreiben, die Deutsche und anderer Völker Münzverfassung, und insonderheit die hochfürstlich Braunschweigische Münze, betreffend, von J. P. G. (raumann). Ohne Druckort 1749, 4. Ebendeß.

Gründliche Prüfung des Schreibens; die Deutsche u. a. V. Münzverf. betreffend, 1750 — so wie einige andere hierauf weiter gefolgte Abhandlungen, welche zusammen als die Graumannischen Briefe über das Teutsche Münzwesen ꝛc. bekannt sind, und worin es sich der Verfasser zum Vergnügen machte, zum Theil ungenannt bald der Bestreiter, bald wieder der Vertheidiger seiner eigenen Meynungen zu seyn.

c) Die darüber vorhandene urkundliche Schrift, führt den Titel:

Nach-

III. Producte und Nationalfleiß ꝛc.

Nachbarliche Einverständniß in Münzsachen, welche den 21 Sept. 1753 zwischen Ihrer Kaiserl. und königl. Majestät, und Ihrer Churfürstl. Durchlaucht zu Baiern respective gevollmächtigten Ministris und Räthen in Wien verabredet und geschlossen ꝛc. Frkf. u. Leipz. in Fol.

*) Bey Kupfermünzen liegt kein besonderer Münzfuß zum Grunde; welches denn der Convenienz manches kleinen Fürsten einen sonderbaren Spielraum giebt. Siehe Corvey, Staatsanz. XLV. Seite 121.

d) In den vier Jahren, von 1763 — 66, wurden allein zu Freyberg 4888 Centner schlechter Münze umgeschmolzen. S. Klotsch Versuch einer Chursächsischen Münzgeschichte (2 Thle Chemnitz 1779. 80, 8.) S. 914. — Auch Privatpersonen legten, weil die Münze wirklich unter ihrem eigentlichen Werth herabgesetzt war, hier und da Schmelzstätten an; vornehmlich machten sich Holländer, im eigentlichen Sinne des Worts, ein Verdienst daraus, Teutschland von diesem edlen Unrathe lastwagenweise zu befreyen.

**) Die Geschichte der merkwürdigsten Veränderungen des neuern Teutschen Münzwesens, findet sich kurz vorgetragen im

Leipziger Intelligenzblatt, J. 1773, S. 92 ff.
Hannöverschen Magazin Jhrg. 1784, St. 28. S. 433 ff. (vom Hrn. GJR. Pütter). Das hieher gehörige Hauptbuch aber ist

Des Freyherrn von Praun gründliche Nachricht von dem Münzwesen insgemein, insbesondere aber von dem Teutschen Münzwesen älterer und neuerer Zeiten, 3te Aufl. Leipz. 1784, gr. 8. von S. 119 — 196.

§. 38.

§. 38.

Wirkliche Münzsorten. Die gangbarsten und bekanntesten unter den gegenwärtigen Münzsorten in Teutschland sind:

1. An Scheidemünze
in Kupfer und schlechtem Silber:

Heller, die aber nach Verschiedenheit der einzelnen Staaten, von allzuverschiedenem Gehalte sind, als daß sie eine Bestimmung im Allgemeinen hier verstatteten.

Pfennige, (gemeine), zu Silber gewürdiget in den meisten Provinzen ungefähr = 1 As.

Dreylinge oder Dreyer, (= 3 Pfenn.) 96 = 1 Thaler.

Kreuzer, (= 4 Pfenn.) 90 auf 1 Thaler und 60 auf 1 Gulden.

Matthier, (= 4 Pfenn.) 72 = 1 Thlr.

Stüver, 60 Stück einem Thaler gleich.

Sechslinge oder Sechser 48 = 1 Thlr.

Schillinge, deren es mehrerley von verschiedenem Gehalte giebt; von denen im nordwestlichen Teutschlande aber, 48 auf 1 Thaler.

Mariengroschen, 36 = 1 Thlr.

Albus, Hessische (= 9 Pfenn.) 32; Ober- und Kurrheinische 45; und Kölnische 78 auf 1 Thlr.

Kaisergroschen (= 10 Pfenn. und ein Unmerkliches mehr) 30 auf 1 Thlr, und 20 = 1 Gulden.

2.

2. In feinern Silbersorten:

Gute Groschen (= 12 Pfenn.) auf 1 Thlr. 24.

Batzen, (= 16 Pfenn.) 15 = 1 Gulden, oder 22 ½ auf 1 Thaler.

Blaffert (im Niederrhein gangbar), 20 Stück auf 1 Thaler.

Zwey und vier gute Groschenstücke, von jenen 12, von diesen 6 auf 1 Thlr.

Kopfstücke, 3 auf 1 Gulden (in Bremen 4).

Grobe Kreuzerstücke bis zu 17 und mehrern Kreuzern.

Grobe Thalerstücke zu ⅓, ⅔ und 1 Species-Thaler, oder 2 Guldenstücken.

3. Von Goldmünzen

werden in Teutschland überhaupt geprägt, und nach ihrem äußern, obgleich sehr schwankenden, Zahlungswerth, z. B. im 20 Fl. Fuß gerechnet:

Goldgulden, insgemein zu $2\frac{1}{12}$ Rthlr, oder 3 Fl. und etliche Kreuzer. Im Oberrheinischen Kreise aber, wo diese Goldstücke noch am meisten im Umlaufe sind, ist ihr Werth, wegen Frankreichs Goldumschmelzung, durch eine Kreisverordnung von 1786 erhöhet auf 3 Fl. 10 Kreuzer, und nach dem 24 Fl. Fuß auf 3 Fl. 48 Kreuzer.

Ducaten, von denen es auch halbe, viertel und doppelte giebt — ehedem meist $2\frac{2}{3}$ Rthlr oder $4\frac{1}{4}$ Fl. Seit 1786 aber im Oesterreichischen erhöhet auf 3 Rthlr oder $4\frac{1}{2}$ Fl., im Oberrheinirheinischen Kreise auf 4 Fl. 18 Kr; und nach dem 24 Fl. Fuß im Schwäbischen auf 5 Fl. 16 Kr, im Oberrheinischen auf 5 Fl. 10 Kr, im Erzstift Salzburg auf 5 Fl. 20 Kr.

Maxd'or, sonst gewöhnlich $4\frac{1}{2}$ Rthlr oder 6 Fl. 12 bis 15 Kr. Seit 1786 aber, nahmentlich im Oberrheinischen Kreise, bestimmt zu 6 Fl. 20 Kr; und nach dem 24 Fl. Fuß, zu 7 Fl. 36 Kr. — Auch werden doppelte und halbe Maxdor geprägt; welche letztere Goldguldenstücke sind.

Pistolen, der Regel nach 5 Rthlr oder $7\frac{1}{2}$ Fl.; und nach dem 24 Fl. Fuß 6 Rthlr. Man hat auch halbe und doppelte Pistolenstücke.

Karolin ($= 1\frac{1}{2}$ Maxd'or) $6\frac{1}{4}$ Rthlr; seit 1786 aber im Oberrheinischen Kreise auf 9 Fl. 30 Kr, und nach dem 24 Fl. Fuß bis auf 11 Fl. 24 Kr erhöhet.

Severinen oder Souverain d'or, sind gleichgeachtet 3 Holländ. Ducaten, und gesetzt im Oesterreichischen seit 1786 auf 13 Fl. 20 Kr.

Portugalöser, ganze und halbe zu 10 und 5 Ducaten; eine Münze der Reichsstadt Lübeck.

 Ueber die bisherige Anzeige der Maaße, Gewichte und Münzen in Teutschland überhaupt, dienen zu nähern Unterricht vornehmlich

 Jürgen Elert Krusens allgemeiner und besonderer Hamburgisch. Comtorist. 4te Aufl. Hamburg 1782, 4.

 Joach. Ernst v. Beust von der Münzgerechtigkeit im Teutschen Reich. Leipz. 1745, 4.

 Handbuch der Deutschen Münz- Maaß- und Gewichtskunde für Kaufleute. Von M. A. B. Gerhardt. Berlin 1788, 8.

IV.

IV. Aufklärung.

§. 39.

Teutschland hat sowohl zum ersten Unterricht der jüngern Menschheit, als auch zur Aufrechthaltung und weitern Beförderung höherer Kenntnisse und Geisteskultur, überaus mannichfaltige Einrichtungen, deren Verbesserung und Vermehrung überdieß eine besonders lebhaft betriebene Angelegenheit der letztern Jahrzehnte geworden ist a).

Lehran-
stalten;

a) Viele Erläuterungen hierüber enthält Hrn. Campens Allgem. Revision des gesammten Erziehungswesens. Hamburg 1785, 1r bis 4r Th. 5r und ff. Theile Wolfenbüttel seit 1786. — Und wie es sich selbst Minister großer Staaten zum Beruf machen, über die Grundsätze einer zweckmäßigen Erziehungsweise junger Staatsbürger, nach Verschiedenheit ihrer künftigen Bestimmungen, nachzudenken, beweist der zum Theil schon in Vollziehung gebrachte Vorschlag des Hrn. v. Zedlitz an seinen König. Berliner Monatsschrift Jhrg. 1787, St. VIII. S. 98 ff.

§. 40.

Zum Behuf populärer Aufklärung, sind hier und da die gemeinen Volksschulen nicht nur überhaupt in Methode und Sachen verbessert; sondern sind zum Theil auch in manchen Ländern auf die nützlichste Weise zugleich zu Oeconomie- und Industrie-Schulen gemacht, oder letztere neben jenen alten besonders errichtet worden *).

zur populären

*)

Erster Abschnitt.

*) Siehe Baaden, Brandenburg, Kurbraunschweig ꝛc. — Die vornehmsten, wenigstens mit einem Rufe bis zur Nachahmung in Petersburg und Spanien verbunden gewesenen, Aenderungen des Schulwesens katholischer Seits, sind die im Oesterreichischen Teutschlande, nach einem von Berlin geholten Model, entstandenen Normalschulen. S. unten Specialstatistik.

§. 41.

und gelehrten Erziehung.

Zur gelehrten Erziehung für Aemter des Staats ohne Unterschied, giebt es eine große Menge sogenannter niedern Schulen von verschiedenen Nahmen und Abstufungen, im protestantischen wie im katholischen Teutschlande a), und 37 (38) hohe Schulen oder Universitäten.

Unter diesen sind, in Ansehung des religiösen Unterschieds, wie er besonders nach dem gesetzmäßigen Character der theologischen Lehrstühle sich ergiebt, XVII katholische; XV Evangelisch-Lutherische, III (IV) Reformirte, und II vermischter Religion.

Was aber das Verhältniß ihrer Vertheilung durch das gesammte Teutschland betrift; so nimmt an gedachter ganzen Zahl Theil mit

VI, der Obersächsische Kreis:

1) zu Erfurt, kathol. und Lutherischer Rel.
2) — Frankfurt an der Oder, ref.
3) — Greifswalde, luth.
4) — Jena, ———
5) — Leipzig, ———
6) — Wittenberg *) ———

V.

IV. Aufklärung.

V, der Niedersächsische Kreis:
 1) zu Göttingen Luth.
 2) — Halle
 3) — Helmstädt
 4) — Kiel
 5) — Rostock

V, der Kurrheinische Kreis:
 1) zu Bonn, kathol.
 2) — Heidelberg, reform. und kathol.
 3) — Köln, kathol.
 4) — Maynz, —
 5) — Trier, —

IV, der Fränkische Kreis:
 1) zu Altorf, Luth.
 2) — Bamberg, kathol.
 3) — Erlang, Luther.
 4) — Würzburg, kathol.

III (ob. IV), Westphalen:
 1) zu Duisburg, ref.
 (2) — Herborn, —)
 3) — Paderborn, kathol.
 4) — Rinteln, Luth.

III, der Oberrheinische Kreis:
 1) zu Fulda, kathol.
 2) — Gießen, Luth.
 3) — Marburg, ref.

III, Schwaben:
 1) zu Dillingen, kathol.
 2) — Stuttgart, Luth.
 3) — Tübingen, —

III, der Oesterreichische Kreis:
  1) zu Freyburg, im Breisgau, kathol.
  2) — Gräz, kathol.
  3) — Wien, —

II, der Baiernsche Kreis:
  1) zu Ingolstadt, kathol.
  2) — Salzburg, —

I, der Burgundische Kreis:
  zu Löwen, kathol.

II endlich, die uneingekreisten Länder, Böhmen und Mähren:
  1) zu Prag und ⎫
  2) — Olmütz ⎬ kathol.

a) Einige Uebersicht derselben giebt: (Ulrichs) Pragmatische Geschichte der vornehmsten katholischen und protestantischen Gymnasien und Schulen in Deutschland. Band. I. Leipz. 1781, 8.

*) Wie diese Mutter der Lutherischen Reformation, und dadurch zugleich die entfernte Mutter unserer heutigen helleren Begriffe, ihre Entstehung, nebst der hohen Schule zu Frankfurt an der Oder, dem Hader zweyer Aerzte über die venerische Seuche zu verdanken habe, siehe Hrn. Möhsen's Geschichte der Wissensch. in der Mark Brandenburg. Berlin und Leipzig 1781, 4. Seit. 363 ff.

§. 42.

Besondere Institute. An diese gemeinen Staatsanstalten, schließen sich ferner noch an, verschiedene Institute, die den jungen Staatsbürger ausschlüßlich zu einer bestimm-

IV. Aufklärung.

bestimmten Lebensart vorbereiten, oder der Unterweisung in gewissen Zweigen von Kenntnissen vorzugsweise gewidmet sind. Zur militärischen Erziehung, ist daher Teutschland in mehrern Provinzen mit Kriegsschulen; zur kaufmännischen Bestimmung, mit Handlungsakademien; so wie zur Bergwerkskunde u. s. w., gleichfalls mit eigenen Instituten versehen.

Nächst diesen giebt es auch, obgleich von problematischer Entbehrlichkeit, eigene Ritterakademien a) zur ausschlüßlichen Bildung adelicher Jugend, und eine durch neuere Erziehungsentwürfe bis zur Uebertreibung entstandene Menge sogenannter Philanthropine b); der vielen Pensionsanstalten nicht zu gedenken.

Einer nahmentlichen Erwähnung sind überdieß noch einige wohlthätige Institute werth, hauptsächlich das zu Leipzig, und ein anderes zu Wien, worin mit erwünschtem Erfolge Taubstumme zum Sprechen, und in nöthigen Sachkenntnissen unterwiesen werden.

a) Vergl. Nicolai Reise Bd IV. S. 780 f.

b) Während 20 Jahren soll Teutschland nicht weniger, als 63 dergleichen Erziehungsanstalten bekommen haben. — „In Hamburg sieht „man Schilde über den Hausthüren, auf wel= „chen mit großen Buchstaben geschrieben steht: „Allhier ist ein Philantropinum.„ Siehe Einige Bemerkungen über deutsche Schulen, besonders über das Erziehungs= Institut zu Dessau. Von Karl Spazier. Leipzig 1786, 8. Seite 21.

§. 43.

§. 43.

Kunst-und gelehrte Gesellschaften.

Unter den gelehrten und Kunst-Gesellschaften, die Teutschland hat, zeichnen sich die Akademie der Wissenschaften zu Berlin, sammt der dasigen und Wiener Akademie der bildenden Künste, die Societät der Wissenschaften zu Göttingen, nebst der zu Mannheim, an Ruf und Thätigkeit vorzüglich aus. Die übrigen gelehrten Gesellschaften sind noch, die kaiserl. Leopoldische Akademie der Naturforscher; die Gesellschaft der Wissenschaften zu Erfurt, zu Cassel, und mehrere andere, vornehmlich solche, deren Nahmen und Beschäftigungen ausschlüßlich auf einzelne Gattungen von Kenntnissen gerichtet sind. Unter die nützlichsten dieser Art, gehören die verschiedenen Oeconomie-Gesellschaften, dergleichen Teutschland in mehreren Gegenden hat a); den Nutzen der meisten jetzigen und je bestandenen Teutschen Sprachgesellschaften aber, wiegt ein einziger Luther, Lessing oder Wieland mit dem Einflusse seiner Schriften auf.

a) Ein Verzeichniß von den meisten, welche Abhandlungen drucken lassen, s. in Hrn. Hofr. Beckmanns Grunds. der Teutsch. Landwirthsch. Seite 48 f.

§. 44.

Todte Hülfsmittel.

Oeffentliche Bibliotheken finden sich meist in allen Residenz- und Universitäts-Städten Teutschlands. Den ersten Rang unter allen aber behaupten die zu Wien, zu Dresden und zu Göttingen: jene durch Seltenheit und Menge ihrer Schriften; letztere vornehmlich durch Auswahl und gemeinnützige Brauchbarkeit a).

Kennern

IV. Aufklärung.

Kennern der Kunstwerke können Dresden, Wien, Mannheim, Düsseldorf und andere Orte durch ihre Gemählde-Gallerien; so wie durch Naturalien- und Kunstsammlungen abermahls Dresden, nebst Wien, Braunschweig, Göttingen, Cassel, Jena, Mannheim u. s. w. lehrreich seyn.

a) Nähere Belehrungen über Teutschlands Büchersammlungen überhaupt, giebt J. H. G. Hirschings Versuch einer Beschreibung sehenswürdiger Bibliotheken Teutschlands. Erlangen bis 1788, 3r Band 1ste Abtheilung in 8.

§. 45.

Bemerkt. über die verschiedenen Lehranstalten.

So wenig übrigens selbst die besten aller Teutschen Anstalten zur Nationalerziehung, vollendete Vollkommenheiten seyn mögen; so ist doch Teutschland, was wenigstens seine protestantischen Provinzen a) betrifft, überhaupt so gut, und in manchen Stücken weit besser versorgt und eingerichtet, als irgend ein anderes Europäisches Land. Wenn dieß auch nicht zu beweisen stand mit dem Ausbleiben Teutscher Jünglinge auf auswärtigen Universitäten — wodurch Karls des V. Privilegien für studirende Teutsche zu Siena b), oder andere Freyheiten für Teutsche zu Padova, Orleans ꝛc. schon längst unbenutzt geblieben und vergessen sind, so wie wahrscheinlich auch das *Collegium Germanicum* für katholische Teutsche zu Rom unbesucht bleiben würde, wenn blos die Vorzüge des Unterrichts anlocken sollten c); — so legt doch, im umgekehrten Falle, die beträchtliche Anzahl auswärtiger Jünglinge auf Teutschlands hohen Schulen,

H 2

ein unleugbares Zeugniß davon ab. Und diese Theilnahme einiger Hundert Jünglinge von verschiedenen, und zwar den aufgeklärtesten Nationen Europens, an unsern Lehranstalten, gerade in einem Jahrhunderte, welches sich einer vorhin noch nie erstiegenen Stufe der Einsichten rühmt, ist in den Annalen der Europäischen Litteratur ohne Zweifel für Teutschland kein geringeres Denkmahl der Ehre, als ehemahls, bey noch mangelnder Konkurrenz ähnlicher Institute anderswo, die Zusammenkunft von Tausenden solcher Fremdlinge in einem einzigen Lehrsaale zu Bologna und Paris für diese Orte war; die ihre Lehrer überdieß gutentheils dem Auslande zu verdanken hatten d).

a) Keine unbedeutende Aeußerung eines der aufgeklärtesten Fürsten des katholischen Teutschlands über den Vorzug der protestantischen Universitäten, in Vergleichung mit den katholischen, lag wohl in dem Schreiben des Kurf. von Maynz an Pius VI, wegen Aufhebung der bekannten drey Klöster zum Besten der Maynzischen Universität. S. le Bret, Magazin zur Kirchen- und Staatengeschichte Th. IX. S. 437. — Verschiedenes, in Ansehung der mittlern und gemeinen Schulen, f. bey Nicolai, Reise Bd IV. a. m. O.

b) Keyßler Th. I. Seit. 562.

c) *Iulii Cardara ex S. I. Historia Collegii Germanici et Hungarici.* Romae 1770, 4. — Ueber den neuern Zustand desselben, f. meine Staats-Anzeigen von Italien Band I. St. I. (Götting. 1785, gr. 8.) S. 68 ff.

d) Als Karl IV die hohe Schule zu Prag anlegte, und die nöthigen Lehrer, 8 an der Zahl,

IV. Aufklärung.

Zahl, von Paris berief, waren darunter nicht weniger als 7 Teutsche. S. Voigt Versuch einer Geschichte der Universität zu Prag, 1r Abschnitt Prag 1776, 8. S. 27 f. — Was übrigens für oder wider die heutige Verfassung der Teutschen, besonders der protestantischen, Universitäten in Frage zu kommen verdient, ist großentheils erschöpft in folgenden Schriften:

(Hrn. GJR. Michaelis) Raisonnement über die protestantischen Universitäten in Deutschland. Frankf. und Leipz. Th. I. 1768; II, 1770; III, 1773; IV, 1776, 8.

Freymüthige Betrachtungen über das ⸗ ⸗ ⸗ Raisonnement ꝛc. — nebst einem Anhange von Akademischen Gymnasien. Frankf. an d. Oder und Tübingen 1769, 8.

Ueber die protestantischen Universitäten in Deutschland; neues Raisonnement von einigen Patrioten (von Hrn. Springer). Straßburg 1769, 8. (Ist jedoch, bey geringerer Sachkenntniß, zu voll Geist des Widerspruchs gegen das zuerst genannte Werk.)

Ueber die Universitäten (ohne Druckort) 1786, gr. 8. 3 Bogen, voll körnigen Inhalts!

§. 46.

Was den subjectivischen Zustand der Wissenschaften und Künste betrifft, so ist, überhaupt wirklichen genommen, die Masse derselben wohl schwerlich bey irgend einer Europäischen Nation gegenwärtig größer, als bey den Teutschen. Wenn auch Teutschland in einzelnen wenigen Rücksichten einem oder dem andern Lande nachstehen muß, in sofern z. B. Italien größere Mahler und Tonkünstler, oder Frankreich künstlichere Tanzmeister hat; so sind dieß

Zustand der Wissenschaften in Teutschland.

dieß Vorzüge, die Teutschland durch mehrere andere, besonders im Fache des Nützlichen, ausgleichen kann.

Als Folge der mehreren Residenzen in Teutschland, und der vielen überall zerstreueten Schulen und Universitäten, sind auch gelehrte Kenntnisse und Wissenschaften verhältnißmäßig mehr, als in irgend einem andern Lande verbreitet, ohne etwa blos in eine einzige große Hauptstadt, oder sonst in wenige Hauptorte zusammengebrängt zu seyn. Dabey ist auch unlängbar, daß verhältnißmäßig keine Nation ihren wissenschaftlichen Ruhm weniger einem unmittelbaren Aufwande, oder ausgezeichneten Aufmunterungen der Großen zu verdanken hat, als die Teutsche, die sogar unter dem Drucke der Vorurtheile ihrer eigenen Fürsten emporstreben mußte.

Den Ruf tiefer Gelehrsamkeit aber hatten Teutsche bereits längst erarbeitet, ehe sie auch an Vortrag und beßere Ausbildung ihrer Sprache dachten, und zugleich durch vorzügliche Werke des Geistes und Geschmacks ihre Nachbarn jenseits des Rheins überführten, „daß das Genie der Teutschen, ihres eisernen Fleißes ungeachtet, gleichwohl anderswo, als blos auf dem Rücken oder in den Fingern zu suchen sey a).„ Dieses, so wie überhaupt eine gänzliche Umstaltung fast aller Wissenschaften, ist vornehmlich erst ein Verdienst der letztern Generationen dieses Jahrhunderts geworden; obgleich das protestantische mehr, als das katholische Teutschland b), Antheil daran hat; und

es

IV. Aufklärung.

es vielleicht auch kein Teutsches Vorurtheil bey denen ist, die in der historischen Kunst bis jetzt noch Teutsche Hume und Robertsone vermissen.

a) Ueber Scaliger, Perronius, Baillet u. a., die mit Gallischer Feinheit zweifelten, „an „Germanorum *fatua et bruta natio, asinino* „*labore gaudens*, et *ingenium in dorso habens*,, einen *bel esprit* und Werke des Geschmacks hervorbringen könne, s. *Everhardi* OTTONIS *Notit. praecipuar. Europae Rerumpubl.* Edit. IV. Traiecti ad Rhen. 1739, gr. 8. pag. 81. Könnte doch der so bescheidene Scaliger wiederkommen, um sich bey Heynens *Virgil* zu schämen!

b) Siehe die Zusammenstellung der Schriften von lauter protestantischen Urhebern, zur Nachahmung für die zu Wien 1761 errichtete Teutsche Gesellschaft, in Hrn. von Sonnenfels Ankündigung dieser Gesellschaft, bey Nicolai Reis. Bd IV. S, 893 f. f. — Und was insbesondere die Kultur der Sprache betrifft, so beweist schon die characteristische Benennung „Lutherisches Teutsch,, im Munde katholischer Teutschen, auf welcher Seite das Verdienst sey. S. de Luca gelehrtes Oesterreich, Wien 1778, 8. Bd I. St. 2. Seite 158. Vgl. Nicolai a. ang. Ort. Bd III. S. 354. IV. 897 f.

§. 47.

Der einmahl durch wissenschaftliche Neyerungen aller Art aufgeregte Geist der Teutschen, hat zugleich für Denk- und Preßfreyheit überhaupt, in der letztern Hälfte dieses Jahrhunderts, vornehmlich unter der George und Friedrichs II Schutz, durch den Fall der Jesuiten und Josephs II Dul-

Denk- und Preßfreyheit.

bungsgesetze, ungemein erweiterte, obgleich noch nicht im katholischen, wie im protestantischen Teutschlande, gleiche Grenzen bekommen. Die plötzliche Entbindung von lange gewohnten Fesseln, hat zwar, besonders in Josephs Staaten, manche katholische Schriftsteller bis zur Ausgelassenheit kühn gemacht: indessen bleibt doch immer noch die gesetzmäßige Denk- und Preßfreyheit, selbst in den Oesterreichischen Ländern, um Einiges hinter der des protestantischen Teutschlands zurück, in sofern der protestantische Teutsche weder von umständlichen Censur-Commissionen, noch von Verzeichnissen verbotener Bücher weiß, sondern von jeder, die allgemeine Moral und Gesetze des Staats nicht beleidigenden, Schrift, die er haben oder bezahlen kann, ohne Furcht und Ahndung Gebrauch zu machen berechtiget ist.

* Unterschied der Censurverfassung im katholischen und protestantischen Teutschlande.

§. 48.

Schrift-stellerey.

Teutschland hat zwar seit einem halben Jahrhunderte Schriftsteller erhalten, die fast in allen Fächern die Teutsche Litteratur selbst im Auslande zu einem ausgezeichneten Ansehen erhoben haben a). Neben der kleinen Zahl solcher würdigen Männer aber ist zugleich auch, vorzüglich seit dem Jahrzehend der Romane, und dem in neuern Zeiten stärker als jemahls betretenen leichten Wege der Journale b), ein so übermäßiges Heer von Schreibern aller Art thätig geworden, daß die beständig noch wachsende Zahl blos öffentlich genannter Schriftsteller

IV. Aufklärung.

steller bereits über 6000 steigt c). Wie sich daher der ehemahlige Geist der Teutschen Schriftstellerey, meist nur durch Mühsamkeit, in dickbeleibten Folianten, äußerte; so thut es der gegenwärtige, einem großen Theile nach, durch Frivolität und fliegende Bogen, deren Urheber zu Hunderten alljährlich durch ihre Producte verrathen, daß sie über dem Lehren das Lernen vergessen, und geschwinder ein neues Buch zu schreiben, als ein altes zu lesen pflegen *).

a) Einen sehr ehrenvollen Beleg hiezu, enthalten des Hrn. Abts Denina *Lettere Brandenburghesi* etc. Seite 100 der Teutschen Uebersetzung. Berlin 1786, 8.

b) Ueber die Zahl ähnlicher Schriften, und Klagen darüber, bereits im J. 1716. s. 10. CHRISTIAN. ERNESTI dissert. *de incommodo ex literatis ephemeridibus capiendo*. Wittemb. 1716. 4. pag. 9. Ihrer werden, wie aus dem Context zu folgern steht, von verschiedenen Europäischen Ländern zusammen, auf 140 angegeben. In einem der vorigen Jahrgänge des Teutsch. Merkurs hingegen, beliefen sich blos die Teutschen, die dem Verf. bekannt waren, auf 247; ohne Zweifel ist nun mehr als das dritte Hundert voll!

c) S. Hrn. Hofr. Meusel in der Vorrede des 3ten Nachtrags zur 4ten Ausgabe des Gelehrten Deutschlands. Lemgo 1788. — Vergl. Hrn. Hofr. Gatterers histor. Journ. Th. I. S. 276 ff, über die Totalsumme aller Schriften in den 3 Jahren 1769. 70. 71., und Hambergers damahliges Gelehrtes Deutschl., mit den neuesten Jahren. — In Spanien wurden im J. 1785 ungefähr 236 Bücher gedruckt, und in Teutschland betrug allein die Ostermesse von 1788, theils an neuen, theils wiedergedruckten Schriften, sammt Uebersetzungen, 2104 Stück. Spanien braucht also fast 10 Jahre dazu, um die Ernde von litterarischem Kraut und Unkraut zu liefern, die Teutschland in einem halben Jahre giebt. — Wie sich hierin England zu Teutschland verhalte, s. Wendeborn Th. IV. S. 19.

*) Möchten doch geschärfte Kritiken litterarischer Blätter, besonders derer, die in vorzüglicher Achtung sind, vermögend seyn, der einreißenden Seichtheit Ziel zu setzen!

§. 49.

Buchhandel. Den so eben bemerkten Mißbrauch der Schriftstellerey abgerechnet, den er zugleich befördert, so ist der Buchhandel in Teutschland, durch leichte Verbreitung der Schriften, der Aufklärung ungemein günstig, und weicht in seiner Verfassung von dem Bücherverkehr aller übrigen Europäischen Länder ab. Der Teutsche Buchhändler schränkt sich nicht blos auf eigenen Verlag ein; sondern nimmt von andern, und überläßt an diese, durch Tausch oder Verkauf, gegen gewisse Prozente, was jeder für gangbar in seinen Gegenden erachtet. Um diese Geschäfte zu machen, kommt nicht nur meist jeder mit dem, was er Neues hat, an einem gemeinschaftlichen Marktplatze, ehedem vornehmlich zu Frankfurt am Mayn, nun aber, durch Unbequemlichkeiten des dasigen Kaiserl. Büchercommissariats b) veranlaßt, zu Leipzig, zur Zeit der Messen, Ostern und Michaelis, zusammen a); sondern steht auch außerdem mit seinen Genossen in beständigem Briefwechsel und Verkehr, zu dessen

IV. Aufklärung.

sen Erleichterung insgemein von den Landesobrigkeiten, in soweit es die Umstände zulassen, gewisse Postfreyheiten verstattet sind. Von den zu jedesmahliger Messe neu vorhandenen Schriften in ganz Teutschland, wird überdieß ein allgemeines Verzeichniß gedruckt, das bereits seit dem 16ten Jahrhunderte im Gange ist c), und, indem es jedem zur Kunde bringt, was irgend seine Absichten interessiren mag, nebenher auch gleichsam als Wetterglas dienet, den Geist und Grad der Teutschen Schriftstellerey überhaupt zu zeigen.

a) Nähere Belehrung hierüber giebt J. J. Moser *Praecognit. Iur. publici Germanici*, oder Tractat von der Lehre der heutigen Staatsverf. von Teutschl. Frankf. und Leipzig 1732. 8. S. 46 ff. und Anhang S. 167 ff. — Hr. GJR. Pütter vom Büchernachdruck. Göttingen 1774. 4. S. 175. ff.

b) Auch Buchhändler aus andern Ländern, aus Rußland, Schweden, Dänemark, aus Ungern, Straßburg und der Schweiz, seit einigen Jahren zu Zeiten auch einer aus Lyon und London, finden sich auf der Leipziger Messe ein. Erwähnung des Hanauer sogenannten Bücherumschlags, der kaum einige Jahre, nach seinem 1775 genommenen Anfange, dauerte. S. Hanauer neuer Bücherumschlag. Erstes Jahr 1775. Hanau und Frankfurt 8.

c) Hrn. Hofr. Beckmanns Beyträge zur Gesch. der Erfindungen Bd I. S. 291 ff.

§. 50.

Wie aber der Teutsche Buchhandel, zusammengenommen, an Größe des Betrags vielleicht den *Größe und Gebrechen.*

den eines jeden andern Landes, nur vielleicht Frankreich ausgenommen, übertreffen mag a); so hat er hingegen auch das eigene Gebrechen, daß er durch keine allgemeine Obergewalt im Teutschen Reiche gegen den Nachdruck geschützt wird, und die kaiserlichen Privilegien von zu eingeschränkter Wirkung sind b). Nur zum Theil ist er gegen dieses Uebel dadurch geschützt, daß, für den Nachdruck Kursächsisch-privilegirter Schriften, der allgemeine Marktplatz zu Leipzig gesperrt ist c).

a) An Betrag der jährlich gedruckten Sachen, wohl unstreitig: ob aber auch an Betrag des wirklichen Umsatzes, dürfte, in Vergleichung mit Frankreich, dessen Sprache zugleich den auswärtigen Büchervertrieb so sehr begünstiget, vielleicht auch, was England betrift, zu bezweifeln seyn; obgleich die Rechnung von 46 Mill. Livres, in Ansehung des erstern, (Gothaisch. Handlungszeit. J. 1786, S. 18.) offenbar übertrieben; die 500,000 Rthlr. für den gesammten Teutschen Buchhandel auf den Messen zu Leipzig (Für ältere Litteratur und neuere Lectüre Jahrg. 7. Quartal 2. Heft I.), um vieles zu wenig; und die 12 Mill. Livr. in Ansehung Englands (Wendeborn, Th. IV. S. 19. Vergl. mit Gothaisch. Handlungszeit. J. 1788, S. 102.), ungewiß sind.

b) Hr. GJR. Pütter am angef. Ort. und CHRIST. GOTTL. RICHTER *de re libraria in Imperio Germanico.* Lipf. 1786, 4.

c) *Schott* f. KÜSTNER: diff. *de publica rei librariae cura, inprimis Lipsiensi.* Lipf. 1778.

Zweyter

Zweyter Abschnitt.
Staatsverfassung des Teutschen Reichs.

I. Reichs-Zusammenhang.

Allgemeine Bestimmungen.

§. 51.

Teutschland ist ein Inbegriff einiger Hundert besonderer Staaten und gemeiner Wesen, die an Größe, Nahmen und Verfassung, wie durch mehrerley Oberherren und Regenten unter einander verschieden sind. Einer dieser Staaten ist ein Königreich, ein anderer Theil bestehet aus Erzbisthümern, Bisthümern, Abteyen und Propsteyen; wieder andere heißen Kurfürstenthümer, Erzherzogthum, Herzogthümer, Markgrafschaften, Fürstenthümer, Landgrafschaften, Graf- und Herrschaften; und noch andere sind Gattungen von Republiken, und heißen Reichsstädte.

Hierzu kommen überdieß gewisse Gebiete solcher adelicher Besitzer, die unter dem Nahmen der Reichs-Ritterschaft begriffen werden; ingleichen andere, die Ganerbschaften heißen; und endlich auch

Verschiedenheit der Theile.

auch mehrere Kommunen, die den Nahmen der freyen Reichsdörfer führen.

§. 52.

Form und Character des Ganzen.
Diese an sich ganz verschiedenen Gebiete, Staaten und gemeinen Wesen aber sind, als endliche Theile eines Ganzen, in ihrer Grundverfassung, ihren gegenseitigen Gerechtsamen, und in gewissen Gesammtangelegenheiten, der Aufsicht und Leitung eines selbstgewählten Oberhauptes mit monarchischen Würden und Ehren, und gemeinschaftlich gegebenen Grundgesetzen, untergeordnet, und bilden, mittelst dieses Zusammenhangs, einen Staatskörper, der den Nahmen eines Teutschen Königreichs führt; mit welchem zugleich die Würde des Römischen Kaiserthums verknüpft ist.

§. 53.

Grundgesetze.
Die Grundgesetze, auf welchen die Verfassung dieses Staatskörpers beruhet, sind zum Theil einzeln in sehr verschiedenen Reichsacten zerstreuet; die wichtigsten und wesentlichsten aber enthalten:

I. Die goldene Bulle, gegeben unter Karl IV im Jahr 1356, worin, neben andern theils Staats- theils Privatsachen, hauptsächlich die Wahl und Krönung eines Oberhaupts des Teutschen Reichs, die Angelegenheit der Reichsverwesung, und die vorzüglichen Gerechtsamen der Kurfürsten bestimmt werden a).

II. Die Acte des Landfriedens; oder das zu Abstellung des ehemahligen Faustrechts, und zu Sicherung der innern Ruhe, unter Maximilian I.

auf

I. Reichs-Zusammenhang.

auf dem Reichstage zu **Worms** 1495, errichtete, und nachher verschiedentlich mit verbessernden Aenderungen erneuerte Gesetz, kraft dessen alle gewaltsame Selbsthülfe, und eigenmächtige Besetzung, bey nahmhafter Strafe untersagt, und jeder Stand des Reichs ohne Unterschied angewiesen wird, sein Begehren friedlich auf dem Wege Rechtens zu verfolgen b).

III. Der **Paßauer Vertrag** von 1552, und der darauf gegründete **Religionsfriede** von 1555, auf dem Reichstage zu **Augsburg** geschlossen, wodurch die der Lutherischen Religionsverbesserung wegen erfolgten Unruhen, zwischen den Bekennern der katholischen und denen der evangelischen Religion verglichen, und die Gerechtsame beyder Glaubensverwandte festgesetzt werden c).

IV. Die **Executionsordnung** von 1555, deren Verfügungen theils die Handhabung des Land- und Religionsfriedens in Ansehung der innern Ruhe, theils die Vertheidigung des Reichs in Rücksicht auswärtiger Gewalt, zur Absicht haben d).

V. Die neueste, gleichfalls auf dem Reichstage zu Augsburg 1555 gegebene, **Cammergerichts-Ordnung**, in sofern sie theils die Bestellung, theils die Verfassung und Jurisdiction dieses höchsten Reichsgerichts betrifft e).

VI. Der **Westphälische Friede** von 1648, der dem aus Veranlassung der Religion entstandenen dreyßigjährigen Teutschen Kriege ein Ende machte,

machte, und wodurch die Verfassung Teutschlands, in politischer sowohl als kirchlicher Rücksicht, nicht nur zum Theil ganz neue Bestimmungen, sondern vornehmlich auch eine festere Grundlage erhalten hat f).

VII. Die seit Karl V gewöhnliche Wahlkapitulation; oder der Inbegriff von Bedingungen und Zusagen, unter welchen ein jedesmahliges Oberhaupt des Teutschen Reichs seine Würde erhält, und wodurch die Schranken seiner Macht, die Obliegenheiten und Befugnisse seiner ganzen Regierung bestimmt werden g).

a) Ist, außer andern größern und kleinern Sammlungen und Auszügen der Reichsgesetze, zunächst befindlich in Joh. Jac. Schmaußens Corp. iur. publici acad. (vermehrt durch Heinr. Gottl. Franken und Gottl. Schumann Leipz. 1774.) pag. 12. seqq.— Die besten Privaterläuterungen sind:

Joh. Pet. v. Ludewig Vollständige Erläuterung der Güldenen Bulle. Frankf. (Leipzig) 1716. 1719. 2 Theile 4. und mit Estors Vorrede, welche die Geschichte dieses Buchs enthält, Frankf. 1752, 4.

Joh. Dan. v. Olenschlager Neue Erläuterung der Güldenen Bulle Kaisers Carls des IV. Frankf. und Leipz. 1766, 4.

b) Schmaußens Corp. iur. publ. p. 56 seqq.

c) Passauer Verträg, in der Sammlung der Reichsabschiede (Frankf. 1747, Fol.) Th. III. Seit. 2 ff. und Auszugsweise, Corp. Iur. publ. pag. 147. seqq. — Religions=Friede, Corp. Iur. publ. pag. 157 ff.

d)

I. Reichs-Zusammenhang.

d) Am angef. O. S. 165 f.

e) Corp. iur. publ. pag. 190 ff. — Die von Kaiser Ferdinand III allein, ohne Zuziehung der Reichsstände, im Jahr 1654 gegebene Reichs-hofraths-Ordnung ist, in sofern sie, wie die Cammergerichtsordnung, theils die Bestellung, theils die Jurisdiction u. Verfassung des Reichs-hofraths betrift, zwar auch als Reichsgrundge-setz zu achten; aber vom Reiche nur provisorisch anerkannt, und befindlich am angef. O. S. 898 ff.

f) Er besteht eigentlich aus zweyen, mit glei-chen Schritten neben einander gehenden, Frie-densschlüssen, deren einer zu Münster, der an-dere zu Osnabrück geschlossen ist; und wovon einer Seits, an beyden Orten der Kaiser mit den ihm anhangenden Ständen; anderer Seits aber, zu Münster Frankreich, und zu Osna-brück die Krone Schweden, mit den zu ihnen sich haltenden Teutschen Fürsten, die pacicirenden Theils waren. Die wesentliche Verschie-denheit beyder Schlüsse aber erstreckt sich nur auf den Inhalt dessen, was die eigenen Fode-rungen und Verträge gedachter auswärtigen Kronen, ohne Rücksicht der Teutschen Verfas-sung, betrift; welche letztere vielmehr in beyden, theils wörtlich, theils dem ausdrücklich bezeug-ten Willen der pacicirenden Mächte nach, in völlig gleichem Sinne begründet ist. — Den Osnabrückischen Schluß, nebst Nachweisungen über dessen Erläuterungen, s. Corp. iur. publ. pag. 741 seqq.; den Münsterschen, pag. 810 seqq.

g) Die neueste von Joseph II, und Hülfs-mittel zu ihrer Erläuterung, siehe Corp. iur. publ. pag. 1528 ff. Verbunden, hauptsäch-lich, mit J. J. Mosers Beylagen und Anmer-kungen über die Wahlcapitulation Kaiser Karls VII. Franff. 1742, 44, 3 Theile 4.

J Nähere

Zweyter Abschnitt.

Nähere Anzeige.

1. Politischer Staat.

§. 54.

Reichsoberhaupt: wie es entsteht. Der Thron von Teutschland wird nicht durch Erbrecht, sondern durch die Wahl besetzt. Diejenigen Glieder des Reichs, welchen dieses Wahlrecht zustehet, heißen Wahl- oder Kurfürsten, und machen jetzt an der Zahl acht aus: drey geistliche, von erzbischöflicher Würde; und fünf weltliche. Zu jenen gehören die Erzbischöfe 1) zu Maynz, 2) zu Trier und 3) zu Köln. Die ihnen im Range nachstehenden weltlichen aber sind: 4) der König zu Böhmen; 5) der regierende Pfalzgraf am Rhein; 6) der erstgebohrne Herzog zu Sachsen, Albertinischer Linie; 7) der König von Preußen, als erstgebohrner Markgraf zu Brandenburg, von der ältern Linie; 8) der König von Großbritannien, als erstgebohrner Herzog zu Braunschweig-Lüneburg, Hannöverscher Linie.

§. 55.

Veranstaltung und Ort der Wahl. Wenn durch den Tod eines Kaisers der Teutsche Thron erledigt ist, so wird von dem Kurfürsten zu Maynz, innerhalb vier Wochen vom Tage der erhaltenen Nachricht des Todes, jeder übrige Kurfürst, mittelst eines Gesandten und offenen Schreibens a) ersucht, während eines Termins von drey Monaten zu Frankfurt am Mayn, als dem gesetzlichen Orte der Wahl b) zu erscheinen, um allda, nach Verlauf dieser Zeit, ein neues Oberhaupt zu wählen.

Zugleich

I. Reichs-Zusammenhang.

Zugleich wird von Kurmaynz auch dem Magistrate der Wahlstadt geschrieben, und nöthige Vorkehrung empfohlen; auch fodert alsbald Kursachsen den Reichserbmarschall auf, um, kraft seines Amtes, mit vorgängig ersuchter Beyhülfe des Magistrats, und einem Reichsquartiermeister, die nöthigen Quartiere, Policey- und andere Sachen zu besorgen c).

a) An dem Orte, wo jeder Kurfürst eigentlich seine Residenz hat, ob er gleich nicht in Person anwesend ist. Was alsdann von Seiten des Gesandten und des einzuladenden Kurfürsten zu beobachten, und über die Einrichtung des Kurmaynzischen Schreibens, siehe *Moser vom Römischen Kaiser* S. 58. — *Kaif. Franzens Wahl- und Krönungs-Diarium* (Franff. 1746, Fol.) Seite 7. 27. ff.

b) Verordnet in der G.B.; jedoch mit dem Beysatz: „Nisi impedimentum legitimum obviaret.„ Tit. XXVIII. §. 5.

c) Vergl. *Wahl-Diarium Kaif. Franzens* S. 8 und 12. 78 ff.

§. 56.

Die Kurfürsten finden sich entweder in Person ein, oder schicken Gesandte, insgemein drey, aufs mindeste zwey, ein jeder. Erscheinen sie selbst, und ziehen feyerlich ein a): so werden sie, außer andern Förmlichkeiten b), mit 24, wo nicht, nach einer neuern Satzung, mit 125 c), Kanonenschüßen, von den Wällen begrüßt; ihre Gesandte aber kommen sämmtlich in der Stille an, und genießen übrigens die Ehre derer vom ersten Range d).

Zusammenkunft der Wählenden.

Schriftlich eingeschickte Stimmen finden nicht Statt: ist daher ein Kurfürst weder persönlich, noch durch Gesandte zugegen, oder kommt zu spät; so geht er seines Antheils an der Handlung für dießmahl, oder in soweit, als er zu spät kommt, verlustig, ohne dadurch die Beschließungen der übrigen ungültig zu machen e).

a) Dergleichen Einzug siehe z. B. von dem Kurfürsten von Maynz, beschrieben und abgebildet im Wahl=Diar. Kaif. Franzens, Seite 189 ff. — Von dem Gefolge, und der Anzahl Pferde, die jeder Kurfürst nur mitbringen soll, sieh. Gold. Bulle Tit. I. §. 22. Vgl Moser vom Röm. Kaiser Seite 85 ff., und dessen Zusätze zum Teutschen Staatsr. Tom. I. S. 270 ff.

b) Das Hauptsächlichste davon, ist aus den gedruckten Wahldiarien kurz zusammengestellt bey Moser, a. a. O. S. 78. — und umständlicher, in dessen Zusätzen Tom. I. Seite 277 ff.

c) Moser vom Röm. Kaiser S. 78.

d) Schmauß Corp. iur. publ. pag. 1143. f. — gewöhnliches Ehren=Geschenk der Wahlstadt an die Kurfürsten und Gesandtschaften. Siehe Kaif. Franz. Wahl= und Krönungs=Diar. I, Seit. 199, vergl. S. 165.

e) „Sique per tempus aliquod *morari, abesse* et *tardare* contingeret aliquem de Electoribus seu Nunciis ante dictis, *dum tamen veniret,* antequam praedicta *esset electio celebrata,* hunc ad electionem ipsam in *eo statu admitti* debere decernimus, *in quo ipsa adventus sui tempore* consistebat." Aur. Bull. Tit. II. §. 7.

§. 57.

Entwurf der Wahlbedingungen, und

Nach geschehener Eröffnung des Wahlkonvents, wird zuförderst auf dem Rathhause der Wahlstadt, oder dem sogenannten Römer a), unter Direction von

I. Reichs-Zusammenhang.

von Kurmaynz, außer andern theils gewöhnlichen andere theils zufälligen Dingen b), die Wahlkapitula- vorgängition in gemeinschaftliche Berathschlagung genom- ge Gemen und berichtiget; woneben alsdann zugleich Wahlkonmancherley unwesentliche Puncte, die in der Kapi- vents. tulation selbst nicht füglich Platz finden, mittelst eines üblichen Kollegialschreibens der Kurfürsten, dem in der Folge bereits erkiesenen Oberhaupte noch besonders empfohlen zu werden pflegen.

Im Verlaufe dieser Berathschlagungen wird vom Magistrate der Wahlstadt, von den Bürgern und von der Besatzung, dem Kurfürstlichen Kollegio ein sogenannter Securitätseid c) geleistet; der Wahltermin d) bestimmt; und zugleich allen Fremden, die nicht zu dem Gefolge der Kurfürsten oder ihrer Gesandten gehören, angesagt, sich vor dem Wahltage aus der Stadt zu entfernen e). Auch werden am Abend vor der Wahl die Schlüssel aller Thore an Kurmaynz überliefert, und Tags darauf vom Reichserbmarschall in der Sacristey der Bartholomäus-Kirche, als dem Orte der Wahl, bis nach beendigter Handlung, feyerlich niedergelegt f).

a) Siehe, wegen einiger Merkwürdigkeiten desselben, Olenschlager's Neue Erläuterung der G. B. Seit. 20. 351. f.

b) Von welcher Art, siehe z. B. Kais. Franzens Wahl-Diar. in den Beylagen S. 35 f. — und Moser am angef. O. S. 161 ff.

c) Die Vorschrift dieses auf die Zeiten der willkürlichen Gewalt und des Faustrechts deutenden Eides, siehe in der G. B. Tit. I. §. 24.

d)

134 Zweyter Abschnitt.

d) Eigene Verordnung der G. B., wegen der
Frist, binnen welcher ein Kaiser zu wählen sey,
und der kurfürstlichen Kost, wenn diese gesetzliche Frist ohne geschehene Wahl verstrichen ist,
siehe Tit. II. §. 5.

e) Was hierüber eigentlich die G. B. ver-
ordne, und noch in neuern Zeiten das Kurfürst-
liche Collegium beschlossen habe, siehe in Ansehung jener, Tit. I. §. 25. 26. — und wegen
des letztern, ingleichen wie es doch damit gehalten werde, Pütter *Institutiones iur, publ.*
pag. 543.

f) Vergl. Kais. Franz. Wahl-Diar. S. 240 f.

§. 58.

Hergang und Zur angesagten Stunde des Wahltages begeben sich die anwesenden Kurfürsten in ihrem Kur-
habit, die Gesandten der Abwesenden aber in be-
stimmter Feyerkleidung, reitend, zwischen beyder-
seits unter Waffen stehender Bürger- und milita-
rischen Mannschaft, vom Römer, nach gedachter
Bartholomäus-Kirche; versprechen hier, nach
vollendeter Messe für die katholischen Kurfürsten
oder Gesandte, eidlich, in Gegenwart von Notarien und Zeugen, vor dem Altar, daß sie, jeder
nach bester Einsicht und Vernunft, ohne irgend
einige andere Rücksicht, den Tüchtigsten wählen
wollen a), und begeben sich sodann in die Wahl-
kapelle. Nachdem sie hier nochmahls durch Hand-
schlag an Eides statt versprochen, die meisten
Stimmen gelten zu lassen, und zugleich, kraft dieses Handschlags, die weltlichen Kurgesandte insbesondere gelobet haben, daß, wenn auf einen
oder den andern ihrer Herren die Wahl etwa aus-
fallen

I. Reichs-Zusammenhang. 135

fallen sollte b), der Gewählte unweigerlich den verglichenen Eid der Kapitulation leisten, und in allem erfüllen werde: so sammelt endlich Kurmaynz, nach Ordnung des Ranges, die Stimmen, legt zuletzt seine eigene an Kursachsen ab, und läßt wiederum alles durch hereingeforderte Notarien und Zeugen bekräftigen.

Wer mehr als die Hälfte des Kollegiums hat, ist erwählt, und kann dabey ein Kurfürst auch sich selbst seine Stimme geben.

a) Der Eid lautet, von Seiten der Kurfürsten in Person:

„Ich N. N. schwöre zu den heil. Evangelien, hier „gegenwärtig vor mich gelegt, daß ich, durch den „Glauben oder Treue, damit ich Gott und dem „heil. Röm. Reiche verstrickt und verbunden bin, nach „aller meiner Vernunft und Verständniß, mit „Gottes Hülfe wählen will, ein weltlich Haupt „dem Christlichen Volk, das ist, einen Römischen „König, in künftigen Kaiser zu erheben und zu ma„chen, der dazu geschickt und tauglich sey, so viel „mich meine Vernunft und Sinne weisen, und, „nach dem berührten meinen Sinn und Glauben oder „Treue, meine Stimme, Votum und Wahl geben „wolle, ohne alle Geding, Sold, Lohn oder Ver„heisch, oder welcherley Maaß die genannt werden „möchten; als mir Gott helfe und sein heiliges „Evangelium.„

Die Gesandten der Kurfürsten aber schwören:

„Ich N. N. als gewalthabende Botschaft des N. N. „schwöre in meine und dessen Seele, von dem ich „geschickt und gevollmächtiget bin, zu den heiligen „Evangelien hier gegenwärtig vor mich gelegt, daß „ich ꝛc.„ (alles Uebrige wörtlich mit der vorigen Formel einerley).

Wie dieser starke, in der G. B. Tit. II. §. 3. vorgeschriebene Eid, mit der Wahrheit im Ver-

Verhältniß stehe, erläutert sich den Kennern auch ohne Hülfe der Memoires *du Maréchal Duc. de Gramont* (à Franche Ville (Hanau) 1742, 8.), und ohne Mosers Tractat vom Röm. Kaiser S. 16. Vergl. mit: Eines katholischen Menschens Schreiben... gegen die Preußischen — — — Statisten (Fulda und Würzburg 1759, 4.) Seite 5.

b) „In allen vor der Wahl hergehenden Conferentien, wird davon, wen man wählen wolle, kein Wort gesprochen, und wenn gleich die ganze Welt gewiß weiß, wer erwählet werden wird: so thut man doch... als ob man nichts wüßte." Mos. am angef. O. S. 167.

§. 59.

Beendigung der Wahl.
Nach entschiedener Wahl muß der Gewählte, wenn er zugegen ist, oder müssen, in Abwesenheit desselben, seine Bevollmächtigte, die Wahlkapitulation im Konclave, ebenfalls vor Notarien und Zeugen, sogleich beschwören und unterschreiben; sodann wird Glück gewünscht, die Wahl in der Kirche öffentlich bekannt gemacht, und mit feyerlichem Ausrufe des Volks begleitet, welchem auch der Gewählte, wenn er gegenwärtig ist, auf den Altar erhoben, gezeigt wird a); worauf endlich, unter Läutung aller Glocken und Lösung der Kanonen von den Wällen, nach dem Römer der Rückzug geschieht.

a) Wegen hieher gehöriger Erläuterung, siehe Olenschlager in der Vorrede zum Krönungs-Diar. Kais. Karls VII.

§. 60.

I. Reichs-Zusammenhang.

§. 60.

Die Kurfürsten fertigen alsdann ein feyerliches Wahldecret, welches dem Gewählten, wenn er gegenwärtig ist, gegen ein von ihm unterschriebenes und durch sein Siegel bekräftigtes Exemplar der Wahlkapitulation an jeden Kurfürsten, übergeben wird. Ist er aber abwesend: so wird er vorläufig von der geschehenen Wahl sogleich benachrichtiget; erhält sogann ebendavon eine zweyte feyerliche Anzeige durch einen Fürsten, sammt dem förmlichen Wahlinstrument vom Kurfürstlichen Kollegio, und der Einladung zum Empfang der Krone; wogegen seiner Seits ein Revers zur Festhaltung der einstweilen von seinen Bevollmächtigten unterschriebenen Kapitulation ausgestellt wird, die er auch in der Folge nch vor seiner Krönung, alsbald am Tage des Einzugs in die Krönungsstadt, persönlich beschwören muß a). *Gegenseitige Urkunden der Wählenden und des Gewählten.*

a) Vergl., außer Moser am angef. O. Seit. 283 ff., Kais. Franzens Wahl- und Krönungs-Diar. I, 260 ff. II, 45.

§. 61.

Die Krönung, wozu der Gewählte selbst den Tag bestimmt, ist, kraft der goldenen Bulle, in Aachen zu verrichten a); wird aber in neuern Zeiten insgemein am Wahlorte, zu Frankfurt am Mayn, zugleich vollzogen; jedoch erhält die gesetzliche Krönungsstadt vom Kurfürstlichen Kollegio jedesmahl einen Revers zur Sicherung ihrer Rechte b). *Krönung: Ort.*

a)

a) Jedoch mit eben der Ausnahme, wie bey der Wahlstadt: „nisi impedimentum legitimum obviaret.„ A. B. Tit. XXVIII, §. 5.

b) Vergl. Wahl-Diar. Kaif. Franz. P. II. Seite 85. 148. Anhang S. 3 ff. Und Mosers Zusätze zu seinen Teutschen Staatsrecht Tom. I. Seit. 137 ff. — Kaiser Ferdinand I. war der letzte, dessen Krönung 1531 zu Aachen geschehen ist.

§. 62.

Kleinodien.

Die Kleinodien, die meist von Karl dem Großen hergeleitet werden, nebst gewissen Reliquien, sind theils seit 1424 zu Nürnberg in der neuen Spitalkirche zum heil. Geist a), theils zu Aachen im Marienstift b), befindlich, und werden gegen ein Kurfürstliches Kollegialschreiben, das jede Stadt bekommt, von Deputirten dieser Städte, und unter sicherm Geleite durch jeder Herren Land, feyerlich an dem Ort der Krönung eingebracht.

a) Von den zu Nürnberg aufbewahrten Reichskleinodien, die noch bey Krönungen im Gebrauch sind, werden in Kaif. Franzens Wahl- und Krönungs-Diario, II, Seit. 128, folgende beschrieben:

1) Die kaiserliche Krone Caroli des Großen, von purem Golde ꝛc. (Sehr mühsam gearbeitet; aber nicht vierzehn Pfund schwer, sondern überhaupt, mit ihren vielen, ungeschliffenen Edelsteinen und Perlen, und mit dem rothen Sammet, womit sie gefüttert ist, nur 14 Mark, 11 Loth und 3 Quentchen; siehe Hrn. von Murr unten genannte Schrift). 2) Der Reichsapfel, von dem allerfeinsten Golde, 9 Mark und 3 Loth schwer, mittelmäßiger Größe, daß er in einer Mannshand füglich Platz findet, inwendig mit einer harzigten Materie angefüllt ꝛc. 3) Der Scepter, welcher

I. Reichs-Zusammenhang. 139

welcher zwar ziemlich groß, aber inwendig hohl, nur von Silber und übergulbet ist ꝛc. 4) Das Schwerd Caroli des Großen, dessen Scheide von Holz, wobey sowohl die darauf festgemachte, nicht eingelegte Zierrathen, als die Handhabe und das Kreuz, von Blech-Gold, auch mit vielen Perlen besetzt sind. Auf dem runden Knopf erblickt man in getiefter Arbeit auf einer Seite einen einfachen Adler, auf der andern einen Löwen mit gedoppeltem in die Höhe gerichtetem Schwanz, welches vermuthlich Kaiser Carl IV, als das Böhmische Wappen, hinzufügen lassen. Auf dem Kreuz oder der Parir-Stange stehen folgende Worte eingegraben: *Christus vincit*, Christus regnat, Christus imperat. 5) Das Schwerd des heil. *Mauritii* ꝛc, 6) Das Pluviale oder Mantelkleid von violetblauer oder bräunlicher Seide, welches mit Perlen und Edelsteinen besetzt, und bis auf den Boden reichet. Auf selbigem befinden sich unförmliche Löwen, und an dem Ende oder Saum desselben unbekannte *Characteres*, nach alter Manier gestickt. 7) Die Dalmatica oder Obergewand, von blauem seidenem Zeuge, mit vielen Perlen besetzt, und mit goldenen Löwen gezieret. 8) Die Alba oder Talar-Habit, von weißer Seide, dessen enge Ermel mit Edelgesteinen eingefaßt, und am Ende mit Gold gestickt sind. 9) Die Stola, oder ein breiter Ueberschlag, wie solchen die Geistlichen tragen, welcher kreuzweise über die Alba gelegt wird, und an welchem eingewirkte goldene einfache Adler, so in der Runde mit Gold und Edelgesteinen besetzt, wahrgenommen werden. 10) Zwey *Cingula* oder Gürtel, wovon der eine ledern, und mit einem goldenen Haken versehen, so nur allein gebraucht wird. 11) Zwey Handschuhe, von roth seidenem Zeuge, so gleichfalls mit Gold, Perlen und Edelgesteinen gezieret. 12) Die Sandalia oder zwey roth seidene mit Perlen und Edelgesteinen reichlich besetzte Schuhe. 13) Die Strümpfe, so roth und mit Gold gestickt.„

dazu kommen noch die Reichs-Heiligthümer oder Reliquien, welche bey Moser im Teutschen Staatsrecht, Tom. II. Seit. 427 angegeben sind.

b) Die zu Aachen befindlichen Insignien sind:

1)

Zweyter Abschnitt.

1) Ein mit Edelgesteinen besetztes Evangelien-Buch in Folio, angeblich in Kaif. Karls des Großen Grabe gefunden; worin die 4 Evangelia auf künstlich präparirte Baumrinde, mit goldenen Buchstaben, und in lateinischer Sprache, geschrieben sind. 2) Ein zweytes Schwerd Karls des Großen, gleichfalls im Grabe an seiner Seite gefunden, in Form eines Türkischen kurzen Säbels, nebst dem dazu gehörigen Gehenke. 3) Ein Kästchen oder Capsul, mit Perlen und ungeschliffenen Edelgesteinen geziert, in welchem die Erde, worauf das Blut des ersten Märtyrers Stephani geflossen, aufbehalten wird.

Siehe Wahl-und Krönungs-Diar. Kaif. Franzens Th. II. S. 130. Mosers Staatsr. der Stadt Aachen, Cap.. II. §. 6. ff. — Hauptsächlich aber gehört hieher, was neuerlich in litterarischer sowohl, als historischer und artistischer Rücksicht über die Reichsinsignien beygebracht ist, in des Hrn. von Murr Journal zur Kunstgeschichte und zur allg. Litteratur. Th. XIV, S. 159 — 191. Th. XV, 129 — 390. Th. XVI, 210 — 415.

§. 63.

Zug nach der Kirche. Am Tage der Krönung wird der Neugewählte, von den auf dem Römer sich zuvor versammelnden weltlichen Kurfürsten, welche zugegen sind, und von den ersten Gesandten der Abwesenden, zu Pferde, mit Vortragung der Reichskleinodien, aus seiner Wohnung in die Bartholomäus-Kirche begleitet, woselbst ihn die geistlichen Kurfürsten und deren assistirende Prälaten empfangen.

§. 64.

Krönungshandlung selbst. Nach geschehenem Anfang mit Gebet und unter der Messe, werden vom jedesmahligen Consecrator, dem Kurfürsten zu Maynz, oder dem zu Köln a), an den Neugewählten verschiedene Fragen

I. Reichs-Zusammenhang.

gen gethan, deren Inhalt seine kaiserlichen Regentenpflichten, und gebührende Unterwerfung gegen den Papst zu Rom und die Römische Kirche betrift b), und welche er zuförderst einzeln bejahet, zuletzt aber nochmahls sämmtlich mit einem Eide bekräftiget. Wenn sodann gleichergestalt auch die Umstehenden wegen willfährigen Gehorsams gegen den Gewählten befragt c) worden sind, wird dieser vom Consecrator eingesegnet, von Kurbrandenburg zur Salbung entblöst, und an sieben Orten gesalbet. Den Gesalbten begleiten hierauf sämmtliche Kurfürsten auch Bischöfe und Assistenten, mit Ausnahme des Consecrators, der am Altare verweilt, in die Sacristey, um von Kurbrandenburg mit der alten Feyerkleidung angethan zu werden: sodann wird er, unter gleichem Gefolge, zum Altar zurück geführt; allda, nach mehrerley gesprochenen Gebeten, und unter feyerlichen Formuln, mit Karls des Großen Schwerd d), das er zuvor entblöst in die Hand empfängt, umgürtet; mit einem Ringe bestecket; und noch mit Scepter und Reichsapfel in beyden Händen versehen. Diese giebt er alsdann zurück, wird sofort von den geistlichen drey Kurfürsten gemeinschaftlich mit der Krone gezieret, und nun, mit der Krone auf dem Haupte, zum zweyten Mahle beeidiget. Nach geschehener Leistung dieses Eides und fortgesetzter Messe, empfängt er, bey abgelegter Krone, aus den Händen des Consecrators, unter beyderley Gestalt, das Abendmahl, und wird alsdann, mit der Krone wiederum versehen, von sämmtlichen Kurfürsten und den Gesandten der Abwesenden,

den, nach einem nahe am Altar errichteten Throne begleitet, woselbst der Kurfürst von Maynz, Nahmens der übrigen Mitkurfürsten, den feyerlichen Glückwunsch ablegt. Ist hierauf das *Te Deum* gesungen; so schlägt er unter vielen Förmlichkeiten auf dem Throne sitzend verschiedene Ritter, welche von jedem Hofe der Kurfürsten nach einer bestimmten Zahl zu präsentiren sind. Endlich begiebt er sich in seinen Betstuhl zurück, wo ihm die Deputirten des Marienstifts zu Aachen sich nahen, und ihn, bey Vorhaltung der Reichsinsignien, unter Leistung eines feyerlichen Schutz= und Schirmeides, und gegen herkömmliche Gebühren e), zum **Chorherrn** dieses Stifts aufnehmen f).

a) Siehe den Vergleich zwischen Kur=Maynz und Kur=Köln vom 16. Jun. 1657, die Krönung eines Römischen Königs betreffend, Corp. Iur. publici pag. 1028 seqq.

b) = = Vis sanctissimo in Christo patri et *Domino Romano Pontifici* et sanctae *Romanae* ecclesiae *subiectionem debitam* et fidem reuerenter exhibere?., **Moser Teutsches Staatsrecht** Tom. II. Seite 467.

c) „Vultis *tali Principi* et Rectori vos *subiicere* ipsiusque regnum firmare, fide stabilire, atque *iussionibus illius obtemperare*, iuxta Apostolum: omnis anima potestatibus sublimioribus subdita sit, sive Regi tamquam praecellenti?., Diese antworten: „Fiat, fiat, fiat.„ **Moser** am angef. O.

d) Dem **Nürnbergischen** nähmlich. Wozu das Aachensche gebraucht wird, siehe **Moser's** Staatsrecht von Aachen, Kap. II. §. 6. ff.

e)

I. Reichs-Zusammenhang.

e) Ueber den Eid sowohl, als über die Gebühren, womit sich der Kaiser gegen das Stift zu lösen hat, siehe Wahl-Diar. Franz. I. Th. II, S. 116. und Mosers Staatsrecht Tom. II. S. 482. §. 54. 55. — Es gehören dazu auch die Kleider, die ein neuer Kaiser an seinem Krönungstage angehabt; jedoch wird heut zu Tage für Alles überhaupt, ein gewisses Stück Geld gegeben.

f) Er genießt auch alle Renten eines wirklichen Canonici; überläßt sie aber zweyen königlichen Vicarien, welche an seiner Statt den Gottesdienst abwarten. Ueber Mehreres siehe CHRISTIAN. GOTTL. BVDER de Canonicatibus Imperatorum Germaniaeque Regum, ac Praebenda regia, der Königs-Pfründe. Ienae 1734, 4. — Und in seinen *Opusc.* pag. 425 seqq.

§. 65.

Sind solchergestalt alle Feyerlichkeiten in der Kirche vollbracht; so wird der neue Kaiser, mit der Krone auf dem Haupte und mit der alten Kaiser-Kleidung angethan, in solenner Procession, zu Fuße, auf einem aus Brettern und Tuch besonders dazu bereiteten Wege, nach dem Römer begleitet, wo sodann, nach einiger Erholung, die Feyerlichkeit der unten beschriebenen Erzämter vollzogen wird. Hierauf verfügt sich der Kaiser zur solennen Tafel: wobey die drey geistlichen Kurfürsten, nebst einigen andern Obliegenheiten a), das Gebet; die Reichsgrafen die Auftragung der Speisen; und die weltlichen Erzbeamte gleichfalls einige Dienstleistungen verrichten. Der Kaiser speißt an einer eigenen Tafel allein, die anwesenden Kurfürsten auf

Rückzug, und feyerlicher Reichshof.

auf eben dem Saale und zu gleicher Zeit; alle übrigen aber in besonderen Zimmern.

Nach aufgehobener Tafel, begleiten endlich noch die Kurfürsten, oder ihre Gesandten, den Kaiser fahrend, diejenigen aber, welche die Reichsinsignien tragen, reitend und mit entblöstem Haupte, nach seinem Quartier; woselbst auch den Deputirten von Aachen und Nürnberg die Kleinodien zurückgegeben werden.

a) Vergl. die G. B. Tit. XXVII. §. 3.

§. 66.

Beschluß. Nach dieser seiner Teutschen Krönung, welche so wenig mehr von einer päpstlichen zu Rom, als jener Lombardischen zu Mailand mittelst der sogenannten eisernen Krone a), begleitet wird, feyert die Krönungsstadt, wie auch vorher, wegen verrichteter Wahl geschieht, ein Dankfest; die anwesenden Kurfürsten geben dem Kaiser; der Kaiser den Kurfürsten solenne Visiten, so wie den Gesandten feyerliche Audienzen; und hält mit Einladung der Kurfürsten eine solenne Tafel, welches von diesen wechselseitig erwiedert wird. Von dem Magistrat und den Bürgern der Krönungsstadt, nimmt er ferner die Huldigung ein; eröffnet, wenn es seyn kann, noch vor seiner Abreise, den ihm nachher in seine Residenz folgenden Reichshofrath, und beschließt zuletzt das Ganze durch eine Obedienzgesandtschaft an den Papst b), welcher dagegen dem neuen Kaiser einen geweiheten Hut und einen Degen zu überschicken pflegt *).

a)

I. Reichs-Zusammenhang.

a.) Siehe wegen dieser albernen Benennung, Olenschlager's neue Erläuterung der G. B. Seite 356.

b) CHR. GOTTL. BVDER de legationibus obedientiae Romam missis, Ien. et Lipf. 1737.

*) Wegen verschiedener bisher im Einzelnen nicht gegebener Nachweisungen, siehe unter den vielen über die Wahl und Krönung Teutscher Kaiser vorhandenen Schriften, vornehmlich:

Beschreibung aller Solennitäten, welche vor, in und nach der Wahl eines Römischen Kaisers und Königes, als auch bey dem Krönungs-Actu, vorgehen. Franff. 1741, 4.

Nachricht von der Wahl und Krönung eines Röm. Kaysers und Königes, worinnen alles, was dabey zu beobachten, vollkommen enthalten. Franff. 1741, 4.

GOD. DAN. HOFFMANNI de Electione et Coronatione Imperatoris Regisque Romanorum generatim, et de loco Electionis atque Coronationis Regis Romanor. speciatim, libri singulares. Tübing. 1764, 4.

§. 67.

Ein solchergestalt entstandenes Oberhaupt von Teutschland, trägt die vornehmste Krone der Christenheit a); eignet sich, nach einem vorzüglichen Rechte, das Ehrenwort Majestät b) zu; und führt den Titel: „Erwählter c) Römischer Kaiser, zu allen Zeiten Mehrer des Reichs, in Germanien König," lateinisch: „Electus Romanorum Imperator, semper Augustus, Germaniae Rex." Vom Italiänischen Königstitel wird nicht Gebrauch gemacht; dagegen aber gewöhnlich

Persönliche Auszeichnung: Rang und Titel,

K noch

noch die Titulatur beygefügt, welche ein jedesmahliger Kaiser von seinem Hause und eigenen Erbstaaten führt.

Personen im Reich, hohen sowohl als niedern Standes, wenn sie nicht Könige sind, reden ihn an mit: „Allerdurchlauchtigster, Großmächtigster und Unüberwindlichster Römischer Kaiser, auch in Germanien König, Allergnädigster Kaiser und Herr, Herr,„ — und unterschreiben sich: „aleruntertänigster.„ — Jedoch die Kurfürsten mit der Abänderung zu Ende der Anrede: Allergnädigster Herr und Herr Vetter; — und in der Unterschrift: „unterthänigst getreuester.„ Lateinisch: „Augustissime, Invictissime Imperator.„

Könige, bedienen sich statt „Augustissime, Invictissime„ der Wörter „Serenissime et Potentissime.„ Im Teutschen: „Durchlauchtigster, Großmächtigster Kaiser„ — und übrigens meist der zwischen ihres Gleichen gewöhnlichen Kurialien.

Der Papst endlich nennt ihn „Carissime in Christo Fili noster„ und „Tua Maiestas.„

a) Wie aber in Ansehung des Türkischen Kaisers? siehe Moser Staatsrecht Tom. III. Seit. 332; und Zusätze Tom. II. S. 331 f.

b) Von wem, und wenn es eigentlich, als beständige Canzleytitulatur, angenommen worden sey? sieh Einleitung in die Geschichte der K.A. §. 17. Seite 38, vor der Neuesten Sammlung der R.A. — Vergl. Olenschlager Neue Erläut. der G.B. S. 285. — Vom ausschlüßlichen Gebrauch des Titels Majestät, in Ansehung

I. Reichs-Zusammenhang. 147

hung des Kaisers, noch im vorigen Jahrhundert, und Anstände, wegen Ertheilung desselben an Frankreich bey den Westphälischen Friedenshandlungen, und auch nachher noch an andere Mächte, siehe *Moser* Teutsch. Staatsr. Tom. III. Seite 35 ff. und Zusätze Tom. II. S. 316 ff. — verbunden mit Carl Friedr. v. *Mosers* Kleinen Schriften, Tom. VI. Seite 26 ff. 64 ff. u. an m. O.

c) Seit Maximilian I, als dem Urheber dieses Beyworts, wegen unterbliebener päpstlichen Krönung. S. *Corp. iur. publ.* pag. 64 seqq. — und *Estor* de *Cognominibus Augustalibus seu Honorum nominibus provinciisque, quae Imperatoris Francisci I. nomini adiiciuntur ac Titulos vocant.* (Marburg 1754, 4.) Cap. VII.

§. 68.

Des Kaisers und des Reichs Wappen, ist ein schwarzer mit ausgebreiteten Flügeln schwebender Adler, mit zwenen nach entgegengesetzter Richtung sehenden Köpfen, und einer über der Mitte beyder Köpfe befindlichen Krone, im goldenen Felde; in der rechten Kralle insgemein das Reichs-Schwerd mit dem Scepter, und in der Linken den Reichsapfel; oder auch in der Rechten nur das Schwerd, und in der Linken das Scepter haltend a). *Wappen und goldene Bulle.*

Dieses Wappen wird, außer anderm Gebrauche, auf den kaiserlichen Siegeln ausgedruckt, welche in Ansehung ihrer Größe und ihres Gebrauchs, nach Verschiedenheit der Gegenstände, von dreyerley Art sind, und in das Majestäts- oder große, in ein mittleres und kleines Siegel unterschieden werden. Zu diesen kommt noch das kaiserliche Hand- oder Cabinetssiegel; welches aber nicht, wie jene, zum Gebrauch öffentlicher Reichssachen bestimmt ist. In Betracht ihres Materials bestehen sie, nur mit Ausnahme der goldenen Bulle, aus rothem Wachs. Die goldene Bulle aber ist ein kaiserliches großes Insiegel von maßivem Golde, inwendig hohl und mit Wachs ausgefüllt, durch welches die Schnüre gezogen werden.

Es wird als eigenthümliches Insiegel des heil. R. Reichs betrachtet, nur in gewissen Gnadensachen, und auf ausdrückliches Begehren der Partheyen gebraucht b).

a) Io. HEVMANN de *Insigni Germaniae, eiusque Regis Titulo.* Altorf. 1744. 4.
ERN. IO. FRID. MANZEL de Aquila S. Imp. Rom. Germ. bicipite. Rostock. 1724. 4.
b) Vergl. Mosers Teutsch. Staatsrecht Th. III. S. 64 ff. und Zusätze Th. II. S. 329. Wie viel dafür an Macherlohn und an die Canzelley bezahlt wird, s. *Corp. iur. publ.* p. 1039.

§. 69.

Residenz. Den Grundgesetzen zufolge, soll ein Teutscher Kaiser oder König seinen Hof ohne Noth nicht außerhalb Teutschland haben. Da aber das Reich seinem Oberhaupte nirgend eine eigenthümliche Stadt zum Aufenthalt angewiesen hat; so ist die Hauptstadt der Erblande eines jedesmahligen Prinzen, der die Krone von Teutschland trägt, immer auch seine kaiserliche Residenz.

§. 70.

I. Reichs-Zusammenhang.

§. 70.

Des Kaisers Hofstaat ist von zweyerley Art: Zwiefacher oder eine vom Reich, der nur bey gewissen Gelegenheiten gebraucht wird, sich auch ordentlicher Weise Hofstaat nicht an des Kaisers Hofe aufhält; und ein anderer, dessen er zu alltäglichem Gebrauche, zugleich auch als Beherrscher eigener Erbstaaten, bedarf. Jener bestehet aus sogenannten Reichs-Erz- und Erbämtern: dieser aber wird mit dem Nahmen der Haus-oder Hofämter bezeichnet, und, wie auf eigene Kosten, so auch nach freyer Willkühr des Kaisers selbst, jedoch dem Verlangen der Gesetze zufolge, nicht anders, als mit Personen von Teutscher Abkunft und höherm Adel, bestellt.

§. 71.

Die Reichserzämter werden sämmtlich durch Erzämter. Kurfürsten versehen, mit deren Kurwürde, sie sey geistlich oder weltlich, dem Herkommen zufolge, unzertrennlich ein Erzamt verbunden ist. Jedoch bestehet dieses nur für die weltlichen Kurfürsten in einer Hofbedienung; die geistlichen hingegen haben, als Erzcanzler, eigentlich eine Staatsbedienung zum Erzamt, worunter jedes von einem gewissen Haupttheile der ehemahls, oder auch jetzt noch in ihren Resten, zum gesammten heil. Römischen Reich gehörigen Lande benannt ist.

Ein jedesmahliger Kurfürst zu Maynz, ist daher Erzcanzler durch Germanien; der Kurfürst zu Trier, Erzcanzler durch Gallien und das Königreich Arelat; ein jedesmahliger Kurfürst zu Köln endlich, Erzcanzler durch Italien: wiewohl die

die Sachen aus den Landen der beyden letztern Erzcanzlerwürden, längst schon von Kurmaynz zugleich mit versehen werden.

Unter den weltlichen Kurfürsten, ist der König von Böhmen Erzschenk, der Pfalzgraf bey Rhein Erztruchseß, Kursachsen Erzmarschall, der Markgraf zu Brandenburg Erzkämmerer, und Kurbraunschweig Erzschatzmeister a).

a) Unter der großen Menge von Schriften über die Reichserzämter, und ihr strittiges Alterthum, ist vornehmlich zu vergleichen: Io. Iac. Mascov de originibus Officiorum S. R. I. Lipf. 1718, 4. — und Jo. Wilh. de Goebel de Archi-Officior. S. R. I. origine et Archi-Thesaurario. Hannov. 1710, 8. Lipf. 1735, 4.

§. 72.

Feyerlichkeit ihrer Verrichtung. Kraft der goldenen Bulle, hat jeder dieser weltlichen Erzbeamten die Feyerlichkeit seines Erzamtes reitend, und in der Kurkleidung, zu verrichten; jedoch der König von Böhmen so, daß es auf seiner Willkühr beruhet, dabey die Königskrone aufzuhaben.

Der Erzmarschall macht unter allen den Anfang, und reitet in Begleitung kaiserlicher Trabanten, unter Pauken- und Trompeten-Schall, in einen auf freyem Platze vor dem Pallast, worin sich der Kaiser befindet, aufgeschütteten Hafer bis an den Sattelgurt des Pferdes, füllt damit ein silbernes Fruchtmaaß, streicht es mit einem silbernen Streicher ab, und kehrt nach dem Palais zurück.

Auf

I. Reichs-Zusammenhang. 151

Auf gleiche Weise setzt sich der Erzkämmerer zu Pferde, holt von einem öffentlich da stehenden Tische ein silbernes Becken und Gießfaß sammt einem Handtuche, kehrt zurück, und reicht es dem Kaiser vor und nach der Tafel zum Handwaschen.

Der Erztruchseß reitet zu einer auf dem Platze aufgeschlagenen Küche, nimmt hier, in einer silbernen Schüssel, ein Stück von dem allda im Ganzen gebratenen Ochsen in Empfang, und trägt es auf des Kaisers Tafel.

Der Erzschenk, der sodann auf eben die Art an den Reihen kommt, holt einen, auf vorgedachtem Tische in Bereitschaft stehenden, silbernen Becher, mit Wasser und Wein gefüllt, und reicht ihn bey Tafel dem Kaiser zum Trunk.

Endlich erscheint unter gleicher Feyerlichkeit der Erzschatzmeister, reitet langsam auf und her, und thut mit goldenen und silbernen Krönungsmünzen a) unter das Volk unterschiedliche Würfe b).

a) Diese Krönungsmünzen enthalten auf der einen Seite des jedesmahligen neuen Kaisers Sinnbild und Wahlspruch, auf der andern aber die Reichskrone, nebst dem Nahmen und abgekürzten Haustitel, sammt dem Wahl-und Krönungstag des neuen Oberhaupts. Umständlich handelt davon Köhler, in der Münzbelust. Tom. 7. Seite 439 ff.

b) Aur. B. Tit. XXVII. § 1-6. vergl. mit Kais. Franz. Wahl- und Krönungs-Diar. II. Seit. 120 f.

K 4 §. 73.

§. 73.

Tragung b. Reichs-insignien. Mit diesen Erzämtern ist zugleich, bey feyerlichen Processionen mit dem Kaiser, die Vortragung eines Theils der Reichsinsignien verbunden, dergestalt daß, nach dem Inhalt der goldenen Bulle, zur Rechten der Erztruchseß mit dem Reichsapfel, zur Linken der Erzkämmerer mit dem Scepter, und in der Mitte von beyden der Erzmarschall mit dem Schwerde, dem Kaiser vorzugehen hat; wobey der König von Böhmen, ohne einiges Reichsinsigne zu tragen, unmittelbar dem Kaiser folget.

Wie aber die in der goldenen Bulle enthaltene Zahl von vier weltlichen Kurfürsten, seitdem noch, außer einer andern bereits wieder erloschenen, mit einer fünften Kur vermehrt ist; so ist dem zugleich dazu gehörigen Erzschatzmeisteramt, bey feyerlichen Aufzügen, die Tragung der Kaiserkrone angewiesen a).

Die kaiserlichen Siegel und Stempel werden an einem silbernen Stabe zwar auch mit-, aber nicht von einem Erzbeamten, auch nicht dem Kaiser, sondern demjenigen unter den drey Erzcanzlern vorgetragen, in dessen District der Reichshof gehalten wird. Hingegen hat dieser sodann, während der Tafel des Kaisers, und bis er, nach vollendeter Hoffeyer des Tages, in sein Quartier zurückgekehrt ist, gedachte Siegel und Stempel um den Hals zu tragen b).

a) PÜTTER *Instit. iur. publ.* pag. 62 seq. Und wegen der von der G. B. etwas abweichenden

I. Reichs-Zusammenhang.

den Ordnung, wie heut zu Tage die Erz- oder deren stellvertretenden Erbämter, neben und nach einander gehen, sieh. das angeführte Wahl-Diar. Th. II. S. 90.

b) Vergl. A. B. Tit. XXVII. §. 3. mit vorgedachtem Wahl-Diar. II. S. 124.

§. 74.

Diese Erzämter werden von den Kurfürsten für so ehrenvoll geachtet, daß sie deren nicht nur, als eines besondern Vorrechts, in ihrer Titulatur gedenken, und sie selbst dem Kurfürstlichen Titel vorsetzen; sondern daß sie auch, jeder das Reichsinsigne, welches er kraft seines Erzamtes zu tragen hat, in den Wappenschilde ihres Hauses führen a). Jedoch macht auch hierin der König von Böhmen eine Ausnahme, der, wie er kein dergleichen Reichszeichen zu tragen hat, auch keines in seinem Wappen führt, und eben so wenig in seiner Titulatur seines Erzamtes gedenkt. *Werthschätzung der Erzämter.*

a) S. Köhlers Münzbelust. Tom. 20. S. 367 f. — Was aber bey Kursachsen, außer dem Erzmarschallischen Reichsschwerd, noch ein zweytes für einen Bezug habe, siehe Olenschlager's Neue Erläuterung der G. B. Seit. 282.

§. 75.

Zugleich aber ist es auch bereits aus alten Zeiten herkömmlich, daß jeder Kurfürst, nur die zu Trier und Köln ausgenommen, deren Erzämter ohne Ausübung sind, einen Stellvertreter hat, der in seiner Abwesenheit oder Behinderung die Verrichtung des Erzamtes versieht. Diese Stellvertreter werden, jeder von dem Erzbeamten, zu dessen *Erbbeamte.*

sen Verweser er bestimmt ist, selbst ernannt, und tragen, den Kurmaynzischen abgerechnet, insgesammt, unter dem Nahmen der **Reichsunterbeamten**, ihre Würden erblich a).

Diesem gesetzlichen Herkommen zufolge, bestellt Kurmaynz, zur Verwaltung seines **Erzcanzleramts** am Hofe des Kaisers, einen zeitigen **Reichsvicecanzler**; den König von **Böhmen** vertreten, seit 1714, die Grafen von **Althan** als **Erbschenken**; **Erbtruchseße** sind, seit 1594, die Grafen von **Waldburg**; zur Verwaltung des **Erbmarschallamts**, als Stellvertreter des Kurfürsten zu **Sachsen**, ist die Familie der Grafen von **Pappenheim** noch von den Zeiten der goldenen Bulle her vorhanden; die Würde des **Erbkämmerers** tragen, seit dem 16ten Jahrhunderte, die Grafen oder Fürsten von **Hohenzollern**; als **Erbschatzmeister** endlich sind die Grafen von **Sinzendorf**, von Kurpfalz seit 1653 für die damahls neue Pfälzische Kur, und nachher, da deren Erzamt an Kurbraunschweig übergegangen, auch von diesem Kurhofe belehnt b).

a) Ge. Ad. Struvii diss. de Subofficialibus S. R. I. Ienae 1686, 4.

b) Von den hier etwa zu bemerkenden Abhandlungen über die einzelnen Erbämter, gehören unter die neuesten und besten:

(Pannewitz) Disquisitio historica, de origine et progressu Archi-Pincernatus Bohemici in S. R. I. Lipf. 1731, 8.

(Joh. Heinr. Drümels Beweis, daß der *Comes Palatii* in dem Fränkischen und Teutschen Reich nicht als Hofmeister anzusehen, der Erztruchseß

I. Reichs-Zusammenhang.

truchseß aber des Reichs Erzhofmeister sey. Ulm 1751, 4.)

Io. Lvd. Kern differt. de iuribus et Praerogativis S. R. I. Marefchallorum haereditarior., Comitum in Pappenheim. Goetting. 1753. 4.

Io. Frid. Ioachim de Archi-Camerario S. R. G. I. Halae 1736, 4.

Ebend. Abhandlung von dem Erzschatzmeister-Amt im heil. Röm. Reich. Halle 1742, 4.

§. 76.

Auch unter diesen Reichs-Unterbeamten führen die weltlichen, in sofern es ihnen kraft ihrer Lehnbriefe verstattet ist, gleich den Kurfürsten, obschon mit einiger Verschiedenheit, die Reichsinsignien ihrer Erbämter im Wappen; die Reichserbschenken aber, die nichts zu tragen haben, führen, ihres Erbamts wegen, in ihrem Wappenschilde einen goldenen Pokal mit einem Deckel.

§. 77.

Der Fall, wo die Leistung der Reichs-Erz- oder Unterämter eintritt, findet in neuern Zeiten Statt, für Kurmaynz durch das ganze Jahr; für Trier und Köln, nie leicht mehr; und in Ansehung der weltlichen, nur bey Krönungen und Ertheilung der Thronlehen: außer was Kursachsen auf Wahl- und Reichstagen, in Besorgung der Quartiere und anderer Geschäfte, noch besonders obliegt a).

Gelegenheit der Erz- oder Erbamtsverrichtungen.

a) Der Erbmarschall hält daher einen Unterbeamten, in neuern ▓▓▓ unter dem Nahmen eines Rei▓▓▓▓▓▓▓ , zu verschiedenen Verricht▓

§. 78.

§. 78.

Gefälle der Erbämter. Wie die zum gewöhnlichen Gebrauche bestimmten Haus- Hofämter des Kaisers von ihm selbst ausschlüßlich unterhalten werden; so haben hingegen die Reichsunterbeamten bey Krönungen a), so wie bey Thronbelehnungen b), gewisse Gebühren, wenn sie zur Verrichtung ihres Amtes wirklich gegenwärtig sind. In Ermangelung eines oder des andern aber, tritt der ihm entsprechende Hofbeamte, in Ansehung der Verrichtung sowohl, als vermuthlich auch noch der davon zu ziehenden Gefälle, an seinen Platz c).

a) Zu den Krönungsgefällen gehören 1) das Pferd, worauf jeder Kurfürst bey Verrichtung seines Erzamtes geritten, oder seinen Erbbeamten hat reiten lassen; 2) die gebrauchten silbernen Gefäße (§. 72.), deren Gewicht für jedes Erzamt in zwölf Mark bestehen muß. Der Reichsvicekanzler hingegen erhält den, gleichfalls zwölf Mark schweren, silbernen Stab, woran die Kaiserlichen Siegel (§. 73) gehangen haben — (so wie vielleicht dem in spätern Zeiten hinzugekommenen Erbschatzmeister, ein Theil der zum Auswerfen erhaltenen Krönungsmünze anheimfallen mag.) — Vgl. G. B. Tit. XXVII. §. 7 mit den Krönungs-Diarien. — Wie sonst die Erbämter auch alles Silbergeschirr, das auf die Tafeln gesetzt worden war, aus einem alten Herkommen sich zugeeignet, siehe Olenschlager am angef. O. S. 382.

b) Von den Gebühren dieser Art, s. unten.

c) Obschon nicht ohne Widerspruch selbst der Gesetze. S. Wahlkapit. Josephs II. Art. III. §. 24. Vergl. Friedr. Karl von Moser kleine Schriften. Th. 4. S. 1 ff.

I. Reichs-Zusammenhang.

§. 79.

An die bisher bemerkten Reichsämter schließt sich, außer einigen andern, deren Uebung aber in Abgang gekommen ist, insonderheit noch das Erbthürhüter-Amt der Grafen von Werthern an, deren Obliegenheit mit sich bringt, bey Wahl- und Krönungstagen die Aufsicht, Oeffnung und Schließung der Kirchthüren und des Chors zu besorgen a).

Reichs-Erbthürhüteramt.

a) Womit sie deshalb auch noch jetzt von den Kaisern belehnt werden, siehe Mosers Staatsr. Tom. 6. Seite 331; und vom Röm. Kais. Seite 471.

§. 80.

Der andere und zum alltäglichen Gebrauch bestimmte Hofstaat des Kaisers (§. 70.), ist seiner bisher bestehenden, mehr vom erbländischen Herkommen als von der Kaiserwürde abhängenden, Einrichtung nach, in vier sogenannte Stäbe oder oberste Hofämter getheilt, die in der Würde eines Oberhofmeisters, Oberkämmerers, Oberhofmarschalls und eines Oberstallmeisters bestehen. Jeder dieser ersten Hofbeamten legt beym Antritt seines Amtes den Eid der Treue unmittelbar in die Hände des Monarchen ab, und führt alsdenn die Chefs der unter ihm stehenden Hofstellen in ihre Departemente ein. Uebrigens aber ist das zwangvolle Ceremoniel am kaiserlichen Hofe, welches bisher und seit Karl V weniger Teutsch als Burgundisch-Spanisch war, unter Joseph II in verschiedenen Stücken freyer geworden a).

Gemeiner Hofstaat des Kaisers.

a)

a) *Ignatz de Luca* Oesterreichische Staatenkunde (Wien 1786, 8.) Bd I. Seit. 167.

§. 81.

Kaiserl. Familie. An des Kaisers Rang und Würde, nimmt unter seiner Familie nur dessen Gemahlin Theil. Bey ihrer Krönung aber, welche zugleich lediglich auf des Kaisers Willen beruht, werden, nebst einigen andern feyerlichen Stücken, vornehmlich auch die solennen Verrichtungen der Erzämter unterlassen. Sonst führt sie, nebst der Majestät, nicht nur den Titel einer „Römischen Kaiserin" allezeit Mehrerin des Reichs, in Germanien Königin: sondern hat auch, außer ihrem gewöhnlichen Hofstaate, noch von Reichs wegen eigene Erzbeamte; worunter der Fürstbischof zu Fulda Erzcänzler, der Abt und Fürst zu Kempten Erzmarschall, und der Abt zu St. Marimin Erzcaplan ist.

Hingegen sind ihr so wenig bey Lebzeiten, als nach dem Tode ihres Gemahls, einige Reichseinkünfte angewiesen; obschon sie auch alsdenn nach Willkühr noch ihren Hofstaat fortbehält, und im Range nur der regierenden Kaiserin weicht.

Auf die Kinder eines Teutschen Kaisers hat seine Würde, dem Herkommen nach, selbst weniger Einfluß, als die eines Königs von Pohlen, und giebt ihnen an sich weder höhere Titel noch höhern Rang, als sie erblich von ihrem Hause schon haben a).

a) Mosers Teutsches Staatsrecht Tom. VII. Seit. 139 ff. und Tractat vom Röm. Kaiser ꝛc. S. 642 ff. —

I. Reichs-Zusammenhang.

Von den Erzbeamten der Kaiserin insbesondere:
PHIL. AD. VLRICH de Archi-Cancellariatu et Primatu Abbatis Fuldensis. Würzb. 1724. Leipz. 1733, 4.
IO. CAROLI KOENIG de Archi-Mareschallo Augustae Imperatricis. Marb. 1748, 4.
AVG. BENED. MICHAELIS de Archi-Capellano Imperatricis Augustae. Halae 1750, 4.

§. 82.

Bisweilen wird noch bey Lebzeiten eines Kaisers Römis. sein künftiger Nachfolger, als anwartschaftliches König. Oberhaupt des Teutschen Reichs, von den Kurfürsten gewählt. Eine solche Person führt alsdenn dem Nahmen eines Römischen Königs. Seine Wahl und Krönung hat, dem Wesen der Sache nach, völlig gleichen Hergang mit der eines Kaisers, er wird für ein wirklich gekröntes Haupt gehalten, bekommt das Ehrenwort Majestät, und hat den Titel: „Allzeit Mehrer des Reichs und in Germanien König; nur aber führt er einen Einköpfigen Adler im Wappen, und hat sich, außer gewissen gesetzlich bestimmten Fällen, bey Lebzeiten des Kaisers, keinem Regierungsgeschäfte zu unterziehen. Wenn er wirklicher Kaiser wird, welches sogleich nach dem Abgange des regierenden Oberhauptes, ohne weitere Rücksprache oder Förmlichkeit geschieht, bestimmt er die Zeit seiner Regierung nicht nach dem Antrittsjahre derselben; sondern nach dem Jahre seiner geschehenen Wahl zum Römischen König. Und gelangt ein minderjähriger Prinz zur Würde eines Römischen Königs; so erhält er die gesetzliche Volljährigkeit zur Reichs-
regie-

regierung mit dem Antritt des 18ten, wo nicht eines frühern, Jahres, je nachdem darüber der Inhalt seiner Wahlkapitulation verfügt a).

a) Moser Staatsrecht Th. VII. S. 224 ff. 399 ff. – und vom Röm. Kais. ıc. S. 671 ff.

§. 83.

Reichsglieder: publicistische Verschiedenheit derselben überhaupt. Die Glieder des Teutschen Reichs werden, nach Verschiedenheit ihres nähern oder entferntern Zusammenhanges mit dem höchsten Oberhaupte, theils in mittelbare, theils unmittelbare Reichsglieder unterschieden. Unter die Benennung der letztern gehören diejenigen, welche kein anderes Reichsglied für ihren Obern zu erkennen haben, sondern zunächst und unmittelbar unter dem Kaiser und Reiche stehen; alle übrige hingegen, die als Unterthanen solcher Unmittelbaren leben, und nur in entfernter Instanz der Hoheit des Kaisers untergeordnet sind, werden unter dem Nahmen mittelbarer Reichsglieder begriffen.

§. 84.

Der Unmittelbaren insbesondere. Ein Theil der unmittelbaren Reichsglieder besteht ferner aus Reichsständen, andere hingegen sind blos unmittelbar, ohne zugleich an dem Rechte der Reichsstandschaft Antheil zu haben. Und wie der Character eines Reichsstandes im Sitz- und Stimmrecht auf Reichstagen bestehet; so haben, der Regel nach, nur diejenigen an dieser Gerechtsame Theil, welche mit einem unmittelbaren, d. i., einem solchen Lande oder Gebiete begütert sind, welches nicht als angehöriger oder untergeordneter Theil von einem der obgedachten besondern Staaten

I. Reichs-Zusammenhang. 161

ten abhängt, sondern als eigene Einheit neben den übrigen Staaten des gesammten Reichs betrachtet wird (§. 51.). Jedoch leidet auch bey dieser Regel der alte Spruch seine Anwendung, in sofern es nicht nur Glieder giebt, die ohne Besitz eines unmittelbaren Reichslandes, blos als sogenannte Personalisten, gedachtes Sitz- und Stimmrecht haben; sondern auch andere, die, ihrer deshalb erfoderlichen Begüterung ungeachtet, gleichwohl jener ständischen Gerechtsame auf Reichstagen entbehren. Endlich haben auch manche Glieder des Reichs ehedem in die Klasse der Unmittelbaren gehört, die in der Folge daraus weg-, unter die Botmäßigkeit eines andern Unmittelbaren gekommen, oder, nach der Sprache des Staatsrechts, eximirt worden sind a).

a) Der ausführliche Kommentar über diesen und die nachstehenden §§., ist Mosers Tractat von den Teutschen Reichsständen rc. Frft. a. Mayn 1764, 4.

§. 85.

Die Reichsstände sind theils katholischer, theils evangelischer Religion nach ihrem zwiefachen Bekenntnisse (§. 16.), und bestehen aus den sämmtlichen Kurfürsten; aus Fürsten, sowohl geistlichen als weltlichen Standes von verschiedenen Titeln; aus unmittelbaren Prälaten und Grafen; und aus freyen Reichsstädten. Im Gegensatz des Kaisers machen alle diese Stände nicht mehr, als einen einigen Reichskörper aus; unter sich selbst aber sind sie, theils in Rücksicht ihrer Kollegialverfassung auf dem Reichstage, theils nach Ver-

Reichsstände: Verschiedenheit überhaupt;

L wand-

wandschaft der Religion, theils durch den Bestand der Reichskreise, in mehrerley besondere Körper unterschieden.

§. 86.

Genauere Sonderung derselben
I. in drey Reichskollegien.

Zuförderst theilen sie sich, in Betracht ihrer nähern oder entferntern Gemeinschaft bey Reichstäglichen Berathschlagungen überhaupt, in drey verschiedene Kollegien, in das der Kurfürsten, in das Fürstliche, und in ein Kollegium der Reichsstädte, ab; worunter die beyden erstern, im Gegensatz des Reichsstädtischen, als des dritten, den Namen der zwey höhern Reichskollegien führen. Prälaten und Grafen machen kein besonderes Reichskollegium aus, sondern sitzen mit im Rathe der Fürsten; sie haben jedoch nicht, wie diese, jeder eine eigene, sondern nur gewisse Kuriat- oder Gesammtstimmen.

Jedes dieser Reichskollegien hält, vor Abfassung eines allgemeinen Schlusses, seine Berathschlagungen für sich, und hat, zur Leitung der Kollegialgeschäfte, sein besonderes Directorium; so wie über Ordnung und Stimmenrang der Glieder, außer dem Herkommen, zum Theil noch seine konventionelle Verfassung.

§. 87.

Kollegium der Kurfürsten;

Das heutige Kollegium der Kurfürsten bestehe aus acht, bereits oben (§. 54.) genannten Gliedern; worunter fünf, nähmlich Böhmen und Pfalz nebst den drey geistlichen, zur Katholischen; die übrigen, als Sachsen, Brandenburg und Kurbraunschweig, in Rücksicht ihrer Stimmen, zur evange-

I. Reichs-Zusammenhang.

evangelischen Religion gehören. Das Directorium hat Kurmaynz: und was die Ordnung und Rangfolge der Glieder, in und außer dem Kollegio, betrifft; so sind die drey geistlichen überhaupt die vornehmsten, unter sich selbst aber dergestalt im Verhältniß, daß der Kurfürst von Maynz, oder der zu Köln, bey feyerlichen Reichshöfen, jeder in seinem Erzkanzlergebiete, zu des Kaisers Rechten, und der Kurfürst zu Trier in der Mitte, dem Kaiser gegenüber, seinen Sitz erhält. Unter den beyden Kurfürsten zu Trier und Köln aber insbesondere, hat jener vor diesem bey Ablegung der Stimmen jederzeit, in allen übrigen Fällen hingegen nur wechselsweise den Vorgang.

Drey unter den weltlichen Kurfürsten tragen zugleich zwar Königskronen, aber ohne Einfluß auf die Ordnung ihres Kurfürstlichen Ranges, so wenig bey feyerlichen Processionen (§. 73.), als in Ansehung ihrer kollegialischen Sitze; die entweder in einer Reihe nach einander a) oder, nach der in der goldenen Bulle b) gegründeten Ordnung, auf beyden Seiten des in Person anwesenden, oder als anwesend gedachten Kaisers genommen werden c).

a) Wie sie im Range folgen; da denn Maynz den 1ten, Trier und Köln abwechselnd den 2ten und 3ten, Böhmen den 4ten, und so fort die übrigen nach einander ihre Sitze haben.

b) Cap. III. IV.

c) Nach der hierüber im Jahr 1653 geschlossenen Konvention, und geschehenen anderweitigen Veränderung im Kurfürstlichen Kollegio, ist die heutige Lateralordnung folgende:

I. In

Zweyter Abschnitt.

I. In Gegenwart des Kaisers.

Rechte Hand.   Linke Hand.
Brandenb., Pfalz, Böhmen, Maynz   **Kaiser**   Köln, Sachsen, Braunschweig.
                     Trier.

II. Bey Abwesenheit des Kaisers.

Rechte Hand.   Linke Hand.
Brandenb., Pfalz, Böhmen, Maynz || Trier, Köln / Köln, Trier | Sachsen, Braunschweig.

S. Moser am angef. O. S. 438 ff. vergl. mit Hrn. GJR. Pütter *Instit. iur. publ.* pag. 83.

§. 88.

Kurverein. Die Kurfürsten machen übrigens auch außer dem Reichstage ein eigenes Kollegium der Reichsstände aus, das ehedem öfter auf besondern Kollegialtagen sich versammelte. Als Glieder desselben sind sie insgesammt durch einen eigenen Verein verbunden, der, zur Handhabung ihrer und des Reichs Gerechtsame und Ruhe, im Jahr 1338 zuerst geschlossen, und das letztemahl 1558 a) feyerlich erneuert; sodann aber, nach einer mehrmahls beabsichtigten, und im Jahr 1684 vergebens versuchten Erweiterung b), aufs neue im Jahr 1745 von den mehresten c), und zuletzt im J. 1764, nach geschehener Wahl Josephs II. von allen Kurfürsten wieder beschworen worden ist d).

a) S. *Corp. Iur. publ.* pag. 210 sqq.

b) Die damahls bestimmte Hülfsleistung bestand in 30,000 Mann zu Roß und Fuß, woran Maynz mit einem Kontingent von 3000; Trier mit 2000; Köln mit 4000; Baiern mit 6000; Sachsen und Brandenburg, jedes mit 6000; und

I. Reichs-Zusammenhang.

und Pfalz mit 3000 Mann, Antheil nehmen sollten. Moser in den Zusätzen zum Teutschen Staatsr. Th. I. S. 106.

c) S. Kaif. Franzens Wahl- und Krönungs- diar. Anhang S. 43 ff.

d) Neue Staatskanzley Th. XIII. S. 49 ff. — Der einseitige Rheinische Kurverein hat einen antern Gesichtspunct, und gehört nicht hieher. — Uebrigens vergl. man noch, neben andern lehrreichen Schriften, des Hrn. Grafen von Herzberg Tractatio de *Vnionibus* et *Comitiis Electoralibus*. Hal. 1745. 4.

§. 89.

Das Reichskollegium der Fürsten, welches Fürstl. zugleich die Gesammtstimmen der Prälaten und Reichskol- Grafen begreift (§. 86.), theilt sich überhaupt in legium: zwey verschiedene Bänke, in die der geistlichen Abthei- und weltlichen Fürsten ab; nur mit der Ausnahme, Glieder in daß Oesterreich und Burgund, ungeachtet ihres 2 Bänke; weltlichen Characters, gleichwohl ihren Sitz, eines ehemahls beabsichtigten Vorzugs wegen a), auf der geistlichen Bank haben, wo sie den ersten und zweyten, oder abwechselnd mit Salzburg, den zweyten und dritten Platz einnehmen.

Auch legen zwar der jedesmahl, nach Abgang eines katholischen, wechselsweise vorhandene evan- gelische Bischof zu Osnabrück nebst dem zu Lübeck, nach alter Rangfolge ihre Stimmen ab; sie haben aber nicht unter den übrigen geistlichen, sondern zwischen diesen und den weltlichen Fürsten auf einer im Westphälischen Frieden besonders dazu geord- neten Queerbank, ihren Sitz b).

a) Püt-

a) Pütter l. c. p. 85. und Neueſt.
K. Tags-Theatr. Tom. I. pag. 35.

b) J. P. O. Art. V. §. 22.

§. 90.

Unterſcheidung der fürſtlichen insbeſondere in alte u. neue Fürſten.
Die Glieder des Fürſtenſtandes, vornehmlich des weltlichen, werden ferner in alte und neue Fürſten unterſchieden. Den Nahmen der erſtern führen diejenigen, welche bereits vor dem Jahre 1582 im Beſitz der Fürſtenwürde geweſen; alle übrigen aber, die erſt nach jenem Jahre dazu gelangt ſind, werden unter der Benennung neuer Fürſten begriffen.

Kein Fürſt der letztern Klaſſe hat, blos kraft ſeiner erhaltenen Fürſtenwürde, zugleich auch Sitz und Stimme im Fürſtenrathe, ohne erſt, mit ausdrücklicher Bewilligung des Kollegiums, beſonders dazu eingeführt zu ſeyn; daher es mehrere giebt, die, ihres heutigen Fürſtencharacters ungeachtet, als Reichsſtände betrachtet, gleichwohl nichts weiter, als bloſen Antheil an einer gräflichen oder prälatiſchen Geſammtſtimme haben.

Die Verfaſſung der altfürſtlichen, insbeſondere weltlichen, Stimmen hingegen beruhet auf dem zur Norm gewordenen Jahr von 1582, dergeſtalt daß, wie viel und von welchen Landen eigene Stimmen damahls im Fürſtenrathe geführt worden ſind, eben dergleichen und ſo viele auch von den heutigen Beſitzern jener Lande geführt werden a).

a) Vergl.

I. Reichs-Zusammenhang.

a) Vergl. Pütter Litteratur des Teutschen Staatsr. Theil III. §. 930. und *Instit. iur. publ.* pag. 71 sqq.

§. 91.

Der geistlichen Stimmen sind jetzt ungleich weniger, als ihrer vormahls waren, ehe nicht nur mehrere Erz- und Hochstifter, gleich andern Landen, durch Frankreich, Spanien und die Schweiz, überhaupt vom Reiche abgerissen, sondern auch verschiedene Erzbisthümer und Abteyen, durch Anordnung des Westphälischen Friedens, entweder ganz, mit Aufhebung aller dazu gehörigen Pfründen a), oder nur mit Beybehaltung eines Theils derselben b), in weltliche Herzogthümer und Fürstenthümer verwandelt, und gewißen weltlichen Fürstenhäusern, mit Sitz und Stimmenrecht auf der weltlichen Bank, erblich überlaßen worden sind c). *Geistliche Bank: fürstliche Stimmen;*

Es besteht daher die heutige Stimmenzahl geistlicher Fürsten zusammen aus 33; zu welchen 2 Erzbischöfe, 21 (mit Fulda 22) Bischöfe; 8 (ohne Fulda 7) gefürstete Aebte und Pröpste; und die Häupter zweyer geistlichen Ritterorden, der Hoch- und Teutschmeister nähmlich nebst dem Johanniter-Meister, gehören; die mit Ausnahme einer einzigen, bisweilen zweyer evangelischen Stimmen (§. 88.), sämmtlich katholisch sind, und in nachstehendem Kollegialrange auf einander folgen:

1) Der Erzbischof zu Salzburg;
2) — — — Bisanz;
3) Der Hoch- und Teutschmeister;
4) Der Bischof zu Bamberg;
5) — — — Würzburg;

6) Der

6) Der Bischof zu Worms;
7) — — — Eichstädt;
8) — — — Speier;
9) — — — Straßburg;
10) — — — Costanz;
11) — — — Augsburg;
12) — — — Hildesheim;
13) — — — Paderborn;
14) — — — Freysingen;
15) — — — Regensburg;
16) — — — Passau;
17) — — — Trient;
18) — — — Brixen;
19) — — — Basel;
20) — — — Lüttich;
21) — — — Osnabrück;
22) — — — Münster;
23) — — — Lübeck;
24) — — — Chur;
25) Der gefürstete Abt (seit 1752 zugleich Bischof) zu Fulda;
26) — — — Kempten;
27) Der gefürstete Propst zu Elwangen;
28) Der Johanniter-Meister;
29) Der gefürstete Propst zu Berchtolsgaden;
30) — — — Weisenburg;
31) Der gefürstete Abt zu Prüm;
32) — — — Stablo;
33) — — — Corvey;

a) Das Erzbisthum Bremen; die Bisthümer Verden, Camin, Schwerin, Razeburg, und die Abtey Hirschfeld. S. J. P. O. Art. X. §. 7. XI, §. 5. XII, §. 1. XV, §. 2.

b) Das

I. Reichs-Zusammenhang.

b) Das **Erzbisthum Magdeburg**, die Bisthümer **Halberstadt** und **Minden**. S. J. P. O. Art. XI, §. 1. 4. 6. 9.

c) Pläne, womit das Schicksal in neuern Zeiten die geistlichen Reichsstände bedrohete, siehe bey Moser im Staatsr. Th. 34, S. 254 ff.

§. 92.

An die Fürstenstimmen der geistlichen Bank, schließen sich die Kuriatstimmen der übrigen Reichsständischen, zum Theil gleichfalls gefürsteten, Prälaten an, zu welchem auch die Vorsteherinnen weiblicher Reichsstifter, sammt den Teutschen Ordensballeyen Koblenz und Elsaß, gehören. Solcher geistlichen, uud zugleich, einiger darunter begriffenen evangelischen Glieder ungeachtet, katholischen Kuriatstimmen, sind überhaupt zwey; deren Theilnehmer in eben so viele Kollegien oder Bänke, in die der **Schwäbischen** und **Rheinischen Prälaten** a), getheilt werden, und worunter die erstern, auch außer dem Reichstage, durch besondere Kollegialverfassung und eigene Zusammenkünfte mit einander verbunden sind. Jede Bank hat ihren Director (die Schwäbische auch einen Con-Director), der Namens der übrigen Glieder die Kuriatstimme vertritt, und seinen Sitz nach dem letzten auf der Bank der geistlichen Fürsten hat b).

Prälatische Kuriatstimmen.

a) Die Zahl und Ordnung der jetzigen Glieder

  I. der Schwäbischen Bank, ist folgende:
  1. Salmannsweiler; 2. Weingarten;
  3. Ochsenhausen; 4. Elchingen; 5. Irsee;
  6. Ursperg; 7. Kaisersheim; 8. Roggenburg;

Zweyter Abschnitt.

burg; 9. Roth; 10. Weissenau; 11. Schussenried; 12. Marchthal; 13. Petershausen; 14. Wettenhausen; 15. Zwiefalten; 16. Gengenbach; 17. Neresheim; 18. Hegbach; 19. Guttenzell; 20. Rothenmünster; 21. Baindt; 22. Söflingen; 23. Jsny zu St. Jörgen, in der Reichsstadt Jsny. — Die Rechtfertigung dieser Abweichung von den bisher gewöhnlichen Angaben der Schwäbischen Reichsprälaten, siehe im Reichsprälatischen Staatsrecht (Kempten 1785, gr. 8.) Th. I. S. 86 = 114. Was

II. die Rheinische Prälatenbank betrifft, so gehören dazu, außer 1. Werden, vielleicht auch folgende Mitglieder: 2. Balley Koblenz; 3. Balley Elsaß und Burgund; 4. Odenheim oder Bruchsal; 5. St. Ulrich und St. Afra zu Augsburg; 6. St. Cornelii Münster; 7. St. Emmeran zu Regensburg; 8. Queblinburg; 9. Hervorden; 10. Gernrode; 11. Nieder-Münster zu Regensburg; 12. Ober-Münster zu Regensburg; 13. Burscheid; 14. Gandersheim; 15. Thoren. — Man vergleiche jedoch über die Unsicherheit dieser und anderer angeblichen Glieder, und besonders über die bey LÜNIG (Spicileg. Eccles. Part. cap. 6. §. 895.) befindliche *Consignation* der Rheinischen Reichsprälaten, das vorgenannte Reichsprälat. Staatsrecht Th. I. S. 146 ff.

b) Wegen 1) des Schwäbischen Directoriums, und Haltung der Kollegialtage, dergleichen die Rheinischen Prälaten keine haben, siehe Reichsprāl. Staatsr. Th. I. S. 114 ff. u. 433 ff. — 2) des Rheinischen, ebendas. Seit. 154 ff.

§. 93.

I. Reichs-Zusammenhang.

§. 93.

Der heutigen Häuser, welche die weltliche Bank des Fürstenraths ausmachen, oder doch der Sache nach dazu gehören, sind 25, als 1. Oesterreich; 2. Pfalz; 3. Sachsen; 4. Brandenburg; 5. Braunschweig-Lüneburg; 6. Pommern, in der Person des Königs von Schweden; 7. Wirtemberg; 8. Hessen; 9. Baden; 10. Mecklenburg; 11. Holstein; 12. Savoyen; 13. Anhalt; 14. Aremberg; 15. Hohenzollern; 16. Lobkowiz; 17. Salm; 18. Dietrichstein; 19. Nassau; 20. Auersberg; 21. Fürstenberg; 22. Schwarzenberg; 23. Lichtenstein; 24. Thurn und Taxis; und 25. Schwarzburg: deren erstere 14 aus altfürstlichen Geschlechtern, unter dem Titel Erzherzog, Herzöge, Pfalzgrafen, Markgrafen, Landgrafen und Fürsten; die übrigen 11 aber aus neuen Häusern, unter dem blos allgemeinen Character der Fürsten, bestehen.

Weltliche Bank: Bestand der dazu gehörigen Fürstenhäuser u. Stimmen.

Diesen gesammten Fürstenhäusern sind, nach ihren verschiedenen Linien und Landen (§. 89.) überhaupt 61 Stimmen zuständig; worunter sich 21 katholische, und 40 evangelische befinden.

§. 94.

Das Rangverhältniß der weltlichen in Ansehung der geistlichen Fürsten, weicht von dem der Kurfürsten (§. 87.) darin ab, daß nicht nur ausser dem Kollegio kein geistlicher vor einem altweltlichen Fürsten entschiedenen Vorgang hat, sondern auch im Kollegio selbst die einzelnen Stimmen der geistlichen und weltlichen Glieder wechsel-

Rangverhältniß.

seitig,

seitig, eine um die andere, von beyden Bänken aufgerufen werden, obschon mit dem ersten Voto der Anfang auf der geistlichen Bank geschieht.

Eben so unentschieden ist auch, bey gemeinen und zufälligen Zusammenkünften, die Rangfolge der weltlichen Fürsten unter sich; nur mit Ausnahme derer vom neuen Fürstenstande, welche den alten überhaupt nachstehen. Was aber die Kollegialordnung auf dem Reichstage betrifft; so sind die Kurfürstlichen Linien die ersten; und unter den sodann nächstfolgenden altfürstlichen Häusern haben sich Wirtemberg, Pommern, Hessen, Baden, Mecklenburg und Holstein, wiewohl nur mit bedingtem Einschluß der Holstein-Gottorp- oder nun Oldenburgischen Linie a), nach und nach über eine von Rathstag zu Rathstage abwechselnde Ordnung ihrer Stimmen dahin verglichen, daß bey einer zehenmahl veränderten Rangfolge oder sogenannten Strophe, jedes Haus bestimmte Mahle vor dem andern den Vorsitz hat b). Nach diesen sechs ausschlüßlich sogenannten alternirenden Häusern folgt der übrige Theil altfürstlicher Stimmen von ausgestorbenen sowohl, als noch florirenden Linien, an welche sich zuletzt die neuen Fürsten anschließen. Die Vota der secularisirten Lande aber (§. 90.) sind hier und da, nach Rücksicht ihrer ehemahligen geistlichen Sitze, eingeschaltet.

a) Siehe beym neuesten Alternations-Receß gedachter sechs Häuser, den Artic. separat. das Haus Holstein, Herzoglicher Linie betreffend, im *Corp. iur. publ.* pag. 1491.

b) Die

I. Reichs-Zusammenhang.

b) Die Alternation, zwischen welcher kein frembes Votum, außer dem Verdenschen, Statt findet, fängt, in der Reihe der gesammten Fürstenstimmen, mit der 42sten an, und wird, beym Aufruf sorgfältig nach einem, jeden Rathstag veränderten, Aufrufzettel, beobachtet.

§. 95.

Die Grafen theilen sich, nach der Zahl ihrer Kuriatstimmen auf der weltlichen Fürstenbank, in vier verschiedene Kollegien, in das Wetterauische, Schwäbische, Fränkische und Westphälische Grafenkollegium ab, die unter sich sowohl durch Kollegialvereine, als auch überhaupt durch einen Gesammtverein, verbunden sind a). Zu den Gliedern dieser Kollegien gehören eigentlich nur solche, die im Besitz einer unmittelbaren Graf- oder Herrschaft sind, nicht aber alle und jede, die den Titel der Reichsgrafen führen, ohne zugleich gedachter Maaßen begütert zu seyn. Wie indessen ein und das andere Kollegium gleichwohl nicht ohne alle sogenannte Personalisten ist: so sind andern Theils nicht nur mehrere neue Fürsten, sondern auch Kur- und alte Fürsten, als Besitzer alter Graf- und Herrschaften, unter den Gliedern dieser Grafenkollegien begriffen b).

Gräfliche Kuriatstimmen und Kollegien.

a) Mos. Staatsr. Th. 38. S. 527. u. von den Reichsständen, S. 961 ff.

b) Unter den mehrern, nicht ganz einstimmigen, Angaben über den heutigen Gliederbestand der vier Grafenkollegien, ist folgende aus Moser (von den Teutsch. Reichsständen, Seit. 816 ff.) vielleicht die richtigste, worunter die mit einem Stern bezeichneten Zahlen, Personalisten andeuten.

I. Zum

I. Zum Wetterauischen sollen gehören: 1. Solms; 2. Isenburg; 3. Stollberg; 4. Witgenstein; 5. Rheingrafen; 6. Leiningen; 7. Leiningen = Westerburg; 8. Reußen; 9. Schönburg; 10. Ortenburg; 11. Wied = Runkel wegen Criechingen. Hessen = Hanau, Nassau = Weilburg, Nassau = Saarbrück und Waldeck, haben sich abgesondert; und Wartenberg ist wieder ausgeschlossen worden.

II. Zum Schwäbischen: 1. der Fürst zu Fürstenberg, als Graf zu Heiligenberg und Werdenberg; 2. die gefürstete Aebtissin des freyen weltlichen Stifts zu Buchau; 3. der Teutschordens = Landkommenthur des Ballep Elsaß und Burgund, als Kommenthur zu Alschhausen; 4. die Fürsten und Grafen zu Oettingen; 5. der Graf von Montfort; 6. der Kurfürst von der Pfalz, wegen der Grafschaft Helfenstein; 7. der Fürst zu Schwarzenberg, wegen der Landgrafschaft Klettgau und Grafschaft Sulz; 8. die Grafen von Königsegg; 9. die Reichs = Erbtruchsessen, Grafen zu Waldburg; 10. der Markgraf zu Baden, wegen der Grafschaft Eberstein; 11. der Graf von der Leyen, wegen Hohen = Geroldseck; 12. die Grafen Fugger; 13. der Herzog von Wirtemberg, wegen der Herrschaft Justingen; 14. die Grafen von Traun, wegen Eglof; 15. der Abt zu St. Blasius, wegen Bondorf; 16. der Graf von Stadion, wegen Tannhausen; 17. der Fürst von Taxis, wegen Eglingen; 18*. die Grafen von Khevenhüller; 19*. die Grafen von Auffstein; 20*. der Fürst von Colloredo; 21*. die Grafen von Harrach; 22*. die Grafen von Sternberg; 23*. die Grafen von Neiperg.

III. Zum

I. Reichs-Zusammenhang. 175

III. Zum Fränkischen: 1. Hohenlohe; 2. Castell; 3. Löwenstein wegen Wertheim; 4. Erbach; 5. Limburgische Allodial-Erben; 6. Schwarzenberg, wegen Seinsheim; 7. eine Linie von Nostitz, wegen ihres Antheils an Rineck; 8. Wolffsteinische Allodial-Erben; 9. Schönborn; 10*. eine Linie von Windischgrätz; 11*. Utsin von Rosenberg; 12*. eine Linie von Stahremberg; 13*. Wurmbrand; 14. Giech; 15. Pückler.

VI. Zum Westphälischen: 1. Wied; 2. Brandenburg-Onolzbach, wegen Sayn; 3. Kirchberg, wegen Sayn; 4. Hessen-Kassel und Lippe-Bückeburg, wegen Schaumburg; 5. Lippe; 6. Bentheim; 7. Kurbrandenburg wegen Tecklenburg; 8. Kurbraunschweig, wegen Hoya, Diepholz und Spiegelberg; 9. Löwenstein, wegen Virnenburg; 10. Kaunitz, wegen Rittberg; 11. Waldeck, wegen Pyrmont; 12. eine Linie von Törring, wegen Gronsfeld; 13. Aspermont, wegen Reckheim; 14. Salm, wegen Anholt; 15. Metternich, wegen Winnenburg und Beilstein; 16. Anhalt-Bernburg-Hoym, wegen Holzapfel; 17. Manderscheid, wegen Blankenheim und Gerolstein; 18. Plettenberg, wegen Witten; 19. Limburg-Styrum, wegen Gehmen; 20. Schwarzenberg, wegen Gimborn und Neustadt; 21. Quad, wegen Wickrad; 22. Ostein, wegen Mylendonk; 23. Nesselrode, wegen Reichenstein; 24. Mark, wegen Schleiden und Saffenburg; 25. Schaesberg, wegen Kerpen und Lommersum; 26. Salm-Reiferscheid, wegen Dyck; 27. Platen, wegen Hallermund; 28. eine Linie von Sinzendorf, wegen Rineck. —

§. 96.

Zwenter Abschnitt.

§. 96.

Religion und Directorien. Was das Religionsverhältniß der gräflichen Kurlatstimmen betrifft, so gilt das Schwäbische Kollegium für katholisch; die Stimme des Westphälischen wird abwechselnd von katholischen und evangelischen Gesandten geführet a); die übrigen werden für immer den evangelischen Stimmen auf dem Reichstage beygezählt.

Zur Besorgung der Geschäfte und Kurlatstimmen, hat jedes Kollegium sein besonderes Directorium, dem in einigen noch gewisse zugeordnete Glieder, oder *Adiuncti*, zu Gehülfen dienen b). Das Wetterauische Kollegium hat 1 Director und 4 Adiunctos, jenen wie diese von dreyjähriger Würde; das Schwäbische aber 2 Directoren und 4 Adiunctos, sämmtlich auf Lebenszeit; im Fränkischen wird das Directorium von drey Jahren zu drey Jahren nach dem Alter gewechselt, und 1 Adiunctus nur auf Begehren des Directors bestellt; die Westphälischen Grafen endlich haben 1 evangelischen Director auf Lebenszeit, Adiunctos nie, und einen katholischen Con-Director, seit Abgang des letzten im 1744, nicht mehr.

a) Vergl. jedoch Hrn. GJR. Pütters Entwickelung Th. III, S. 153 f.

b) In wiefern, siehe Mos. von den Reichsst. S. 948.

§. 97.

Bestand u. Directorium des gesamm- Im gesammten Reichsfürstenrath endlich, wie er, zufolge aller bisher gedachten Theile, heut zu Tage aus hundert Virilstimmen besteht, worunter jedoch

I. Reichs-Zusammenhang. 177

jedoch die von Bisanz und Savoyen bereits seit ten Für-
mehrern Menschenaltern geruhet haben a), wird stenraths.
das Directorium von zweyen Fürsten, von Oesterreich und Salzburg, abwechselnd nach den Materien geführt. Außer dem Reichstage aber findet
weiter keine kollegialische Form und Gesammtver-
bindung unter den fürstlichen Gliedern dieses Kollegiums Statt b).

a) Die von Bisanz, seit 1676; und wegen
der Savoyenschen hat sich beym jetzigen Reichstage 1667 der letzte Gesandte legitimirt.

b) Da partikuläre Vereine nicht hieher ge-
hören, von denen mehrere nachzusehen sind bey
Moser, im Staatsr. Th. 35. S. 149 ff. Th. 36.
S. 193. ff. — und im Tractat von den Teutsch.
Reichsst. S. 696. ff.

§. 98.

Diejenigen Städte Teutschlands, welche, als Kollegium
Gattung eigener Republiken, unter dem Nahmen der
freyer Reichsstädte noch übrig sind, machen zusam-Reichs-
men ein halbes Hundert aus. Auch sie werden städte:
in zwey Bänke, auf welchen die jederseitigen De-Bänke;
putirten beym Reichstage ihre Plätze haben, in die
Bank der Rheinischen nähmlich und Schwäbischen
Reichsstädte abgetheilt. Zu jener gehören auch die
in der Wetterau und Westphalen, in Niedersachsen und Thüringen; so wie zu dieser zugleich die
in Franken und Baiern gelegenen Städte a).

a) I. Zur Rheinischen Bank gehören: 1. Köln;
2. Aachen; 3. Lübeck; 4. Worms; 5.
Speier; 6. Frankfurt am Mayn; 7. Goslar; 8. Bremen; 9. Hamburg; 10. Mühlhausen; 11. Nordhausen; 12. Dortmund;
13. Fried-

13. Friedberg; 14. Wetzlar; (15. Gelnhausen).

II. Zur Schwäbischen: 1. Regensburg; 2. Augsburg; 3. Nürnberg; 4. Ulm; 5. Eßlingen; 6. Reutlingen; 7. Nördlingen; 8. Rotenburg an der Tauber; 9. Schwäbisch Hall; 10. Rothweil; 11. Ueberlingen; 12. Heilbronn; 13. Schwäbisch Gemünd; 14. Memmingen; 15. Lindau; 16. Dünkelsbühl; 17. Biberach; 18. Ravensburg; 19. Schweinfurt; 20. Kempten; 21. Windsheim; 22. Kaufbeuren; 23. Weil; 24. Wangen; 25. Ißny; 26. Pfullendorf; 27. Offenburg; 28. Leutkirchen; 29. Wimpfen; 30. Weissenburg im Nordgau; 31. Giengen; 32. Gengenbach; 33. Zell am Hammersbach; 34. Buchhorn; 35. Aalen; 36. Buchau, und 37. Bopfingen.

§. 99.

Religion. In Betracht ihrer Religion sind einige, nach der im Westphälischen Frieden bestimmten Norm von 1624, rein evangelisch; andere rein katholisch; und ein dritter Theil wird in Reichsstädte von vermischter Religion unterschieden a): worunter die Klasse der rein evangelischen den übrigen bey weitem an Zahl und innerer Stärke überlegen ist.

a) Rein katholische Städte sind: 1. Köln; 2. Aachen; 3. Rothweil; 4. Ueberlingen; 5. Gemünd; 6. Weil; 7. Wangen; 8. Pfullendorf; 9. Offenburg; 10. Gengenbach; 11. Zell; 12. Buchhorn, und 13. Buchau.

Die im I. P. O. Art. V. §. 29. genannten Städte vermischter Religion, sind folgende fünf: 1. Augsburg; 2. Dünkelsbühl; 3. Biberach;

I. Reichs-Zusammenhang.

berach; 4. Ravensburg, und 5. Kaufbeuren. — Die übrigen 32 bestehen aus rein evangelischen.

§. 100.

Das Directorium der Reichsstädte führt un- Directo-
ter allen jedesmahl diejenige Stadt, in deren rium 2c.
Mauren der Reichstag gehalteen wird. Jede
Banck hat ihr gemeinschaftliches Archiv, die
Schwäbische zu Ulm; und die Rheinische, seit der
Flüchtung von Speier 1689, zu Frankfurt am
Mayn. Ihre vormahls üblichen Städte-Tage
aber sind bereits seit dem vorigen Jahrhundert
unterblieben; so wie die sonst bestandene Reichs-
städtische Kollegialkasse gleichfalls auch nicht seit-
kurzem erst leer seyn mag ⁂).

⁂) Vergl. Mos. von den Reichsständen,
Seite 1185 ff.

§. 101.

Außer den bisher gedachten dreyerley Reichs- 2. Unter-
kollegien, in welche die gesammten Reichsstände weitige
getheilt sind, sondern sie sich wieder überhaupt, in Sonde-
Beziehung auf rechtliches Interesse der Religion, rung der
unter dem Namen eines *Corporis Euangelicorum* gesamm-
und *Catholicorum*, in zwey große Hälften ab, de- ten Reichs-
ren jede, im Gegensatz der andern, einen eigenen zwey ver-
Reichskörper ausmacht. Mitglied des einen oder schiedene
andern Corporis sind ohne Unterschied alle Stände Religions-
aus allen drey Reichskollegien, in sofern sie ent- körper;
weder der katholischen, oder evangelischen (§. 85.)
Religion, jedoch nicht sowohl durchaus für ihre
Person, als zum Theil auch blos in Betracht ihrer
Lande, zugethan sind.

M 2 §. 102.

Zweyter Abschnitt.

§. 102.

Directo-rien; Jeder Theil hat sein besonderes **Directorium**, welches unter den Katholischen dem Kurfürsten von Maynz, und unter den Evangelischen Kursachsen zuständig ist. Auch hat das Corpus Euangelicorum insbesondere noch gewisse eigene Kassen die aus Kollekten evangelischer Lande zu verschiedenen Behufen errichtet sind a).

a) Diese Kassen, über deren Einnahme, Ausgabe und jedesmahligen Bestand, Kursachsen, als Director, dem Corpori von Zeit zu Zeit Bericht ertheilt, sind, nebst ihrem Betrage von 1771, folgende:

1. die Germersheimische   – – 44,816 Fl.
2. die (Oest. u. Salzb.) Emigrantenkasse – – – 10,395 —
3. die Zwingenbergische –   2,500 —
4. die Sobernheimische –   2,051 — 52 Kr.
5. die Sachsen-Weimar-Eisenach- auch Schwedische Kollektengelder –   990 — 50 Kr.
6. die neue Religionskasse, zu Betreibung der Beschwerden in Religionssachen – – – 5,006 — 41 Kr.

§. 103.

Zusammenkünfte. Beyde Religionstheile, in sofern sie aus Reichsständen bestehen, sind auf jedem Reichstage, und mit dem jetzt stehenden zugleich auch immer anwesend; ihre Form aber äußert sich nur, so oft die Glieder der einen Religion, mit Ausschluß aller derer von der andern, zu einseitigen Konferenzien zusammentreten

I. Reichs-Zusammenhang.

treten und in gemeinschaftlichem Nahmen Verhandlungen pflegen a).

a) *Moser* von der Teutschen Religionsverfassung (Frft. u. Lpz. 1774. 4.) S. 338-416. *Ernest. Ludw.* Posselt historia Corporis Euangelicorum. Kehl 1784. 8. — Mehreres in Pütters Litteratur des Teutschen Staatsrechts Th. III. S. 189 ff.

§. 104.

Eine abermahls andere Scheibung oder Verbindung der Reichsstände unter sich beruht endlich auf oben gedachter Eintheilung Teutschlands in zehn Kreise (§. 10.), wodurch diejenigen, deren Lande den Bestand der einzelnen Kreise ausmachen, zu eben so vielen Reichsgesetzmäßigen Korporationen mit einander verbunden sind. Diese Kreiskörper, oder Reichs-Staatensysteme, haben jeder seine eigene innere Verfassung und gesellschaftliche Rechte, wie auch gewisse ihnen von Reichs wegen übertragene Obliegenheiten und Geschäfte. Jedoch bestehen sie, was die staatsrechtliche Qualität der einzelnen Glieder betrifft, weder aus allen noch aus lauter Reichsständen; da einer Seits nicht alle Lande oder neuere Reichstagsstimmen auch einem Kreise noch einverleibt, und anderer Seits die Kreise selbst im Besitz sind, bey Aufnahme eines neuen beliebigen Gliedes wegen Mangel eines der gewöhnlichen Erfordernisse zu dispensiren. Auch sind nicht alle aus einer Mehrheit von Gliedern zusammengesetzt, und der Form eines gesellschaftlichen Körpers empfänglich a).

g. Sonderung der Reichsstände in 10 Kreiskörper:

a) Wie

8) Wie der Burgundische, dessen Ländertheile sämmtlich dem einigen Hause Oesterreich zugehören. — Ueber die ursprünglichen Kreismitglieder und Stände, wie sie in den Reichsgesetzen angegeben sind, siehe Schmauß Corp. Iur. publ. acad. S. 81 ff. Eine Uebersicht derjenigen giebt folgende Tabelle, zugleich nach Ordnung der Bänke, in die sie in manchen Kreisen getheilt sind:

I. Der Burgundische — hat keine Mehrheit von Gliedern.

II. Zum Oesterreichischen Kreise werden gerechnet: 1) das Haus Oesterreich, wegen derjenigen Teutschen Lande, die unter dem Burgundischen Kreise nicht begriffen sind; 2) der Bischof zu Trient; 3) der Bischof zu Brixen; 4) der Bischof zu Chur; 5) der Teutsche Orden, wegen seiner Ballenen in Oesterreich, wie auch an der Etsch und am Gebirge; 6) der Fürst von Dietrichstein wegen der Herrschaft Traop in Tyrol.

III. Der Kurrheinische: 1) Kurmaynz; 2) Kurtrier; 3) Kurköln; 4) Kurpfalz; 5) der Herzog von Arenberg; 6) der Fürst von Thurn und Taxis; 7) der Landkommenthur der Teutsch-Ordens-Balley Koblenz; 8) Nassau-Dietz, wegen der Herrschaft Beilstein; 9) Kurtrier wegen der Grafschaft Nieder-Isenburg; 10) der Graf von Sinzendorf wegen des Burggrafthums Reineck.

IV. Zum Oberrheinischen, dessen Glieder in vier Bänke getheilt sind, gehören

A. Geistliche Fürsten: 1) der Bischof zu Worms; 2) der Bischof zu Speier, und 3) ebenderselbe als gefürsteter Propst zu Weissenburg; 4) der Bischof zu Strassburg, in Ansehung seines disseits des Rheins gelegenen Gebiets; 5) der Bischof zu Basel; 6) der Bischof zu Fulda; 7) Der Johanniter-Meister als Fürst zu Heitersheim; 8) Kurtrier wegen der gefürsteten Abtey Prüm; 9) der Propst zu Odenheim oder Bruchsal.

B. Welt=

I. Reichs-Zusammenhang.

B. **Weltliche Fürsten:** 1. 2. 3) Kurpfalz wegen Simmern, Lautern und Veldenz; 4) Pfalz-Zweybrücken; 5) Hessen-Kassel; 6) Hessen-Darmstadt; 7) Hessen-Kassel wegen Hirschfeld; 8) Baden wegen seines Antheils an der Grafschaft Sponheim; 9) das Haus Lothringen (Oesterreich) wegen Nomeny (als Personalist, weil Nomeny mit Lothringen an Frankreich abgetreten worden); 10) der Fürst von Salm; 11) Nassau-Weilburg; 12) Nassau-Usingen; 13) N. Idstein; 14) N. Saarbrücken; 15) N. Ottweiler; 16) der Fürst von Waldeck; 17) die Fürsten von Solms-Braunfels; 18) der Fürst von Isenburg-Birstein.

C. **Grafen und Herren:** 1) Hessen-Kassel wegen Hanau-Münzenberg; 2) Hessen-Darmstadt wegen Hanau-Lichtenberg; 3. 4. 5) die Grafen von Solms-Hohensolms, Rödelheim und Laubach; 6. 7) Kurmaynz und das gräfliche Haus Stolberg wegen beyderseitigen Antheils an der Grafschaft Königstein; 8. 9. 10) die Grafen von Isenburg-Büdingen, Wächtersbach und Meerholz; 11. 12. 13) die Rheingrafen zu Grehweiler, Grumbach und Dhaun; 14) Leiningen-Dachsburg oder Hartenburg; 15) Leiningen Westerburg; 16) Kurtrier und N. Usingen in Gemeinschaft wegen Münzfelden; 17. 18) die Grafen von Wittgenstein-Wittgenstein und Berleburg; 19) Das Haus Lothringen (Oest.) wegen der Grafschaft Falkenstein; 20) die Grafen von Isenburg und Hillesheim wegen der Herrschaft Reipolzkirchen; 21) der Graf von Wied-Runkel wegen der Grafschaft Criechingen; 22) der Graf von Wartenberg; 23) Kurköln wegen der Grafschaft Brezenheim; 24) der Graf von Oettingen-Balbern wegen der Herrschaft Dachstuhl; 25) der Freyherr von Waldbott-Bassenheim wegen der Herrschaft Ollbrück.

D. **Reichsstädte:** 1) Worms; 2) Speier; 3) Frankfurt am Mayn; 4) Friedberg; 5) Wetzlar.

V. **Der Niedersächsische:** 1. 2) Kurbrandenburg wegen des Herzogth. Magdeburg, und Kurbraunschweig wegen des Herzogth. Bremen, wechselweise. 3. 4. 5) Kurbraunschweig wegen der Für-

Zweyter Abschnitt.

ſtenthümer Zelle, Grubenhagen und Calenberg.
6) der Herzog zu Braunſchweig - Wolfenbüttel;
7) Kurbrandenburg wegen des Fürſtenth. Halber-
ſtadt; 8. 9) der Herzog von Mecklenburg - Schwerin und Güſtrow; 10) der König von Dänemark
wegen des Herzogth. Holſtein - Glückſtadt; 11) der
Herz. von Holſtein - Oldenburg; 12) der Biſchof zu
Hildesheim; 13) Kurbraunſchweig wegen des Herzogth. Sachſen - Lauenburg; 14) der Biſchof von
Lübeck; 15) der Herzog von Mecklenburg - Schwerin wegen des Fürſtenth. Schwerin; 16) der Herz.
von M. Strelitz wegen des Fürſtenth. Razeburg;
17) der Herz. von Braunſchweig - Wolfenbüttel wegen des Fürſtenth. Blankenburg; 18) der König in
Dänemark wegen der Grafſchaft Ranzau. — Die
Reichsſtädte: 19) Lübeck; 20) Goslar; 21)
Mühlhauſen; 22) Nordhauſen; 23) Hamburg;
24) Bremen.

VI. Der Oberſächſiſche: 1) Kurſachſen; 2) Kurbrandenburg; 3. 4. 5. 6. 7) Sachſen - Weimar,
Eiſenach, Koburg, Gotha, Altenburg, die in
der Ordnung ihrer Stimmen von einem Tage zum
andern abwechſeln; 8) Kurſachſen wegen des Fürſtenthums Querfurt; 9) der König in Schweden
wegen des Herzogth. Vorpommern; 10. 11) Kurbrandenburg wegen des Herzogth. Hinterpommern
und des Fürſtenthums Camin; 12) das geſammte
Haus Anhalt; 13) die Aebtiſſin zu Quedlinburg;
14) der Fürſt von Anhalt - Bernburg wegen der vom
Hauſe Anhalt eximirten Abtey Gernrode; 15) der
Herz. zu Braunſchweig - Wolfenbüttel wegen des
Stifts Walkenried; 16. 17) die Fürſten von
Schwarzburg - Sondershauſen und Rudolſtadt;
18) die Grafſchaft Mansfeld; 19) die Grafſchaft
Stollberg; 20) Kurſachſen wegen der Grafſchaft
Barby; 21) die Grafen Reußen; 22) die Grafen
von Schönburg.

VII. Der Fränkiſche Kreis:
A. Auf der geiſtlichen Fürſtenbank: 1) der
Biſchof zu Bamberg (der als Director ſeine
Stimme zuletzt ablegt); 2) der Biſchof zu Würz-
burg; 3) der Biſchof zu Eichſtädt; 4) der Hoch-
und Teutſchmeiſter.

B. Auf

I. Reichs-Zusammenhang.

B. Auf der weltlichen Fürstenbank: 1. 2) Brandenburg-Culmbach und Onolzbach; 3) Kursachsen nebst S. Weimar, Meiningen, Gotha, Coburg-Saalfeld und Hildburghausen wegen Henneberg-Schleusingen; 4) Hessen-Kassel wegen Henneberg-Schmalkalden; 5) Sachsen-Meiningen und Coburg-Saalfeld wegen Henneberg-Römhild; 6) Der Fürst von Schwarzenberg wegen Hohenlohe-Landsberg; 7) der Fürst von Löwenstein-Wertheim; 8) die Fürsten von Hohenlohe, Waldburgischer Linie.

C. Auf der Grafenbank: 1) die Fürsten von Hohenlohe, Neuensteinischer Linie; 2) die Grafen von Castell; 3) die Grafen von Löwenstein wegen Wertheim; 4) die Grafen von Nostitz wegen Reineck; 5) die Grafen von Erbach; 6. 7) die Limburgischen Allodialerben wegen Gaildorf und Speckfeld (die Stimme wegen Gaildorf wird von Brandenburg-Onolzbach immer drey Jahre, und im vierten von den Allodialerben geführt); 8) der Fürst von Schwarzenberg wegen der Herrschaft Seinsheim; 9. 10) die Grafen von Schönborn wegen Reichelsberg und Wiesentheid.

D. Städte: 1) Nürnberg; 2) Rotenburg an der Tauber; 3) Windsheim; 4) Schweinfurt; 5) die Stadt Weißenburg im Nordgau.

VIII. Der Baiernsche Kreis:

A. Geistliche Bank: 1) der Erzbischof zu Salzburg; 2) der Bischof zu Freisingen; 3) der Bischof zu Regensburg; 4) der Bischof zu Passau; 5) der gefürstete Propst zu Berchtolsgaden; 6) der gefürstete Abt von St. Emmeran; 7) die gefürstete Aebtissin des adelichen Stifts Nieder-Münster in Regensburg; 8) die gef. Aebtissin von Ober-Münster in Regensburg.

B. Weltliche Bank: 1) Baiern; 2) Pfalz-Neuburg; 3) Pfalz-Sulzbach; 4) Baiern wegen der Landgrafschaft Leuchtenberg; 5) der Fürst Lobkowitz wegen der gefürsteten Grafschaft Sternstein; 6) Baiern wegen der Grafschaft Haag; 7) der Graf von Ortenburg; 8) Pfalz wegen der Neuburgischen Herrschaft Stauf-Ehrenfels; 9) Baiern wegen Ober-Salzburg und Pyrbaum;

Pyrbaum; 10) Baiern wegen Hohen-Waldeck oder Marxtrain; 11) der Frhr. von Gumpenberg wegen Breiteneck; 12) die Reichsstadt Regensburg.

IX. **Schwäbischer Kreis:**

A. Bank der geistlichen Fürsten: 1) der Bischof von Costanz; 2) der Bischof von Augsburg; 3) der Propst zu Elwangen; 4) Abt zu Kempten.

B. Bank der weltlichen Fürsten und Stifter: 1) der Herzog von Wirtemberg; 2. 3. 4) der Markgraf von Baden wegen Baden, Baden-Durlach und Hochberg; 5) der Fürst von Hohenzollern-Hechingen und Haigerloch; 6) der Fürst von Hohenzollern-Sigmaringen; 7. 8) die gefürsteten Aebtissinnen der Stifter Lindau und Buchau; 9) der Fürst von Auersberg wegen der Grafschaft Thengen; 10) der Fürst von Fürstenberg wegen der Grafschaft Heiligenberg; 11) der Fürst von Oettingen; 12) der Fürst von Schwarzenberg wegen der gefürsteten Grafschaft Sulz; 13) der Frhr. von Lichtenstein wegen der Graf- und Herrschaften Vaduz und Schellenberg unter dem Nahmen des Fürstenth. Lichtenstein; 14) der Fürst von Taxis wegen Scheer und Eglingen.

C. Prälatenbank: 1) Salmannsweiler; 2) Weingarten; 3) Ochsenhausen; 4) Elchingen; 5) Irrsee; 6) Ursberg; 7) Kaisersheim; 8) Roggenburg; 9) Roth; 10) Weissenau; 11) Schussenried; 12) Marchthal; 13) Petershausen; 14) Wettenhausen; 15) Zwiefalten; 16) Gengenbach; 17) Neresheim; 18) Hegbach; 19) Gutenzell; 20) Rothenmünster; 21) Baindt; 22) Söflingen; 23) St. Jörgen zu Isny.

D. Grafen- und Herrenbank: 1) wegen Alschhausen der Landcommenthur der Teutschen Ordens-Ballen Elsaß und Burgund; 2) Oesterreich wegen der Herrschaft Tettnang und Langenargen; 3) Oettingen-Baldern; 4) der Fürst von Fürstenberg wegen der Landgrafschaft Stühlingen; 5) Baiern wegen der Herrschaft Wiesensteig; 6. 7. 8) der Fürst von Fürstenberg wegen der Landgrafschaft Baar, wegen der Kinzinger Thals, und der Herrschaft Moßkirch; 9) Oet-

I. Reichs-Zusammenhang.

9) Oettingen-Wallerstein; 10) die Grafen Truchses von Zeil und Wurzach; 11) die Grafen Truchses von Wolfegg und Waldsee; 12. 13) die Grafen von Königsegg-Rothenfels und Königsegg-Aulendorf; 14) Baiern wegen der Herrschaft Mindelheim; 15) der Fürst von Fürstenberg wegen der Herrschaft Gundelfingen; 16) der Markgraf von Baden wegen der Grafschaft Eberstein; 17. 18. 19) die Grafen Fugger Marx-, Hans- und Jacob-Fuggerischer Linie; 20) Oesterreich wegen der Grafschaft Hohenembs; 21) der Herzog von Wirtemberg wegen der Herrschaft Justingen; 22) der Abt von St. Blasius wegen der Grafschaft Bondorf; 23) der Graf von Traun wegen der Herrschaft Eglofs; 24) der Graf von Stadion wegen der Grafschaft Tannhausen; 25) der Graf von der Leyen wegen der Grafschaft Hohen-Geroldseck.

E. **Bank der Reichsstädte:** 1) Augsburg; 2) Ulm; 3) Eßlingen; 4) Reutlingen; 5) Nördlingen; 6) Hall; 7) Ueberlingen; 8) Rothweil; 9) Heilbronn; 10) Gemünd; 11) Memmingen; 12) Lindau; 13) Dünkelsbühl; 14) Biberach; 15) Ravensburg; 16) Kempten; 17) Kaufbeuren; 18) Weil; 19) Wangen; 20) Isny; 21) Leutkirch; 22) Wimpfen; 23) Giengen; 24) Pfullendorf; 25) Buchhorn; 26) Aalen; 27) Bopfingen; 28) Buchau; 29) Offenburg; 30) Gengenbach; 31) Zell am Hammersbach.

X. **Westphälischer Kreis:** 1) der Bischof zu Münster; 2. 3) Kurbrandenburg wegen Cleve und Kurpfalz wegen Jülich abwechselnd; 4) der Bischof zu Paderborn; 5) der Bischof zu Lüttich; 6) der Bischof zu Osnabrück; 7) Kurbraunschweig wegen des Fürstenthums Verden; 8) Kurbrandenburg wegen des Fürstenthums Minden; 9) der Abt zu Corvey; 10) der Abt zu Stablo und Malmedy; 11) der Abt zu Werden; 12) der Abt zu St. Cornelii-Münster; 13) die Aebtissin zu Essen; 14) die Aebtiss. zu Thorn; 15) die Aebtiss. zu Herworden; 16. 17) der Prinz von Oranien wegen der Fürstenthümer Nassau-Siegen und N. Dillenburg; 18. 19) Kurbrandenburg wegen der Fürstenthümer Ostfriesland und Mörs; 20) der Herz. von Oldenburg; 21) das gräfliche Haus Wied; 22) der Marqr.

Zwoyter Abschnitt.

Markgr. zu Brandenburg-Onolzbach und der Burggr. zu Kirchberg wegen der Grafschaft Sain gemeinschaftlich; 23. 24) der Landgr. von Hessen-Kassel und der Gr. von Lippe-Bückeburg wegen der Grafschaft Schaumburg; 25) die Grafen von der Lippe; 26 Kurbraunschweig wegen der Grafschaft Bentheim-Bentheim, als Pfandinhaber; 27) der Graf von Bentheim-Steinfurt; 28) Kurbrandenburg wegen der Grafschaft Tecklenburg; 29) Kurbraunschweig wegen der Grafschaft Hoya; 30) die Grafen von Löwenstein-Wertheim wegen der Grafschaft Virnenburg; 31. 32) Kurbraunschweig wegen der Grafschaften Dieppholz und Spiegelberg; 33) der Fürst von Kaunitz wegen der Grafschaft Rittberg; 34) der Fürst von Waldeck wegen der Grafschaft Pyrmont; 35) der Graf von Törring-Jettenbach wegen der Grafschaft Gronsfeld; 36) der Graf von Aspermont wegen der Grafschaft Reckheim; 37) der Fürst von Salm wegen der Herrschaft Anholt; 38) der Graf von Metternich wegen der Herrschaften Winnenburg und Beilstein; 39) der Fürst zu Anhalt-Bernburg-Hoym wegen der Grafschaft Holzapfel; 40) der Graf von Plettenberg wegen der Herrschaft Witten; 31) der Gr. von Limburg-Styrum wegen der Grafschaften Blankenheim und Gerolstein; 42) der Graf von Limburg-Styrum wegen der Herrschaft Gehmen; 43) der Graf von Wallmoden wegen der Herrschaft Gimborn und Neustadt; 44) der Graf von Quad wegen der Herrschaft Wickerab; 45) der Graf von Ostin wegen der Herrschaft Mylendonk; 46) der Graf von Nesselrode wegen der Herrschaft Reichenstein; 47) der Graf von Schaesberg wegen der Grafschaft Kerpen und Lommersum; 48) der Graf von Salm-Reiferscheid wegen der Herrschaft Dyck; 49) der Graf von Mark wegen der Grafschaft Schleiden; 50) der Graf von Plaz wegen der Grafschaft Hallermund; 51. 52. 53) die Reichsstädte Köln, Aachen und Dortmund.

Diese summarische Anzeige der Mitglieder sämmtlicher Kreise ist entlehnt aus Hrn. GJR. Pütters Tabul. Iur. publ. synopt. Goett. 1788. fol. Vergl., in Absicht auf den Schwäbischen Kreis, Versuch einer staatsrechtlichen

I. Reichs-Zusammenhang. 189

lichen Theorie von den Teutschen Reichskreisen überhaupt, und dem Schwäbischen
insbesondere. (Kempten 1787. 8.) S. 234 ff.

§. 105.

In Ansehung der Religion, werden auch die **Reli-**
Kreise gleich den Reichsstädten (§. 99.), einge- **gionseig-**
theilt in ganz katholische, wohin der Oesterreichi- **genschaf-**
sche und Burgundische nebst dem Kurrheinischen **ten eines**
und Baiernschen gehören; und ganz evangelische, **jeden der-**
unter welchen der Ober- und Niedersächsische, **selben;**
obschon letztere so wenig ganz ohne ein katholisches,
als erstere ganz ohne evangelische Mitglieder sind,
verstanden werden; Franken, Schwaben, Ober-
rhein nebst dem Westphälischen Kreise endlich
werden, wegen ungefährer Gleichheit ihrer Glieder
von beyderley Religionen, unter dem Nahmen vermischter Kreise begriffen a).

a) Die Realität dieser Eintheilung der
Kreise nach ihrer Religionseigenschaft, äußert
sich sowohl bey Kreisversammlungen selbst,
wenn katholische und evangelische Kreisstände
sich in zwey Partheyen trennen, als auch bey
Ernennung der Kammergerichtsbeysitzer, bey
Besetzung gewisser Kreisämter, und in andern
Fällen mehr.

§. 106.

Was die innere Verfassung der Kreise betrifft, **Innere**
so hat zuförderst jeder ein Ausschreibamt; welches **Verfas-**
in den sechs alten (§. 10.) Kreisen ursprünglich **sung:**
zweyen, einem geistlichen und weltlichen, in den **Kreisaus-**
vier neuen aber nur Einem kreisausschreibenden **schreibamt**
Fürsten, zustehet a). Mit dieser Würde ist zugleich **und Di-**
das Directorium der gesammten Kreisgeschäfte ver- **rectorien;**
bunden;

bunden; das jedoch, wo mehrere kreisausschreibende Fürsten sind, nicht von beyden zugleich, sondern abwechselnd, oder auch in manchen Kreisen für immer ausschließlich von einem allein, verwaltet wird b).

a) Aus welchem ursprünglichen Grunde, s. Moser von der Teutschen Kreisverfassung. Seit. 180 ff. — und obengenannten Versuch einer staatsrechtlichen Theorie von den Teutschen Reichskreisen, S. 111 ff. u. 129 f.

b) In dem Oesterreichischen und Burgundischen Kreise ist der Erzherzog von Oesterreich, — in dem Kurrheinischen der Kurfürst zu Maynz — in dem Obersächsischen der Kurfürst von Sachsen, Kreisausschreibender und dirigirender Fürst. — In dem Fränkischen sind kreisausschreibende Fürsten der Bischof von Bamberg und der Markgraf von Anspach und Bayreuth mit dreyjähriger Abwechselung (vergl. Reuß Staatskanzley, Th. VI. S. 83 ff.); — in dem Baiernschen haben a) das Ausschreibamt der Erzbischof von Salzburg und der Kurfürst von der Pfalz als Herzog in Baiern, gemeinschaftlich, b) das Directorium aber beyde wechselsweise; — im Schwäbischen a) das Kreisausschreibamt der Bischof zu Costanz mit dem Herzog zu Wirtemberg, b) das Directorium aber Wirtemberg allein; — im Oberrheinischen a) das Kreisausschreibamt der Bischof zu Worms und Kurpfalz, als Pfalzgraf zu Simmern, b) das Directorium aber Worms allein, communicirt jedoch mit Pfalz = Simmern; — im Westphälischen a) das Ausschreibamt der Bischof zu Münster und wechselsweise die Kurfürsten zu Pfalz und Brandenburg, als Landesnachfolger des Herzogs zu Jülich und Kleve, b) das Directorium

neben

I. Reichs-Zusammenhang.

neben dem Bischof zu Münster die genannten Kurfürsten abwechselnd (s. den Vergleich Corp. Iur. public. p. 1070.); — im Niedersächsischen haben Magdeburg und Bremen das Ausschreibamt und Directorium von Kreistage zu Kreistage abwechselnd; Condirector ist allemahl der älteste regierende Herzog zu Braunschweig-Lüneburg.

Um auch die ursprüngliche Absicht der Reichskreise desto sicherer zu erreichen, ist der Schwäbische insbesondere noch seit 1563 in vier verschiedene Viertel, in das Wirtembergische, Badensche, in das Obere oder Kostanzische, und in das Augsburgische Viertel getheilt, deren jedes wieder seinen besondern Director hat.

§. 107.

Den Reichsgesetzen zufolge, soll ferner jeder Kreis einen Kreisobersten nebst einem Nachgeordneten oder Kreisobristlieutenant, und gewisse Zugeordnete wählen. Manche Kreise indessen haben nie dergleichen gehabt; in andern ist die Würde eines Kreisobersten längst in Abgang, und die ihr angewiesenen Obliegenheiten unter die Befugnisse der Kreisausschreibämter gekommen; wo sie aber noch Statt findet, besteht sie unter einem höhern Titel mit verminderter Gewalt a).

Kreisoberste und Zugeordnete;

a) Moser von der Kreisverfassung S. 453 ff. — Reichspublicistisches Staatsr. Th. I. S. 407 ff.

§. 108.

Endlich sind auch, nach Zustand und Willkür der Kreise, nebst eigenen Kassen a), Kanzleyen b) und Archiven, zu Besorgung der untergeordneten Geschäfte und Angelegenheiten, verschiedene anderweitige chive.

Unterämter, eigene Kassen, Kanzleyen und Archive.

weitige Civil- und militarische Aemter vorhanden, von welchen sich die zuvorgenannten reichsgesetzlichen Würden, in der öffentlichen Sprache des Reichs, durch die Benennung der höhern Kreisämter unterscheiden.

a) Dergleichen haben zu Friedenszeiten jetzt nur die in einer beständigen Verfassung stehenden beyden Kreise Franken und Schwaben; jener zu Nürnberg, dieser zu Ulm. — Eben diese Kreise haben aber auch gleichfalls in Corpore ansehnliche Schulden; von dem Schwäbischen sieh. Mosers Kreisverf. S. 723 f. der Fränkische hatte im Jahr 1786 Schulden 1,836,652 Fl., deren jährliche Interessen sich auf 70,000 Fl. beliefen.

b) In einigen Kreisen gebrauchen die Directoren blos ihre Privatbeamte zu den Kanzleygeschäften des Kreises; in andern aber stehen die Kanzelleybedienten in des gesammten Kreises Pflicht und Sold.

§. 109.

Zusammenkünfte: Verschiedenheit derselben;

Die Zusammenkünfte der Kreisstände, welche jedesmahl nach Ermessen der Umstände, von den kreisausschreibenden Fürsten an eine meist durch Verträge und Herkommen bestimmte Mahlstadt a) berufen werden, heißen Kreistage (Kreiskonvente, Kreisversammlungen), und sind theils allgemeine, wenn sich, wie jedoch selten geschah, die Stände aller Kreise, mittelst gewisser Repräsentanten, unter dem Directorio von Kurmaynz versameln; theils besondere, die nur von einzelnen Kreisen gehalten werden, und von welchen wieder engere Kreiskonvente und Kreisdeputationen unterschieden sind.

a) Die

I. Reichs-Zusammenhang.

a) Die gewöhnliche Mahlstadt des Fränkischen Kreises, ist Nürnberg; in Baiern, wo zwar nach einem Vergleich von 1555 der jedesmahl dirigirende Fürst den Versammlungsort bestimmt, ist doch Bairischer Seits Wasserburg, und wegen Salzburg Mühlendorf herkömmlich; in Schwaben werden die allgemeinen Kreistage zu Ulm, die engern aber an einem dem kreisausschreibenden Fürsten beliebigen Orte gehalten; in dem Ober- und Kurrheinischen, zu Frankfurt am Mayn; in dem Westphälischen zu Köln; für Niedersachsen sind wechselsweise Braunschweig und Lüneburg zur Mahlstadt bestimmt, aber es nicht immer auch wirklich gewesen; die Mahlstadt des Obersächsischen endlich ist Leipzig.

§. 110.

Die Stände versammeln sich nicht sowohl in Person, als durch Gesandte, deren oft einer die Stimme von mehrern Principalen zu besorgen hat, und theilen sich in einigen Kreisen, entweder überhaupt als geist- und weltliche Stände, oder noch weiter, als Prälaten, Grafen und Städte, in besondere Klassen oder Bänke bey ihren Sessionen ab. Jedoch finden dergleichen Bänke in keinem der neuen Kreise Statt a).

Erscheinung der Stände durch Gesandte, und Abtheilung in Bänke.

a) S. oben §. 104. Not.

§. 111.

Auf Kreistagen sind alle Stimmen, auch die der Grafen und Prälaten, viril; und was die Mehrheit will, wird der Regel nach, wo nicht das Staatsrecht gewisse Ausnahmen bestimmt, für alle Kreisglieder ein verbindlicher Kreisschluß, und aus mehrern besondern Schlüssen, am Ende des Kreis-

Stimmengehalt und Schlüsse.

194 Zweyter Abschnitt.

Kreistages, ein allgemeiner Kreisabschied oder Kreisreceß.

§. 112.

Zweck der Kreise, und Zustand ihrer heutigen Thätigkeit.
Die Angelegenheiten der Kreise, nach ihrer ursprünglichen und in der Folge erweiterten Stiftungsabsicht, sind auf innere Ruhe und äußere Wehr; auf Vollstreckung reichsgerichtlicher Urtheile; auf Auswählung und Präsentation nöthiger Personen zu Beysitzern am Reichskammergericht, auf Regulirung der Reichsbewilligungen, und eigenen Kreisbedürfnisse; auf gesetzmäßigen Gebrauch der Zölle und richtiges Münzwesen; auf Straßen, Kommerz und andere Policeysachen, gerichtet, die alle mit gesammten Rath und Zuthun der Kreisglieder bewerkstelliget werden sollen.

Ob nun gleich manche Kreise so wenig jemahls ihre gehörige Verfassung gehabt, als irgend einen Kreistag gehalten a); und andere, zum Theil durch innere Streitigkeiten mächtiger Stände veranlaßt, ihre Versammlungen längst unterlassen haben b): so sind doch einige noch auf eine erspriessliche Weise thätig c).

a) Oesterreich, Burgund.

b) S. Moser von der Kreisverfassung Seit. 306 ff.

c) Man denke z. B. an die preiswürdige Verfügung in Ansehung des Lotto's und anderer Glücksspiele im Fränkischen, und an die vortrefflichen Chausséen im Schwäbischen Kreise.

§. 113.

I. Reichs-Zusammenhang.

§. 113.

Zu gewissen einzelnen Zwecken sind endlich auch mehrere ganze Kreise, theils auf Anweisung der Reichsgesetze, theils durch eigene Entschließung, und insbesondere noch unter dem Nahmen der korrespondirenden und associirten Kreise mit einander verbunden.

Besonderer Zusammenhang und Nahme mehrerer ganzen Kreise:

§. 114.

Als korrespondirende Kreise, im engern und hier gemeinten Sinne, werden 1. der Kur- und Oberrheinische nebst dem Westphälischen; 2. der Ober- und Niedersächsische und wieder zum Theil der Westphälische; 3. der Fränkische, Baiernsche, Schwäbische und, wiewohl mehr dem Nahmen als der Sache nach, der Oesterreichische Kreis zusammengestellt. Sie haben ihr Aufsehen auf Münzgeschäfte, und kommen zu dem Ende, mittelst gewisser Verordneten, auf sogenannten Münzprobationstagen zusammen a), wo der Gehalt kursirender Münzen gewürdiget, und nöthige Verfügungen getroffen werden b).

Korrespondirende,

a) Am meisten sonst die drey Correspondirende Kreise Franken, Baiern und Schwaben, deren Münzprobationstage wechselsweise nach Nürnberg, Augsburg und Regensburg mit Zuziehung nöthiger Kreisgeneralmünzwaradeine von dem Bischofe zu Bamberg ausgeschrieben werden.

b) Da die Gesetze wollen, daß nicht jedem Reichsstande, der das Münzrecht hat, frey stehen solle, eigene Münzstätte zu haben, wo und wie er wolle, sondern daß nur diejenigen, welche eigene Bergwerke besitzen, Freyheit haben

ben sollen, das ausgegrabene Gold oder Silber nach Gutbefinden auf eigenthümlichen Münzstätten zu vermünzen; sonst aber in jedem Kreise, nach Beschaffenheit, drey bis vier öffentliche Münzstätte errichtet werden und vorhanden seyn sollen, wo jeder Münzherr des Kreises sein erkauftes Gold oder Silber auszuprägen habe: so würde auch die Aufrechthaltung solcher öffentlichen Kreis = Münzstätte, und die Aufsicht, daß die dahin angewiesenen Münzstände eines jeden Kreises, wirklich keine eigene Münzstellen hätten, gleichfalls eine Angelegenheit der korrespondirenden Kreise auf ihren Münzprobationstagen seyn, wenn es mit jener gesetzlichen Verordnung überall zur wirklichen Ausführung und Befolgung gekommen wäre. S. Estors Neue kleine Schriften Bd. II. S. 239 ff. — Wegen des Schwäbischen Kreises indessen, s. Reichsprälat. Staatsr. Th. II. S. 377. Vergl. Moser von der Kreisverf. S. 741 ff.

§. 115.

und associirte Kreise. Associirte Kreise heißen die vorliegenden (§. 10.) Reichskreise, welche, durch Frankreichs Feindlichkeiten im vorigen Jahrhunderte zuerst veranlaßt, zur Handhabung des Landfriedens und ihrer eigenen Beschützung mittelst gemeinschaftlicher Rüstung und Wehr wieder Feindes Gewalt, eigene Allianzen unter sich errichtet haben. Die Zahl solcher associirten Kreise war vormahls größer und kleiner nach Verschiedenheit der Jahre; der heutige Sprachgebrauch aber begreift darunter, seit einem zu Nördlingen 1702. geschlossenen, und nachher oft mit neuen Bestimmungen wiederhohlten Bunde, vornemlich den Kur- und Oberrheinischen, den Fränkischen, Schwäbischen, nebst dem Oesterreichischen Kreis a).

a) Weil

I. Reichs-Zusammenhang.

a) Weil mit ungeübten Leuten wenig auszuauszurichten, so beschlossen die associirten Kreise bereits 1697 einen militem perpetuum auch in Friedenszeit zu unterhalten, dergleichen Franken und Schwaben auch wirklich beständig auf den Beinen haben. — Vergl. Joh. Adam Kopps gründliche Abhandlung von der Association der vordern Reichskreise. Frkft. 1739. 4. — Reichsprälat. Staatsr. Th. I. S. 427 ff.

Anderweitige Schriften, außer den bisher angeführten, über die Verfassung der Kreise, sehe man in Pütters Litteratur des Teutschen Staatsr. Th. III. S. 177. u. a. mehrern Stellen.

§. 116.

Die bisher gegebene Anzeige unmittelbarer Reichsglieder, nach ihren verschiedenen Korporationen und Verbindungen, betraf im Ganzen die hohe Klasse derer, die bey ihrer Unmittelbarkeit zugleich Reichsstände waren.

II. Unmittelbare Reichsglieder, die nicht RStände sind.

Außer diesen aber giebt es auch mehrerley solche Glieder noch, die unmittelbar sind, ohne mit Sitz und Stimme an den öffentlichen Berathschlagungen auf Reichs- oder Kreistagen Antheil zu haben (§. 84). Es gehören dahin, außer verschiedenen unmittelbaren Prälaten.

Erstlich diejenigen, welche unter dem gemeinschaftlichen Nahmen der unmittelbaren Reichsritterschaft begriffen werden;

Zweytens einige sogenannte Ganerbschaften, nebst verschiedenen Besitzern reichsfreyer Herrschaften und anderer Güter; und endlich

Drittens mehrere unmittelbare Reichsdörfer.

§. 117.

Zweyter Abschnitt.

§. 117.

Reichsrit- Die Reichsritterschaft ist ein Inbegriff solcher
terschaft: adel- und freyherrlichen, zum Theil auch gräflichen
Bestand u. Familien, welche der Regel nach a), mit unmittel-
Abthei- baren Gütern b) angesessen, und, als Besitzer dieser
lung; Güter, in einem eigenen vom Reich authorisirten
Körper vereiniget sind. Der ganze Körper wird in
drey sogenannte Ritterkreise, in den Fränkischen,
Schwäbischen und Rheinischen c); und jeder dieser
ser Kreise wieder in Viertel, Kantone oder
Orte abgetheilt; worunter der Schwäbische fünf,
der Fränkische sechs, und der Rheinische drey, solcher Ritterkantone hat d). Der Ausdruck Bezirk
hingegen pflegt von einem gewissen Kantonstheile
genommen zu werden.

a) Denn auch hier giebt es Personalisten
von verschiedener Art. Vergl. Moser von den
Reichsständen und andern Unmittelbaren. Seit.
1258 f.

b) Wie hoch sich die Zahl aller reichsritterschaftlichen Güter belaufe, ist mit Zuverläßig-
keit nicht zu bestimmen. Herrn Büschings ge-
gebenes Verzeichniß, das vollständigste unter
allen bisherigen, dessen Mangelhaftigkeit aber.
Hr. Büsching selbst nicht unbemerkt läßt, macht
deren über 1400 nahmhaft. Erdbeschreibung
Th. III. S. 590. 652.

c) Der Proportion zufolge, wie z. B. der.
gesammte Körper die dem Kaiser Franz bewilligte Summe von 150,000 Fl. im Jahr 1746
unter seine drey Kreise vertheilte, ist das Verhältniß des Rheinischen zum Fränkischen wie
1 : 3, und zu dem Schwäbischen wie 1 : 3½.
Schmauß Akadem. Reden S. 194. — Etwas
größer ist das Verhältniß des Schwäbischen nach
Hrn.

I. Reichs-Zusammenhang.

Hrn. Prof. Brandis Einladungsschrift über das Reichsritterschaftliche Staatsrecht und dessen Quellen (Göttingen 1788. 8.) S. 28.

d) Die Kantons oder Viertel:

I. Des Schwäbischen Ritterkreises sind: 1. Kanton an der Donau in Ober- und Niederschwaben, ist ausschreibender Kanton; 2. Hegau, Algau und am Bodensee; 3. Neckar, Schwarzwald und Ortenau; 4. Kocher, und 5. Craichgau;

II. des Fränkischen: 1. Steigerwald; 2. Ottenwald oder Odenwald; 3. Gebirg; 4. Rhön und Werra nebst dem Buchischen Bezirk; 5. Altmühl; 6. Kanton Baunach;

III. des Rheinischen: 1. Kant. am Oberrheinstrom, auch der Ortgau und Wasgau genannt; 2. am Mittelrhein, auch der Kant. in der Wetterau, Rheingau, Hainrich und Westerwald genannt, nebst dem Seebacher Grund; 3. Kant. am Niederrhein, wozu auch der Hundsrück und Eberwald gehört.

§. 118.

Der gesammte Körper hat ein allgemeines Directorium, welches wechselsweise von einem Kreise nach dem andern drey Jahre lang geführt wird. Nächst dem hat jeder Kreis sein Specialdirectorium, wie ferner auch jeder Kanton sein besonders Oberhaupt, welches bey einigen den Titel eines Ritterhauptmanns, bey andern den eines Directors führt. Diesen endlich sind noch gewisse Mitglieder des Kantons beygeordnet, die den Nahmen der Ritterräthe und Ausschüsse a) haben.

Innere Verfassung;

Die Kanzelleyen der Kantons, welche aus einem oder mehreren gelehrten Officianten nebst andern Kollegialbedienten bestehen, werden bald an einem landesherrlichen, kur- oder fürstlichen Orte, bald in Reichsstädten, bald auch auf reichsritterschaftlichen Gütern gehalten b).

a) Ihre Anzeige bey jedem Kanton findet sich im genealogischen Reichs- und Staatshandbuch das jährl. zu Frkft. a. Mayn herauskömmt.

b) Vor mehrern Jahren waren:
I. In Schwaben: 1. die donauische Kanzelley zu Ehingen an der Donau im Oesterreichischen; 2. die Kanzelley des Kantons Hegau, Algau und am Bodensee, zu Radolfszell, auch im Oesterreichischen; 3. des Kantons Neckar und Schwarzwald, zu Tübingen; des Ortenauischen Bezirks im Dorfe Kehl; 4. des Kantons Kocher, in der Reichsstadt Eßlingen; 5. des Kant. Craichgau, in der Reichsstadt Heilbronn.
II. In Franken: 1. die Kanzelley des Kant. Steigerwald theils zu Erlangen, theils auf des Ritterhauptmanns Wohngut, ist, wie es scheint, jetzt zu Bayreuth; 2. des Kant. Ottenwald, zu Kochendorf unweit Heilbronn; 3. des Kant. Gebirg, zu Bamberg; 4. des Kantons Rhön und Werra, zu Schweinfurt; 5. des Kant. Altmühl, zu Rügland bey Anspach; 6. des Kant. an der Baunach (wahrscheinlich) auf des Ritterhauptmanns Wohngut.
III. Am Rhein: 1. die Kanzelley des Kantons am obern Rhein, zu Maynz; 2. am Mittelrhein, zu Friedberg; 3. am Niederrhein, zu Koblenz. Vergl. vorgeb. Handbuch von 1789, Th. I. S. 386 ff.

§. 119.

Zusammenkünfte.

Die Zusammenkünfte, welche die Reichsritterschaft gleich jedem andern reichsgesetzmäßigen Körper

I. Reichs-Zusammenhang.

per zu halten berechtiget ist, heißen Korrespondenztage, wenn sich die Dierectorien, Ritterräthe und Ausschüsse aller drey Kreise einfinden; oder werden Kreistage, wie auch fünf-sechs- und drey-Ortskonvente genannt, in sofern sich die Directorien, oder zugleich mit die Ausschüsse aller Kantone eines Kreises versammeln; oder sind **Viertelstage** und **Ortskonvente**, wenn alle Mitglieder eines Kantons erscheinen; oder endlich **Ausschußtage**, wenn nur die Directoren Ritterräthe und Ausschüsse eines Kantons, nebst den dazu gehörigen Konsulenten, zusammenkommen; welche letztern Konvente die gemeinsten sind a).

a) Von der Reichsritterschaft überhaupt sowohl, als von ihren einzelnen Kreisen, Kantons, Konventen ꝛc. handelt Mosers Tract. von den Reichsständen S. 1241 = 1471. Mehrere litterarische Befriedigung über einzelne Theile der Reichsritterschaftlichen Verfassung giebt Hrn. GJR. Pütters Litteratur des Teutschen Staatsrechts Th. III. S. 789 = 808.

§. 120.

Ganerbschaften bestehen aus einer Mehrheit von Personen, welche gewisse reichsunmittelbare Güter gemeinschaftlich, obschon nicht nach einerley Verfassung, besitzen und regieren. Einige darunter sind zugleich Mitglieder der Reichsritterschaft, andere bestehen für sich. Von letzter und hier gemeynter Art ist die Ritterschaft der Burg Friedberg, die aus 1 Burggrafen, 12 Regimentsburgmännern, zur Hälfte von beyden Religionen, aus welchen immer auf drey Jahre 2 Baumeister erwählt werden;

Ganerbschaften, u. andere Unmittelbare.

und

und aus einer unbestimmten Zahl gemeiner Burgmänner, besteht, worunter der Landkommenthur des Teutschen Ordens zu Marburg jedesmahl der erste, und der Kommenthur zu Frankfurt am Mayn der zweyte ist a). Eben so gehört ferner hieher die Ganerbschaft Staden, die Burg Gelnhausen, der Schöpfer=Grund u. a. m.

An diese Ganerbschaften schließen sich auch einzelne Besitzer verschiedener Herrschaften und Güter an, die gleichfalls unmittelbar sind, ohne weder unter die Zahl der Reichsstände, noch zu dem Körber Ritterschaft zu gehören b).

a) Büschings Erdbeschr. Th. 3. S. 654 ff. — Außerdem ein eigenes Buch: Friedr. Karl Maders sichere Nachrichten von der kaiserl. und des heil. R. Burg Friedberg und dazu gehörigen Grafschaft und freyem Gericht zu Kaichen, Lauterbach 1766 = 1774, 3 Theile. 8.

Von dem weltlichen Ritterorden, womit der Kaiser diese Burg und deren Burgmänner im Jahr 1769, unter dem Nahmen eines kaiserl. Josephs=Ordens, mit Vorbehalt des Großmeisterthums für sich und seine Nachfolger auf dem Throne, begnadigt hat, siehe insbesondere *Maximilian.* Hell *Adiument. memoriae manual. chronolog. etc.* Viennae 1774. 8.

b) Büsching Erdbeschr. Th. 3. S. 565 ff. — Moser am angef. O. S. 1472 ff.

§. 121.

Reichs=
dörfer.

Was endlich die unmittelbaren nach und nach sehr verminderten ReichsDörfer betrifft, so giebt es deren noch einige in Franken, am Rhein, und am meisten in Schwaben. Sie stehen unter der Schutz=

I. Reichs-Zusammenhang.

Schutz- und Schirmgerechtigkeit, nicht aber unter eigentlicher Landeshoheit anderer Reichsglieder; und machen unter einer eigenen Regimentsverfassung eigene gemeine Wesen aus. Die vornehmsten sind

1) in Schwaben: die freyen Leute auf der Leutkircher Heide, welche 39 Dörfer und Höfe bewohnen; die freyen im Sturz; und das freye Reichsdorf Alschhausen.

2) in Franken: die Reichsdörfer Gochsheim und Sennefeld.

3) Am Oberrhein: die Reichsdörfer Sulzbach und Soden a).

a) S. Büsching und Moser an den angef. Orten. — Und außer Jenichens Abhandlung von Reichsdörfern und Reichsfreyen Leuten (Lpz. 1747, 8.), Ernst Ludw. Wilh. von Dacheröden Versuch eines Staatsrechts, Geschichte und Statistik der freyen Reichsdörfer in Teutschland. Erster Theil. Leipz. 1785. 8.

2. Kirchenstaat.

§. 122.

Rechtliches Verhältniß beyder Reichs-Religionen zu einander.

Die beyden herrschenden Religionen Teutschlands (§. 16.) haben im System des Reichs durchaus gleiche Gerechtsame; aber nicht beyde auch allenthalben einerley Localrechte in den besondern Teutschen Staaten. Ihre rechtliche Gleichheit in Ansehung des Reichssystems, beruht überhaupt auf den Verordnungen des Passauer Vertrags, des Religions - und vornemlich des Westphälischen Friedens; die Localgerechtsame einer jeden in den einzelnen Staaten und Orten des Teutschen Reichs aber, gründet sich insbesondere auf gewisse in den Westphälischen Frieden verordnete Normalzeiten, und zwar in Ansehung der Religionsübung, auf das ganze Jahr 1724; und in Betracht des Besitzes kirchlicher Güter und Pfründen ꝛc. auf den Zustand eines Tages, des 1ten Januars nähmlich von gedachtem Jahre.

a) Pütter's Litteratur des Teutsch. Staatsr. Th. III. S. 61 : 80. — Das allgemeinste hieher gehörige Werk ist:

Mosers Tractat von der Teutschen Religionsverfassung. Frkft. am Mayn 1774. 4.

§. 123.

Katholische Kirche: hierarchischer Zusammenhang;

Die äußere Verfassung der katholischen Kirche in Teutschland ist an sich die hierarchische der katholischen Christenheit überhaupt nach ihrer gewöhnlichen Abstufung und Vergliederung. Ihr zufolge hat das katholische Teutschland zehen Erzbischöfe, deren eine Hälfte, in Ansehung ihrer weltlichen Ver-

I. Reichs-Zusammenhang.

Verhältnisse, reichsunmittelbar, die andern aber Unterthanen von Oesterreich sind: ferner 41 (mit Osnabrück abwechselnd 42) Bischöfe; wovon 20 (21) aus unmittelbaren Reichsfürsten bestehen, und die übrigen, theils mit theils ohne Fürstenwürde, Territorialbischöfe sind. Die nicht genau zu bestimmende Zahl von Abteyen und Propsteyen endlich, deren viele, in weltlicher Rücksicht, nicht nur reichsunmittelbar, sondern auch gefürstet sind, füllen einige Hunderte; wozu noch eine Menge anderer Klöster von allerley Orden a) und beyderley Geschlechts, zu rechnen sind.

Gewöhnlicher Weise ist jedes Kloster und Stift dem Bischofe, in dessen Diöces es liegt, und jeder Bischof einem Erzbischofe, so wie dieser dem Papst, zunächst untergeben. Verschiedene Aebte aber, wie auch einige Bischöfe, Bamberg, Regensburg und Passau, sind von dieser hierarchischen Stufenfolge exemirt, und unmittelbar dem päpstlichen Stuhle unterworfen.

a) Nach der Tabelle des 54sten Generalkapitels der Väter Kapuciner, gehalten zu Rom 1782 d. 17 May, hatten, ohne den Burgundischen Kreis und das Erzherzogthum Oesterreich zu rechnen, die übrigen Provinzen des Kapuzinerordens in Teutschland, 190 Klöster, die mit 5027 Köpfen bevölkert waren. Schlözer's StaatsAnz. Heft XX. S. 406 = 408. — Ueber die Summe aller Mendikanten in 30 Teutschen Bisthümern und Stiftern, und folgerungsweise im katholischen Teutschlande überhaupt, siehe Hrn. von Sartori Preisschrift über die Mängel der geistlichen Wahlstaaten, im Journal von und für Teutschl. Jahrg. 1787, St. II. S. 144. —

§. 124.

Zweyter Abschnitt.

§. 124.

Geistliche Ritterorden:
Eine eigene Gattung geistlicher Personen in Teutschland besteht in zwey geistlichen Ritterorden, dem Teutschen nähmlich und dem Johanniter- oder sogenannten Malteser-Orden; die beyde zur Zeit der Pilgrime und Kreuzfahrer in Palästina entstanden, durch die Uebermacht der Araber in der Folge nach Europa verdrängt, und hier, als Bekämpfer der Ungläubigen, zu Gütern und Ansehn gelangt sind.

der Teutsche,
Der Teutsche Orden hat, nach dem Verluste von Preußen, nur noch Besitzungen in Teutschland, die jedoch sehr ansehnlich sind. Die Ordensritter folgen der Regel des heil. Augustins, müssen von altem Teutschen Adel seyn, und sind theils der katholischen, theils der protestantischen Religion, und zwar letztere gleichfalls nicht ohne Verpflichtung zum Cölibat, zugethan. Ihr Oberhaupt, ehemahls Hochmeister genannt, dessen Sitz Marienburg in Preußen war, ist nun der Teutschmeister mit dem Titel eines Administrators des Hochmeisterthums, der unter dem gewöhnlichern Nahmen eines Hoch- und Teutschmeisters, seine eigentliche Residenz und Ordensregierung zu Mergentheim in Franken hat. Die Güter des Ordens bestehen, neben dem Meisterthum selbst, aus 12 Provinzen oder Balleyen; worunter aber eine, die Balley Uetrecht, in heutigen Zeiten nicht mehr mit dem Meisterthum in Verbindung steht. Jede dieser Balleyen, deren Verweser Landkommenthure heißen, wird wieder in verschiedene Kommenthur-
eyen

I. Reichs-Zusammenhang.

*y*en abgetheilet. Die Landkommenthure nebst den Rathsgebietigern machen das Kapitel aus, das entweder zu Mergentheim, oder an einem andern Ordensort, zusammenberufen wird, und das Recht hat, einen Teutschmeister zu wählen a).

a) *Christ. Fridr.* HOLLAND de origine, iuribus ac priuilegiis Ordinis Teutonici. Francof. 1749. 4.
Io. Ge. SCOPPIVS de iuribus ac priuilegiis Ordinis Teutonici. Schwabach 1756. 8.
Pütter am angef. O. S. 212.
HOLL Statist. Eccl. Germ. pag. 311.

§. 125.

Die Glieder des Johanniter-Ordens bestehen, nach ihrer ursprünglichen Geschäftsbestimmung, zum größten Theile aus Rittern, deren Beruf der Degen wider die Ungläubigen ist; aus einer geringern Anzahl von Kapellanen, die den Gottesdienst besorgen; und aus dienenden Brüdern, die sich der Wartung hülfsbedürftiger Kranken unterziehen sollen.

Johannitter-Ordens.

Der Orden ist über den größten Theil von Europa verbreitet, und in 8 Provinzen, Landsmannschaften oder sogenannte Zungen, getheilt; worunter die Teutsche Zunge in unsern Tagen eine eigene Baiernsche a) zur Seite bekommen hat. Jede Zunge besteht aus gewissen Balleyen oder Prioraten, und diese wieder aus mehreren Kommenden, woraus ein Provinzialkapitel formirt wird. Das Ganze vereiniget sich unter ein allgemeines Oberhaupt, dem Großmeister auf Malta, dessen nächste Glieder,

der, die gleichsam seinen Rath ausmachen, aus 8 Balley-Konventualen bestehen, welche die vornehmsten unter den hohen Beamten des Ordens, und zugleich die Häupter der 8 Zungen sind. Nach ihnen folgen die Priorate, worunter das Großpriorat und oberste Meisterthum des Johanniter-Ordens von Teutschland, zu welchem auch das Herrnmeisterthum Sonnenburg oder die Balley Brandenburg gehört, den Vorzug hat.

Der Großprior oder Johanniter-Meister hat seinen Sitz zu Heidersheim im Breisgau, und erhält von dem Herrnmeister zu Sonnenburg bestimmte Responsgelder b), die er, nebst seinen eigenen und einer jährlichen Türkensteuer, an den Großmeister nach Malta zu überschicken hat.

Die Ritter endlich, welche sämmtlich von Adel seyn, und, wo nicht besondere Ausnahmen Statt finden, ihre Ahnen erweisen müssen, sind theils katholischer, theils evangelischer Religion; jene unter den Großprior, diese unter den gleichfalls evangelischen Herrnmeister zu Sonnenburg, gehörig, welcher letztere von seinen evangelischen Rittern auch gewählt, und von dem Großprior ohne Weigerung bestätigt werden muß c).

a) Seit 1781, und mit einem zu 6,000,000 Gulden angeschlagenen Güterstock. S. unten Specialst. von Pfalzbaiern.

b) Bestehend in 324 Goldgulden.

c) Joh. Chr. Becmann Beschreibung vom ritterlichen Johanniterorden und dessen Heer- (Herrn-) meisterthum in der Mark, Koburg 1695,

I. Reichs-Zusammenhang.

1695, — mit Zusätzen von Just. Chr. Dithmar. Frkft. 1726. 4.

Just. Chr. Dithmar genealogisch-historische Nachricht von den Heermeistern des ritterlichen Johanniterordens in der Mark, Sachsen, Pommern und Wendland. Frkft. a. d. Oder 1727. 1740. 4. und

Geschichte des ritterl. Johanniterordens und dessen Heermeisterthums in der Mark, Sachsen, Pommern und Wendland. Ebendas. 1728. 4.

Pütter am angef. Ort. S. 212 f.

§. 126.

Das Oberhaupt der gesammten katholischen Kirche und ihrer Glieder, wie in andern katholischen Reichen, so auch in Teutschland, ist der Papst; in welcher Eigenschaft die Teutschen, zur Bestimmung der gegenseitigen Rechte, gewisse Verträge mit ihm geschlossen haben. Der vornehmste darunter, auf welchem die wichtigsten seiner Verhältnisse zur Teutschen Kirche beruhen oder beruhen sollen, sind die von Kaiser Friederich III. und einigen geistl. und weltlichen Reichsständen mit Papst Nikolaus V. im Jahr 1448, eingegangenen Concordate a), welche die Freyheit der Teutschen Kirche überaus beschränken, und aller beabsichtigten Aenderung in neuern Zeiten b) ungeachtet, bis auf den heutigen Tag von Wirkung sind.

Beschaffenheit der sogenannten Kirchenfreyheit.

a) *Corpus iur. publ.* pag. 47. *sqq.*

b) Koblenzer Verein von 1769; Emser Kongreß. - Das lateinische Original von jenem ist in Hrn. le Bret Magazin der Staats- und Kirchengeschichte Th. VIII. S. 1. ff. mitgetheilt; vergl. auch Hrn. von Kleinmayr Nachrichten

O von

von Juvavia S. 244. ff. — Ueber das hieher Gehörige des Emser Kongresses, dessen Resultat im Jahr 1786 einzeln gedruckt worden ist, siehe Hrn. von Sartori Geistliches und weltliches Staatsrecht der deutschen Erz- Hoch- und Ritterstifter Th. I. Bd. I. S. 224-242.

§. 127.

Nahmentliche Vorrechte des Papstes. Die Besetzung der unmittelbaren Erzbisthümer, Bisthümer und Abteyen geschieht, unter Kaiserlicher Advokatie und mit Zusendung eines Kommissärs, durch die Wahl der Kapitel: der Papst aber hat das Recht der Bestätigung; er ertheilt Eligibilitätsbreven; zieht große Gelder für das erzbischöfliche Pallium, dessen auch einige Bischöfe theilhaftig sind; und für Annaten a). Unter dem Titel von Reservationen hat er ferner das Recht, alle Pfründen, die keine Prälaturen sind, in den abwechselnden Monaten Januar, März, May, Julius, September, und November; in gewissen Fällen aber auch jede eröffnete Stelle überhaupt, selbst Erzbisthümer und Bisthümer, zu vergeben. In Gewissenssachen überläßt man ihm Dispensationen, Absolutionen ꝛc., so wie er endlich in geistlichen Justizsachen, gleichfalls wichtige Rechte ausübt, und Jahr für Jahr überaus beträchtliche Summen zieht b).

a) Die den Römern so schätzbar sind, daß sie, einem Memoire zufolge (Les Maximes de la Cour Romaine, à la Haye 1769. pag. 39) die Abstellung der Annaten in der katholischen Christenheit für ein sicheres Zeichen des herannahenden Antichrists halten sollen, der alsdann nur 15 Jahre noch ausbleiben werde. — Ob er sich
wohl

I. Reichs-Zusammenhang.

wohl durch Franzosen oder von Teutschland aus anmelden laffen wird? —

b) Schon alt und grau sind die Klagen über diesen Geldverlust, den insbesondere das katholischgeistliche Teutschland durch seinen nachtheiligen Zusammenhang mit Rom erleidet. Gleichwohl ist es bis auf die neuesten Zeiten eine unversuchte Mühe geblieben — nicht auf Estors willkürliche Art (Freyheit der Teutschen Kirchen. Frff. a. M. 1766. 8. S. 634. ff.), oder aus Römischen Taxrollen, deren Unrichtigkeit an sich schon aus innern Gründen erweislich ist (vergl. Nachrichten von Juvavien S. 165.), und an welche sich die Römische Willkür nie bindet, wenn auch wirklich jemahls eine richtige vorhanden gewesen wäre, sondern — nach Hrn. von Kleinmayrs Beyspiele (Nachrichten von Juvav. S. 163. ff.) aus Römischen Zahlungsscheinen und Quittungen den Betrag der Summen zu zeigen, die der Römische Hof nur z. B. für Confirmations-Annaten- und Palliengelder innerhalb eines gewissen Zeitraums von einzelnen Teutschen Stiftern gezogen habe. Man vergleiche auch die Bruchstücke bey Maiern, Acta exec. Tom. II. p 462; und im HONTHEIM, *hist. Trevirenf. diplomat.* Tom. II. p. 525 und 679. Tom. III. p. 702.

Von jedem einzelnen Stifte laffen sich, zum Theil aus Ursachen, die Hr. von Sartori (im Staatsr. der Deutschen katholischgeistlichen Stifter Bd. I. Th. II. S. 306.) angiebt, die nach Rom gekommenen Summen nicht bestimmen. Indessen ergiebt sich aus einer, wie es scheint, nicht übel gegründeten Berechnung, die Hr. von Sartori mittheilt, daß von 30 oder 31 Teutschen Stiftern, innerhalb 280 Jahren, mehr als 20 Millionen Gulden an Confirmations- Annaten- Pallien- und Dispensationsgeldern nach Rom bezahlt worden sind. S. Hrn. von Sartori Preisschrift im Journ. v. u. f. Deutschl. Jhrg. 1787. St. II. S. 126. f. — Und zum Theil umgearbeitet in einer neuen Auflage unter dem Titel: Statistische Abhandlung über die Regierungsverfassung der geistlichen Wahlstaaten. Augsburg 1788. 4. — Vergl. Ebendess. angef. Geistliches Staatsr. Bd. I. Th. II. S. 360. ff. — Unter jenen 20 Mill. sollen auch die Summen nicht begriffen seyn, welche durch die Nuntien aus den 31 Stiftern unter mancherley Rubriken nach Rom gehen; imgleichen die beträchtlichen Gelder, die für Quindenen bezahlt werden, worüber die angeführte Preisschrift S. 89 nähere Belehrung giebt.

§. 128.

Gerecht- *same der* *Landesherren.*
Päpstliche Bullen aber erhalten, wie in andern Provinzen Teutschlands, so auch in den Stiftern, in sofern sie eigene Staaten sind, nur durch Genehmigung der Landesherren ihre Kraft. Auch haben Regenten hier und da, mittelst besonderer Indulte oder aus andern Gründen, das Recht, die in päpstlichen Monaten bey Mediatkapiteln eröfneten Pfründen zu vergeben, und die Mediatbischöfe ihres Landes entweder selbst zu ernennen, oder die Bestätigung des Gewählten nur durch landesherrliche Genehmigung der Wahl gültig zu machen a).

a) Beyspiele davon giebt unten die Specialstatistik der Teutschen Staaten.

§. 129.

Besondes- *res hohes* *Geschäfts-* *personale:*
Um die Angelegenheiten und das Beste der Teutschen Kirche am päpstlichen Hofe zu besorgen, befindet

I. Reichs-Zusammenhang.

befindet sich zu Rom jederzeit ein vom Kaiser ernannter Kardinal-Protector, oder in Ermangelung dessen, ein Con-Protector der Teutschen Nation a). _{der Teutschen Kirche am Römischen Hofe, Protector;}

Anderer Seits haben die Päpste zur Besorgung gewisser Geschäfte an ihrer Statt, den Vorstehern einiger hohen Stifter in Teutschland, unter dem Titel eines Primaten, oder gebohrnen Legaten und Vicars, besondere Würden übertragen; die aber theils überhaupt von unentschiedener Bestimmung, theils wenig mehr von Wirkung sind b). _{und des Papsts in Teutschl.;}

Dagegen sind vom päpstlichen Stuhle, seit dem Abschluß des Konciliums zu Trient, und aus dem Anlaß, die Verordnungen dieser Kirchenversammlung zu vollziehen, beständige Nuntien und Nuntiaturen in Teutschland eingeführt: wovon die erste am Kaiserlichen Hofe zu Wien; die zweyte am Niederrhein zu Köln; die dritte, mit einem Internuntius, zu Brüssel für die Oesterreichischen Niederlande; die vierte zu Luzern in der Schweiz, worunter die Bisthümer Basel und Chur gehören; und seit 1785 für die Baiernschen, Pfälzischen, Jülich- und Bergischen Lande, eine fünfte zu München errichtet ist, um in Ermangelung eines eigenen, längst beabsichtigten, Baiernschen Territorialbisthums, sich der Diöcesangerichtsbarkeit fremder Bischöfe wenigstens auf diese Weise zu entledigen c). _{beständige Nuntien.}

a) Ueber den Kardinal-Protector von Teutschland, seine Obliegenheit, Besoldung ꝛc. siehe *Jo. Gottl.* BOEHM differt. *de Nationis Germanicae*

nicae in curia Romana protectione. Lipſ. 1763. 4. und Moſer Teutſch. auswärt. Staatsr. S. 389. f.

b) Vergl. Sartori Geiſtliches Staatsrecht Bd. I. Th. I. S. 266-288. auch Holl l. c. pag. 101. 65-70. — Beſondere, und für gewiſſe neuere Behauptungen nicht unintereſſante Würde des Biſchofs zu Hildesheim ſeit 1775. S. v. Sartori am angef. O. S. 252.

c) Ueber die Errichtung, und zum Theil auch den Gerichtsſprengel der vier erſtern Nuntiaturen, ſiehe Betrachtungen über die päpſtlichen Nuntiaturen in Teutſchland, zur Aufklärung der neueſten Wahlkapitulation ꝛc. (ohne Druckort) 1786. 4. S. 30. ff. Und daraus Sartori am angef. O. S. 210. ff.

Die Erz- und Bisthümer, und überhaupt den großen Umfang der Kölner Nuntiatur, beſchreibt *Pius* VI. in ſeiner Einweihungsrede des Nuntius *Bellifomi* am Niederrhein 1775. nach dem lateiniſchen Originale befindlich bey le Bret Magaz. der Staaten- und Kirchengeſch. Th. V. S. 355.

Wegen der Münchner Nuntiatur, vergl. Pragmatiſche und aktenmäßige Geſchichte der zu München neu-errichteten Nuntiatur ꝛc. Mit authentiſchen Urkunden belegt. Frkf. u. Leipz. 1787. 8. beſonders S. 7.

Ueber die Fakultäten der Nuntien, ſehe man die zu Regensburg vom Kurkölniſchen Geſandten ausgetheilte Schrift: Kurze Beleuchtung der Fakultäten päpſtlicher Nuntien in Deutſchland. Köln 1789. 8. — Die Fakultäten der Kölniſchen insbeſondere, welche die Maynzer Monatsſchrift zuerſt enthielt, ſind umſtändlich im Deutſchen Zuſchauer Hft. XI. S. 223. und in der Pragmatiſchen Geſchichte der Münch-

I. Reichs-Zusammenhang. 215

ner Nuntiatur ꝛc. Beyl. Lit. BB. S. 53. mitgetheilt.

Von den Nuntiaturgerichten: *Diet. Herm.* KEMMERICH *differt. de iudiciis nuntiaturas, quam vocant, apostolicae in Germania.* Jen. 1736. — Wie hoch die Summen sich belaufen, die nach einem Durchschnitt von zehen Jahren, die Kölner und Wiener, nebst der Luzerner Nuntiatur von den zu ihr gehörigen Teutschen Bisthümern, alljährlich nach Rom gesendet haben sollen, siehe die angeführten Betrachtungen über ꝛc. S. 36; wobey jedoch der schon oben (§. 127. Not. b.) in Rechnung gebrachte Artikel von Dispensationen ohne nähere Bestimmung wieder mitgenannt ist.

§. 130.

Die Evangelischen sind weder mit den Katholischen, noch für sich, unter ein gemeinschaftliches Kirchenhaupt vereiniget, und in ihrer Kirchenverfassung gänzlich von den Katholischen unterschieden. Hier und da dauern zwar auch unter Protestanten noch Klosterinstitute fort; aber mit sehr veränderter Gestalt und Bestimmung. Auch giebt es Bisthümer in Teutschland mit evangelischen Bischöfen, ingleichen einige theils evangelisch-lutherische, theils Reformirte Reichsabteyen, und ihre Vorsteher gelangen, obschon zum Theil sehr eingeschränkter Maaßen, gleichfalls durch die Wahl der Kapitel zu ihrer Würde. Sie bedürfen aber weder einer päpstlichen Bestättigung, noch geben sie Annaten; und sind mit ihren Stiftern, in sofern es ganz evangelische sind, aller päpstlichen und anderer katholisch-geistlichen Hoheitsrechte, so

Evangelische Kirche: Unabhängigkeit von einem gemeinschaftl. Kirchenhaupt;

wie

wie zugleich des Cölibats, wo nicht die Kapitulation im Wege steht, entbunden.

a) Drohende Gefahr einer theologischen Kongregation in der protestantischen Kirche, deren Auctorität oder Gewissenszwang über Dänemark, Schweden und alle protestantischen Länder in Teutschland sich erstrecken sollte, von Ernst dem Frommen zu Gotha mit wohlneynendem Eifer und starken Anerbietungen betrieben, und bereits vom Hofe zu Kopenhagen genehmigt, aber endlich durch D. Geiers Gründe zu Dresden vereitelt. S. Pontoppidans Annales Ecclesiae Danicae Bd. IV. S. 550=560. Vgl. Schlözers Briefw. Heft XXXV. S. 300. ff.

§. 131.

Kirchliche Hoheitsrechte der Regenten. Ueberhaupt hängt die äußere Kirchenform und geistliche Gerichtsbarkeit des protestantischen Teutschlands, wo nicht besondere Verträge und Herkommen eine nähere Bestimmung geben, von der Anordnung eines jeden evangelischen Herrn in seinem Lande ab, unter dessen Auctorität alle Rechte der höchsten bischöflichen Gewalt, durch besonders dazu bestellte Konsistorien, Kirchenräthe oder anders genannte Kollegien, verwaltet werden. Die Oberhäupter der Geistlichkeit heißen Generalsuperintendenten, Superintendenten, Inspectoren ꝛc., und werden, nebst dem übrigen Kirchenpersonale, insgesammt von dem Landesherrn entweder selbst ernannt, oder, in Rücksicht der Patronate, doch von ihm bestätigt.

II.

II. Reichs-Regierung.

1. Bey besetztem Kaiserthrone.

§. 132.

Die Gewalt des Kaisers in Regierungssachen des Teutschen Reichs ist durch die Wahlkapitulation und andere Reichsgesetze, ingleichen durch das Herkommen, überaus beschränkt. Im Ganzen zwar hat er an allen Angelegenheiten, die das Reich als einen einigen Körper betreffen, Antheil; dieser ist aber, nach Verschiedenheit der Gegenstände, ungemein verschieden. Außer denjenigen Majestätsrechten, die er noch, unter dem Nahmen der Reservate, einseitig und allein ausüben kann, hat er zu andern wenigstens die Mitwirkung der Kurfürsten nöthig; und noch andere, und zwar die wesentlichsten und größten, z. B. die gesetzgebende Macht, das Recht über Krieg und Frieden, oder Bündnisse des Reichs zu disponiren; Reichssteuern anzusetzen, einen Reichsstand in die Acht zu erklären u. s. w., kommen ihm nur in Gemeinschaft der gesammten Reichsstände zu. Auch ist er selbst in seinen Reservaten nicht souverain.

Beschränktheit der Kaiserl. Gewalt.

§. 133.

Die höchste und vollkommenste Gewalt über die Angelegenheit des Teutschen Reichs, hat ihren Sitz und äußert sich in den gemeinschaftlichen Verhandlungen des Kaisers und der Stände auf dem Reichs-

Reichstag. Berufung desselben;

218 Zweyter Abschnitt.

Reichstage. Einen Reichstag anzusetzen, beruhet auf dem Kaiser; jedoch mit vorgängiger Beystimmung oder auch auf Anhalten der Kurfürsten; und soll wenigstens alle 10 Jahre einer, und zwar der erste unter jedem Kaiser immer zu Nürnberg, gehalten werden. Die Berufung geschieht durch einzelne Kaiserliche Ausschreiben, welche gemeiniglich 6 Monate vor Anfang des Reichstags an jeden Reichsstand insbesondere abgeschickt werden, und, neben andern Bestimmungen, zugleich die wichtigsten Stücke der Berathschlagung anzeigen. Jedoch ist dieser gesetzliche Hergang längst außer Uebung, da der jetzige, im Jahr 1663 zu Regensburg angefangene, Reichskonvent, bereits über ein Jahrhundert, ohne neue Ausschreibung, in Gestalt eines stehenden Reichstags, fortwähret a).

a) J. J. Moser von den Teutschen Reichstägen. 2 Thle. Frkf. und Leipz. in 4. Unter der großen Menge anderer Schriften dieses Inhalts, haben vornehmlich Hrn. GJR. Pütters Empfehlung:

Joh. Carl Königs Abhandlung von Reichstägen. Nürnberg 1738. 8.

Heinr. Gottl. Frankens Nachricht von der neuesten Beschaffenheit eines Reichstages im heil. Röm. Reiche. Regensburg 1761. 4.

§. 134.

Erscheinung des Kaisers u. der Stände durch Gesandte; Weder der Kaiser noch die Stände erscheinen heut zu Tage mehr in Person auf dem Reichstage, sondern schicken Abgeordnete, in der Eigenschaft förmlicher Gesandten, benen zugleich gewöhnliche Legationssecretäre und Kanzellisten beygegeben werden.

II. Reichs-Regierung.

werden. Derjenige, welcher des Kaisers Stelle vertritt, führt den Nahmen eines Principalkommissarius, und ist, dem Herkommen gemäß, allemahl ein Fürst. Ihm wird gemeiniglich ein Konkommissarius zugeordnet, der ein alter Reichshofrath, und in den Adel oder Freyherrenstand erhobener Gelehrter, mit dem Character eines Kaiserlichen wirklichen Geheimenraths, zu seyn pflegt. Diese Kaiserliche Gesandtschaft oder Kommission hat eine eigene, aus einem Director, aus den Secretären und Kanzellisten bestehende Kanzelley.

Auf Seiten der Stände, bey deren Gesandten übrigens durchaus kein Geburtsstand in Betrachtung kommt, werden von jedem der größern Höfe, wo nicht immer in wichtigen Angelegenheiten, oder auch zu Führung ihrer Stimmen in jedem der zwey höhern Reichskollegien besonders, mehrere, doch wenigstens gewöhnlich Ein eigener Gesandter gehalten a). Unter den kleinern Ständen hingegen, lassen sich oft viele durch einen einigen, und manche von jeher durch den Gesandten eines andern Reichsstandes vertreten b).

a) Bey wem und wie die verschiedene Legitimation des kaiserl. Principalkommissarius, des Konkommissarius, des Maynzischen Directorialgesandten, der übrigen Ständischen Gesandten, und der Legationssecretarien geschehe, s. Mos. am angef. O. Th. I. S. 131. 147. 198. ff. 250. — Wegen auswärtiger Gesandten, deren insgemein auch einige bey der Reichsversammlung zugegen sind, s. Mos. Teutsch. auswärt. Staatsr. S. 78. ff.

Herkomm-

Zwenter Abschnitt.

Herkömmliche Beschenkung der Gesandten durch die Reichsstadt, wo der Konvent gehalten wird, insbesondere des Kaiserl. Principal-Kommissarius, Keyßler Reis. Th. II. S. 1256.

b) Ueber das jetzt am Reichstage befindliche Gesandtschaftspersonale, sehe man das dießjährige Genealogische Reichs- und Staats-Handbuch Th. I. S. 341. ff.

§. 135.

Reichs-Erbmarschall. Da in Ansehung derjenigen Stadt, wo der Reichstag gehalten wird, verschiedene Policey- und andere Geschäfte zu besorgen sind, die mit der Reichsversammlung in Verbindung stehen, so ist die Anordnung derselben und Aufsicht darüber, als eine eigene Gerechtsame und Obliegenheit, dem Erzmarschall oder seinem Verweser, dem Reichs-Erbmarschall, überlassen. Dieser ist aber gleichfalls heut zu Tage so wenig, als sein Stellvertreter, der Reichsquartiermeister, beständig mehr an dem Orte der Reichsversammlung zugegen, und hält zu Formirung seiner Reichs-Erbmarschalls-Kanzelley, nur einen Kanzelleyrath nebst einem Registrator und zwey Kanzellisten von beyderley Religion, und außerdem, zu Verrichtung geringerer Dienste, den Reichsprofoß a).

a) Vergl. vorgedachtes Genealogisches Handbuch Th. I. S. 350.

§. 136.

Eröffnung des RTages, und allgemeines Die feyerliche Eröffnung eines neuen Reichstags geschieht von dem Kaiser mittelst des ersten Vortrags, oder der Hauptproposition. Was er in der Folge an die Reichsversammlung erläßt, führt

II. Reichs-Regierung.

führt den Namen Kaiserlicher Dekrete; welche ent- Directo-
weder Kommissionsdekrete heißen, wenn sie zu- rium;
nächst vom Principalkommissarius kommen; oder
Hofdekrete, wenn sie unmittelbar, Kaiserlichen
Orts selbst ausgefertiget, an den Reichskonvent
gelangen. Nach genommenem Anfange des Reichstags aber hängt sodann der äußere Gang der Geschäfte nicht weiter von dem Kaiser ab; sondern
beruht auf dem Kurfürsten von Maynz, welcher
als Reichs-Erzkanzler, neben dem Specialdirec-
torio des Kurfürstlichen Kollegiums (§. 87.) zugleich das allgemeine Reichsdirectorium zu führen hat.

§. 137.

Sachen, die ein Interessent, in irgend einer Anbrin-
Absicht, blos überhaupt zur Kenntniß der Reichs- gung der
versammlung bringen will, werden, gedruckt oder Sachen
schriftlich, an die einzelnen Gesandten in ihren mittelst
Wohnungen ausgetheilt, oder auf andere Weise tur;
übermacht. Was aber gesetzmäßig zur Kunde des
Reichs gelangen, und ein Stück der Reichsacten,
oder selbst ein Gegenstand der öffentlichen Berathschlagung werden soll, wird von dem Maynzischen
Directorialgesandten, dem daher alle dergleichen
an den Reichskonvent lautende Schriften eingehän-
diget werden, durch die bey allen Reichsständischen
Zusammenkünften überaupt gewöhnliche Dictatur
kund gemacht. Ihre Förmlichkeit besteht darin, daß
von Kurmaynz, mittelst des Reichserbmarschall-
amts, jeder Komitialgesandtschaft angesagt wird,
ihre Kanzellisten zur gesetzten Stunde und benannten

ten Orts, der Dictatur halben, sich einfinden zu lassen, und alsdann der Secretär des Directoriums jedem Kanzellisten die gemeynte Schrift entweder in die Feder dictirt, oder gedruckt unter sie vertheilt. Alles aber, es werde dictirt, oder statt dessen nur ausgetheilt, erhält die Aufschrift: *Dictatum* etc.

§. 138.

Raths-anfage;
Die Rathstage der Reichsversammlung, deren bey gegenwärtigem Reichskonvent, außer der Ferienzeit a), ordentlich zwey in der Woche Statt finden, werden jedesmahl, mittelst eines aus Kurmaynzischer Directorialkanzelley erlassenen, und vom Erbmarschallamt ausgefertigten Ansagezettels, der Tags zuvor an jede Komitialgesandtschaft herumgeschickt wird, angesagt. Dieser Ansagezettel enthält zugleich unter den zur Dictatur gekommenen Puncten, in sofern sie bereits von den Höfen und Principalen der Gesandten erlediget sind, diejenigen, welche den Gegenstand der Berathschlagung ausmachen sollen.

a) Wie viel deren, sowohl ordentlicher als außerordentlicher Weise, vergl. Mos. am angef. O. Th. I. S. 451. ff.

§. 139.

Rathschlagung eines jeden RKollegiums für sich, u. Stimmung;
Jedes Reichskollegium hält seine Sessionen und Berathschlagungen für sich, und hat zu dem Ende sein besonderes Haupt-, so wie zu nöthigen Zwischenunterredungen der Gesandten, mit Absonderung der Secretäre, ein Nebenzimmer. Zur Anhörung der Kaiserlichen Proposition aber, und bey andern gemeinschaftlichen Verhandlungen, versammlen

II. Reichs-Regierung.

sammlen sich alle drey Kollegien in einem sogenannten Re- und Korrelationssale.

Die Stimmen werden ordentlicher Weise mittelst einzelner Umfrage, und nahmentlichen Aufrufs (§. 94.), in der Reihe, wie jede ihren Platz behauptet, abgelegt, und so von jedem Gesandten hauptsächlich dem Directorialsecretär, nächst ihm aber auch den zugleich schreibenden Secretären aller übrigen Gesandtschaften, dictirt; oder werden, im Fall es zu weitläufige Vota sind, gelesen, und dem Secretär des Directoriums übergeben, der sie alsdann den übrigen insbesondere noch zu dictiren hat. Bisweilen aber wird auch nur im Zirkel, d. i., ohne Ordnung und Umfrage gestimmt, und das Wesentliche im Protokolle bemerkt.

§. 140.

In jedem Kollegio wird, nur mit Ausnahme der Religionssachen und gewisser anderer vom Staatsrecht zu bestimmenden Fälle, nach den mehreren Stimmen entschieden, und der Schluß vom Directorio abgefaßt. Zwischen den höhern Reichskollegien wird sodann der beyderseitige Schluß auf dem Re- und Korrelationssale gegen einander ausgewechselt, und darüber Re- und Korreferirt, bis einer mit dem andern übereinstimmend, oder die gehofte Eintracht ganz aufgegeben wird. Hat man sich aber bis zur Uebereinstimmung genähert; so wird daraus ein gemeinschaftlicher Schluß der zwey höhern Reichskollegien formirt, und hierauf auch mit dem Kollegio der Reichs-

Kollegialschluß, gemeinschaftlicher Schluß der zwey höhern Kollegien; Schluß aller dreyen, Reichsgutachten an den Kaiser;

städte,

städte, wenn die Natur der Sache sie nicht ausschließt, über ihren und den gemeinsamen Schluß der zwey höhern Reichskollegien Re- und Korreferiret. Sind alle drey Kollegien einig, so wird von Kurmaynz ein einmüthiger Schluß der drey Reichskollegien, und aus diesem, nach Beschaffenheit der Sache, ein Reichsgutachten zur Kaiserlichen Bestätigung an den Principalkommissarius, abgefaßt. Ist aber unter den drey Kollegien zu keinem einmüthigen Schlusse zu gelangen; so wird, bey Statt findender Einigkeit der zwey höhern, die abweichende Meynung der Städte im Reichsgutachten angezeigt; hingegen die weitere Betreibung der Sache insgemein ganz aufgegeben, wenn alle drey Kollegien, oder auch die zwey höhern unter sich, verschiedenbenkende Theile sind.

§. 141.

Rechtliche Wirkung des Kaiserlichen Willens dabey.

Wenn der Kaiser einem Reichsgutachten seine Genehmigung versagt oder vorenthält, so kommt die Sache nicht zu Stande; erfolgt hingegen die Ratifikation wirklich, so wird aus dem Gutachten ein verbindlicher Reichsschluß: jedoch der Regel nach nur alsdann, wenn es auf Einmüthigkeit aller drey Kollegien beruhete; da eine Genehmigung des Schlusses zweyer Kollegien meist nur neue Berathschlagungen zum Erfolge hat.

§. 142.

Beendigung des Reichstags.

Hört ein Reichstag auf, so werden am Ende desselben die zu Stande gekommenen, und zur verbindlichen Richtschnur für die Zukunft dienenden Reichsschlüsse, unter Auctorität und im Nahmen des

II. Reichs-Regierung.

des Kaisers, von Kurmaynz in einen einigen Inbegriff Reichsab-
oder Reichs-Abschied gebracht. Ein solcher Reichs-schied.
abschied wird, nach geschehener Revision des Kon-
cepts von Kaiserlichen Kommissarien und deputirten
Ständen aus allen drey Reichskollegien, in der
Maynzischen Kanzelley in Duplo auf Pergament
ingrossirt; vom Kaiser und von allen beym Reichstage gewesenen Ständen, oder ihren Gesandten,
unterschrieben; mit des Kaisers und der deputirten Stände Siegel versehen; nochmahls feyerlich
in Gegenwart des Kaisers und der versammelten
Reichsstände verlesen; hierauf allen Ständen vermittelst der Dictatur zur Abschrift mitgetheilt; im
Originale sodann einmahl der Reichshof-, und glei-
cherweise der Kurmaynzischen Reichskanzelley,
insinuirt, dem Kaiserlichen und Reichskammergericht aber in beglaubter Abschrift zugestellt; und
endlich durch das ganze Reich publicirt. Der
letzte oder jüngste solcher Reichsabschiede ist von
1654, da bey dem jetzigen, bereits über ein Jahrhundert bestandenen Reichstage, die Schlüsse desselben in dergleichen Form nicht gebracht worden sind.

§. 143.

Außer dem gewöhnlichen Reichstage, sind auch Reichsde-
in den Reichsgesetzen besondere Ausschüsse von Stän-putatio-
den gegründet, die im Nahmen des gesammten nen.
Reichs gewisse Geschäfte zu verhandeln haben. Diese
Ausschüsse führen den Nahmen der Reichsdeputationen, und werden in ordentliche und außerordentliche unterschieden a).

P. Jene

Ordentliche. Jene waren vornehmlich bestimmt, solche Geschäfte zu berichtigen, wozu entweder ein förmlicher Reichstag zu weitläufig, oder eine wirklich gehaltene Reichsversammlung nicht lange genug beysammen geblieben war. Die deputirten Mitglieder einer solchen verjüngten Reichsversammlung waren jedesmahl immer dieselben aus allen drey Reichskollegien, und in Absicht der Stimmenzahl von beyden Religionen, durch die Verordnung des jüngsten Reichstags von 1654, einander gleich; auch wurde dabey in Allem meist wie bey ordentlichen Reichstagen verfahren, und aus den Schlüssen derselben ein Deputations=Abschied verfaßt. Seitdem aber der letzte dieser nützlichen Konvente dem jetzigen Reichstage Platz gemacht hat, scheinen sie auf immer außer Gebrauch gekommen zu seyn.

a) Moser von den Reichstagen Th. II. Kap. 46. 47. Pütter's Litteratur Th. III. S. 243. f.

§. 144.

Außerordentliche. Die außerordentlichen Reichsdeputationen bestehen gleichfalls aus Ständen aller drey Reichskollegien, und in gleicher Zahl von beyden Religionen. Auch ihnen werden im Nahmen des gesammten Reichs gewisse Geschäfte, und zwar entweder außer dem Reichstage, als Kammergerichtsvisitationen ꝛc., oder auch beym Reichstage selbst gewisse besondere Materien oder Angelegenheiten, übertragen. Die zu einer solchen außerordentlichen Reichsdeputation nöthigen Stände aber sind nicht ein=für allemahl bestimmt; sondern werden, obschon

II. Reichs-Regierung.

schon nicht ohne strittige Ausnahmen, in jedem vorkommenden Falle von den beyderseitigen Religionstheilen besonders ernannt. Auch sind sie bey Ausführung ihres Geschäfts nicht in Kollegien abgetheilt, sondern handeln gemeinschaftlich, und nur bisweilen, nachdem es die Sache erfodert, mit Zuziehung eines Kaiserlichen Kommissärs.

§. 145.

Nach der so getheilten Macht zwischen dem Kaiser und den Reichsständen giebt es wenige nennbare Reichsangelegenheiten, die für die einseitige Regierung des Kaisers allein gehören. Und was die heutigen Gegenstände der Reichsregierung überüberhaupt betrifft, sowohl mit als ohne Theilnahme der Stände: so haben sie nahmentlich meist ihre Beziehung auf vorkommende Fälle der Kaiserlichen Reservate, als Standeserhöhungen, Ertheilung verschiedener Privilegien u. s. w.; auf Staats- und Lehenssachen; auf gerichtlichen Schutz durch Handhabung der Reichsjustiz; auf Waffen und Wehr wider feindliche Gewalt; und auf die zu Bestreitung der Reichsbedürfnisse nöthigen Abgaben. Andre Sorgen hingegen, die nicht blos auf Erhaltung, sondern auf wirkliche Vermehrung der allgemeinen Wohlfahrt im Reiche gerichtet seyn dürften, und welche die Eintracht sonst zur gemeinen Sache des Vaterlands machte, haben im Verlaufe der Zeit, besonders seit dem Westphälischen Frieden, ein so getheiltes Interesse gewonnen, daß sie sich, als Reichsangelegenheiten, aus den veralteten Acten der vorigen Jahrhunderte nicht leicht

Gegenstände der allgem. Reichsregierung.

P 2 mehr

mehr in die Verhandlungen der neuern Zeiten verlieren.

§. 146.

Verwaltung der Reichssachen am Kaiserl. Hofe: Kaiserl. Rathskolleg. u. Minister.
Zur Ueberlegung und Verhandlung der Reichssachen, die an seinen Hof gehören, hat der Kaiser, als Kaiser, kein eigenes Staatsministerium: sondern bedient sich dazu, theils, nach Verschiedenheit der Sache, erbländischer Kollegien und Minister, theils und vornehmlich des Reishofraths, der insbesondere auch die Stelle eines Kaiserlichen Lehnhofs für solche Reichslehen vertritt, die nicht als Thronlehen, wie Kur- und Fürstenthümer, vom Throne des Kaisers selbst empfangen werden müssen. Alles aber, was dem Kaiser unmittelbar vorgetragen wird, muß durch den Reichsvicekanzler, als den eigentlichen und einzigen Reichs-Staatsminister, den der Kaiser hat, geschehen, und zwar, wenn es Reichshofraths-Sachen sind, zugleich mit Zuziehung gewisser Personen dieses Kollegiums, in deren Gegenwart auch die Kaiserliche Resolution gegeben werden soll a).

a) Moser vom Römischen Kaiser, Römischen König ꝛc. S. 487. ff.

§. 147.

Reichskanzelley.
Was der Kaiser in Reichssachen resolvirt, so wie zugleich auch das, was der Reichshofrath in gerichtlichen Angelegenheiten beschließt, wird in Teutscher oder Lateinischer Sprache, als den alleinigen Staatssprachen des Teutschen Reichs a), ausgefertiget durch die Reichskanzelley. Diese besteht aus dem Reichsvicekanzler, aus 2 Reichs-referen-

II. Reichs-Regierung. 229

referendarien, und eben so vielen Reichshofraths-
Secretarien; jene für die außergerichtlichen
Sachen des Kaisers, diese für die gerichtlichen
Gegenstände des Reichshofraths, und von beyden
einer für Teutsche, der andere für lateinische Aus-
fertigungen bestimmt. Außer mehrerley andern
Bedienten b), gehören auch das Taxamt, welches die zu entrichtenden Gebühren für die ausgefertigten Sachen einhebt; wie auch das Wap-
peninspectoramt, das einen Inspector und Wap-
penmahler hat, gleichfalls noch zur Reichskanzelley.

Alle diese Personen nimmt der Kurfürst von
Maynz, als Reichserzkanzler, an, und hat die
Oberaufsicht über sie. Ihre Besoldungen werden
durch Kurmaynz c) von den Taxgeldern bestrit-
ten, und durch die noch daneben besonders fallenden
Sporteln zu sehr reichlichen Einkünften erhöhet d).

a) Sowohl in Reichsangelegenheiten am
Kaiserlichen Hofe, als beym Reichstage, in
Reichsfriedensschlüssen ꝛc. S. Friedr. Carl v.
Moser von den Europäischen Hof- und Staats-
Sprachen (Frkf. 1750, 8.) Buch II. Kap. 1.
und 19. Vergl. aber Pütters Entwickelung ꝛc.
Th. III. S. 199. ff.

b) Vergl. Genealog. Reichs- und Staats-
Handbuch Th. I. C. 352.

c) Als Verwalter der eingekommenen Tax-
gefälle, deren Tarif es auch allein regulirt.
Der neueste, aber in Praxi nicht durchaus zu-
verläßige, ist von 1659. Corp. iur. publ.
pag. 1038. sqq. — Von der vierteljährlichen
Berech-

Berechnung dieser Gelder zu Maynz, s. Moser vom Röm. Kais. S. 530. vergl. mit S. 528.

d) Vergl. Moser am angef. O. S. 518. und Pütter Entwickelung ꝛc. Th. III. S. 45.

§. 148.

Reichs-archiv. Das zur Reichskanzelley gehörige Reichs-archiv, welches nach Verschiedenheit seiner, theils außergerichtlichen, theils gerichtlichen Schriften, aus einer besondern Reichshof= und aus der Reichshofraths = Registratur besteht, hängt, nebst den dazu bestellten Personen, gleichfalls von dem Kurfürsten von Maynz ab, unter dessen Verwahrung sich auch das Hauptarchiv des Reichs zu Maynz befindet a).

a) Von dem Reichsarchiv zu Maynz, s. vornehmlich Heiligers Abhandlung von dem Teutschen Reichs = Haupt = Archiv, in den Hannov. gelehrt. Anzeigen J. 1752, N. 69. S. 898. ff.

§. 149.

Kaiserl. Justizpflege mittelst einiger Niederer Lande, u. zweyer höchsten Reichsgerichte. Die allgemeine und oberste Richtergewalt des Teutschen Reichs beruhet überhaupt auf der vereinten Hoheit des Kaisers und der gesammten Stände, und wird, was dabey den gesetzgebenden Theil betrifft, auf dem Reichstage ausgeübt. Zur Verwaltung der Justizpflege aber sind, theils aus den Zeiten des ältern Justizwesens in etlichen Gegenden Teutschlands noch einige niedere Kaiserliche Gerichte übrig, theils und vornehmlich zwey allgemeine und oberste Reichstribunale vorhanden a).

a) Das

II. Reichs-Regierung.

a) Das allgemeinste hier zu nennende Werk ist:

Mosers Tractat von der Teutschen Justizverfassung. 2 Thle. Frkf. u. Leipz. 1774. 4.

§. 150.

Die nahmhaftesten unter den niedern Gerichten im Reich, die unter Kaiserlichem Nahmen und Kaiserl. Schutz, wiewohl ohne Begünstigung der Reichs-Gerichtsgesetze, noch fortdauern, sind das Kaiserliche Hofgericht zu Rothweil a), das Landgericht in Schwaben b), das Kaiserliche Landgericht Burggrafthums Nürnberg c) u. m. a. d).

Niedere Gerichte.

Alle diese und andere kaiserl. Landgerichte urtheilen in der ersten Instanz über jede in ihrem Gerichtsbezirk gesessene sowohl unmittelbare als mittelbare Reichsglieder, die nicht gegen ihren Gerichtszwang durch besondere Privilegien der Kaiser befreyet sind; so daß es gleich viel ist, ob der Kläger einen mittelbaren Reichsunterthan vor seiner ordentlichen Obrigkeit, und einen Unmittelbaren vor einem der höchsten Reichsgerichte, oder vor dem Landgerichte belangen will; von welchem jedoch alsdann noch, in der höhern Instanz, an die höchsten Reichsgerichte appellirt werden kann.

a) Henr. Balth. BLVM *de iudicio Curiae Imperialis Rotwilensi*, im Adpend. Cemment. de iudicio Curiae Imperialis Germanico (Francof. 1745. 4.) pag. 137. und bey WEGELIN, *Thesaur. rer. Suev.* Vol. III. n. 8.

Moser von der Teutsch. Justizverf. Th. II. S. 914. ff.

b) Dieses

b) Dieses Gericht wird abwechselnd an vier verschiedenen Mahlstätten, an jeder zwölfmahl jährlich, gehalten, und nach altem Teutschen Brauch unter freyem Himmel eröffnet; unter diesen Mahlstätten ist der Marktflecken Altorf, (irrig) genannt Weingarten, diejenige, von welcher es insbesondere auch das Weingartensche benannt, zu werden pflegt.

Gabr. SCHWEDER differt. de Praeeminentiis, Praerogatiuis ac Priuilegiis praecipuis Domus Austriacae, in specie de *iudicio provinciali Caesareo-Suevico.* Tübing. 1722. 4. und in Wegelins *Thesaur. rer. Suev.* Vol. III. n. 4.

Anon. (Wegelins) Gründlicher historischer Bericht von der Kayserlichen und Reichs-Landvogtey in Schwaben, wie auch dem frey-Kayserlichen Landgericht auf Leutkircher Haid und in der Pirß ꝛc. 1755. fol.

Mos. am angef. O. S. 938. ff.

c) Carl Friedr. von Jung Anweisung, was die Comicia Burgraviae in Nürnberg sey und involvire; dann was es mit der Hoheit des Kayserl. Landgerichts Burggrafthums Nürnberg vor eine eigentliche Beschaffenheit habe. Onolzbach 1733. 8.

Desselb. Grundveste der Hoheit des Kayserl. Landgerichts Burggrafthums Nürnberg. 1759. 4.

Joh. Phil. VOGEL *Sciagraphia iudicii prouincialis Norimbergensis.* Altorf. 1753. 4.

d) S. eine ganze Liste derselben bey Moses am genannten O. S. 1006. ff.

§. 151.

Höchste Reichsgerichte: Die beyden höchsten Reichstribunale erstrecken sich, nur Böhmen, Oesterreich und Burgund ausge-

II. Reichs-Regierung. 233

ausgenommen, ordentlicherweise über alle mittelbare und unmittelbare Reichsglieder; jedoch, nach Verschiedenheit der Sachen und Glieder, in ungleicher Ferne. Jeder mittelbare Unterthan des Teutschen Reichs hat zunächst seinen Gerichtsstand unter demjenigen Herrn, dessen Unterthan er ist, und gelangt an gedachte Reichsgerichte, mit Ausnahme weniger Fälle, nur durch das Mittel der Appellation; welche aber theils bey manchen Gattungen von Sachen, als Religions- Policey- und Kriminalsachen, gar nicht, theils, der Regel nach, nur alsdenn Statt finden kann, wenn der bestrittene Gegenstand nicht unter dem Werthe von wenigstens 600 Gulden oder 400 Rthlr. ist. Ueberdieß ist den Kurfürsten und verschiedenen Fürstlichen Häusern, unter dem Nahmen eines *Priuilegii* de non appellando *illimitati*, von den Kaisern das Vorrecht verliehen, daß von den eigenen Oberappellationsinstanzen, die sie selbst in ihren Landen haben, nicht weiter an die höchsten Reichsgerichte gegangen werden darf, es wäre denn wegen verweigerten und verzögerten Rechts, oder wegen begangener Nichtigkeit; und andere Reichsstände haben eine solche Appellationsbefreyung wenigstens bis auf eine gewisse höhere Summe, als die gewöhnliche ist (Priuileg. de non appell. *limitatum*) erhalten a). Jedoch muß, wenn auch ein Appellationsfall an die höchsten Reichsgerichte nicht Statt hat, wenigstens die Verschickung der Acten an ein unpartheyisches Rechtskollegium auf Universitäten oder sonstwo bewilliget werden.

Verhältniß ihrer Gerichtsbarkeit in Ansehung mittelbarer,

a) Ein

a) Ein Verzeichniß der Reichsstände mit unbeschränkter Appellationsbefreyung, giebt

Jac. Friedr. Rönnbergs Gemeinnützige Notiz vom Kaiserl. Privilegium de non appellando. (Rostock u. Leipz. 1785. 8.) S. 135. ff.

Pütters Entwickelung der Teutsch. Staatsverf. Th. II. S. 222. f. — Und von diesen und andern überhaupt

Moser am angef. O. Th. I. S. 177. ff.

§. 152.

und unmittelbarer Reichsglieder; Da auch die Reichsstände und andere unmittelbare Reichsglieder, in allen Sachen, worin sie einen Richter über sich haben, verbunden sind, Jedermann zu Recht zu stehen; so werden ihre Streitigkeiten entweder sogleich vor die höchsten Reichsgerichte gebracht, oder, nach Beschaffenheit der Umstände, vor den Austrägen, einer schiedsgerichtlichen Instanz von sehr mannichfaltiger Verfahrungsart, erlediget. Wie aber dieses Recht der Austräge weder allen Ständen, noch bey jeder Art von Klägern, oder in jeder Sache verstattet ist, so schließt es auch eben so wenig die Appellationsbefugniß an die höhere Instanz der Reichsgerichte aus. Nur in dem seltenen Falle, wo ein Reichsstand in die Acht zu erklären ist, sind die Reichsgerichte keine eigentliche Instanz für Unmittelbare, deren Sache alsdann vielmehr durch den Reichstag selbst ihre wirkliche und letzte Entscheidung erhält.

§. 153.

Nahmen, und Verhältniß Von den beyden Reichstribunalen ist eines am Hofe des Kaisers, das andere von ihm entfernt

II. Reichs-Regierung. 235

fernt im Reiche befindlich: jenes unter dem Nahmen des Reichshofraths, dieses unter der Benennung des Kaiserlichen und Reichs-Kammergerichts. Beyde sind allgemein und von gleicher
Würde a); beyde richten mit gleicher Macht in der
letzten Instanz, und haben, bis auf einige Sachen,
die vor das eine oder andere allein gehören, kon-
kurrirende Gerichtsbarkeit, bey welcher dasjenige
Gericht, dessen erkannte Processe zuerst insinuirt
werden, vor dem andern das Recht der Prä-
vention gewinnt. Sonst aber sind beyde nicht
nur in ihrer Entstehung, in ihrer Abhängigkeit
und ganzen Verfassung, sondern auch, was die
außergerichtlichen Geschäfte des Reichshofraths
betrifft (§. 146.), selbst zum Theil in ihrer Bestimmung von einander verschieden.

derselben zu einander selbst.

a) Daher in der Kaiserl. Wahlkapitulation,
bey nahmentlicher Erwähnung beyder Reichsgerichte, bald das Kammergericht dem Reichshofrathe, bald dieser dem Kammergericht vor-
gesetzt wird; obschon aus andern Rücksichten
viel weniger wichtige Rechtssachen beym Kammergericht, als beym Reichshofrathe ange-
bracht werden. Vergl. Moser am angef. O.
Th. I. S. 300. f. Pütter Entwickelung Th. III.
S. 232.

§. 154.

Der Reichshofrath a), ursprünglich von Maximilian I. für die Oesterreichischen Erblande, unter
dem Nahmen eines Hofraths, errichtet, bald aber
zugleich in Reichssachen gebraucht, und endlich
ausschließlich in der Eigenschaft eines Kaiserlichen
Kollegiums, zu Geschäften des Reichs gewidmet b),

Reichs-hofrath: Perso-nale;

ist

ist kein immerwährendes Justizkollegium, sondern
hört mit dem Tode eines jeden Kaisers auf, bis
er unter dem neuen Thronfolger aufs neue eröffnet wird.

Er besteht, außer dem Präsidenten und Vicepräsidenten, gesetzmäßig aus 16 Reichshof-
räthen, worunter immer 6 evangelische seyn sollen.
Auch stehet dem Reichsvicekanzler frey, nach
Gefallen das Kollegium zu besuchen, da er immer
auch, jedoch ohne Sold und Emolumente, wirk-
liches Mitglied desselben ist. Die Ernennung der
Reichshofräthe sowohl, als des Präsidenten und
Vicepräsidenten, hängt allein vom Kaiser ab, so
wie auch er allein sie besoldet c). Er ist ihr
oberstes Haupt und einiger Richter; jedoch wird
die Verpflichtung derselben, bey der Uebernahme
ihres Amtes, zugleich mit auf das Reich gerichtet.

Das übrige zum Reichshofrathe gehörige Personale besteht, außer den Beamten der Kanzelley
und Registratur, welche von Kurmaynz angenommen werden (§. 147.), aus 24 bis 30
Agenten und Anwalden der Partheyen, die
der Reichshofrathspräsident zu ernennen hat; neben welchen aber auch verschiedene Reichsstände
ihre eigene halten. Endlich gehören noch hieher
2 Kaiserliche Fiskale, deren einer für Teutsche,
der andere für Italiänische Angelegenheiten bestimmt ist.

a) Moser vom Kaiserlichen Reichshofrath,
in dessen Vermischten Schriften über mancherley

das

II. Reichs-Regierung.

das T. Staatsr. betreffende Materien Th. II, (Frkff. u. Leipz. 1736. 8.) S. 154. ff. — Von der T. Justizverf. Th. II. S. 3. ff. — Auch wegen mancherley statistischen Inhalts:

Vincenz Hanzely Anleitung zur neuesten Reichshofrathspraxis. Frkf. u. Leipz. 1784. gr. 8. 2 Bde.

b) Pütter Beyträge zu der Lehre vom Ursprunge des Reichshofraths, besonders von den Zeiten K. Maximilians I. in den Hannov. Gel. Anz. 1750. N. 42. S. 169.

c) Die Reichshofräthe von der Herrenbank nur mit 2400, die von der Gelehrtenbank hingegen mit 4000 Fl. Außerdem sind ihnen zugleich die oft sehr beträchtlichen Laudemialgelder, als ein Theil ihres Gehalts, überlassen. — Wegen Annehmung der Geschenke aber, s. Josephs II. Billet vom J. 1767, in Hrn. Hofr. Meiners u. Spittlers Hist. Magaz. Bd. II. St. III. S. 552. ff.

d) Eine Uebersicht des gesammten Reichshofrathspersonals, giebt das mehrmahls genannte Geneal. Reichs- und Staatshandbuch. Th. I. S. 350. f.

§. 155.

Das Kollegium ist wöchentlich vier Tage a) beysammen, und, nach dem Geburtsstande seiner Mitglieder, in eine Herren- und Gelehrtenbank getheilt. Bey Ablegung der Stimmen, welche von der Gelehrtenbank zuerst gegeben werden, entscheidet überhaupt die Mehrheit; jedoch mit Ausnahme des Falles, wenn gerade die sechs evangelischen Mitglieder die geringere Zahl der gegenseitigen Meynung ausmachen: sind aber die

Innere Verfassung, und Grundgesetz.

entge-

entgegengesetzten Stimmen sich gleich, so giebt der Präsident durch die seinige den Ausschlag.

Die neueste eigene Norm für die Grundverfassung und das Verfahren dieses Gerichts, ist die vom Kaiser Ferdinand III. gegebene Reichshofrathsordnung von 1654, in Verbindung mit den unter Karl VI. dazu erfolgten neuern Bestimmungen von 1714 b).

a) Verordnung Josephs II. vom J. 1766. Neue Staatskanzelley Th. XVIII. S. 365.
b) *Corp. iur. publ.* pag. 898. sqq. pag. 1255. sqq.

§. 156.

Reichskammergericht: Personalbestand;

Das Kaiserliche und Reichs-Kammergericht a), welches, seiner ersten Bestimmung nach, das eigentliche und einige allgemeine Tribunal des Teutschen Reichs, und mit gemeinsamer Hand des Kaisers und der Stände im Jahr 1495 errichtet ist, hat, nach mehrmaliger Veränderung seines frühern Aufenthalts, seit 1689 seinen Sitz in der Reichsstadt Wetzlar. Das Personale desselben machen überhaupt fünferley Klassen von Personen aus,

I. Dirigirende und richtende: 1) ein Kammerrichter, der, als Repräsentant des Kaisers, das Haupt dieses Justizhofes ist b), und, wo nicht ein geistlicher oder weltlicher Fürst, wenigstens ein Graf oder Freyherr seyn muß. 2) Zwey Kammergerichtspräsidenten, deren Bestimmung ist, in den getheilten Sessionen, worin das Kollegium seine Berathschlagungen hält, das Directorium zu führen, und in wichtigen Fällen des Kammer-

II. Reichs-Regierung. 239

Kammerrichters Rathgeber zu seyn; so wie noch außerdem der Aelteste darunter nöthigenfalls zugleich das Amt des Kammerrichters selbst zu versehen hat c). 3) Die Beysitzer oder Assessoren, als die eigentlichen Urtheiler, deren Zahl im Westphälischen Frieden zwar auf 50 bestimmt wurde; die aber, wegen Schwierigkeit ihres aufzubringenden Unterhalts, nie wirklich angestellt werden konnten: worauf sie endlich, durch einen Reichsschluß von 1720, auf 25 herabgesetzt worden, und auch wirklich seit 1782 in dieser Zahl vorhanden sind d).

II. Diejenigen, welche sich mit gerichtlicher Betreibung der Processe beschäftigen, als: 1) der General-Reichs-Fiskal, 2) der *Advocatus Fisci*; 3) die Kammergerichts-Prokuratoren und Advokaten.

III. Personen, welchen die Geschäfte der Kammergerichtskanzelley und des Archivs obliegen e).

IV. Personen die in andern Diensten des Kammergerichts stehen; als Kammermedici, Pfenningmeister, Botenmeister u. a. f). Und endlich

V. noch andere, die sich sonst des Kammergerichts wegen zu Wetzlar aufhalten, als die immatrikulirten Notarien, Sollicitanten g) ꝛc.

a) Moser von der Justizverf. Th. II. S. 282. ff.
Eine überaus schätzbare Abhandlung über die Verfassung des Reichskammergerichts vom Hrn. Hofrath Runde, befindet sich in der Deutschen Encyklopädie Bd. IV. S. 845. ff.
Pütter Litteratur Th. III. S. 397. ff.

b) Durch dessen Direction das Ganze in Ordnung und Gange erhalten, und an den alle

beym

beym Kammergericht einlaufende Schriften gerichtet werden. Er hat jederzeit den Titel eines wirklichen Kaiserl. Geheimenraths, und seine Besoldung beträgt, nach einer im Reichsschluß von 1720 erfolgten Vermehrung, 11733 Rthlr. 30 Kr.

c) Auch die Kammergerichtspräsidenten pflegen den Titel wirklicher Kaiserlichen Geheimenräthe zu führen. Ihre Besoldung beträgt jährlich 3656 Rthlr.

d) Mit einem jährlichen Gehalte von 2000 Rthlr., welches aber sogenannte Speciesthlr. sind, jeden zu 2 Fl. nach dem 20 Guldenfuß gerechnet.

e) Die Kammergerichtskanzelley theilt sich: 1) in die eigentliche Kanzelley, zu welcher diejenigen Personen gehören, welche die Aufsicht über das ganze Kanzelleywesen haben, nebst denen, welche protokolliren und das beschlossene ausfertigen, wie auch das Ausgefertigte taxiren; 2) in die Leserey, welche diejenigen Personen begreift, die eigentlich zur Verwahrung der Acten bestellt sind.

Das Personale von beyden besteht aus:

Einem Kanzleyverwalter, der die Oberaufsicht über die Kanzelley hat, alles revidirt, was unter Kaiserl. Nahmen ausgehet, es unterschreibt, und mit dem in seiner Verwahrung befindlichen Kaiserl. Siegel besiegelt. Auch hat er, als vom Kammergericht dazu ernannter Botendeputirter, die Oberaufsicht über die Boten. — Ferner gehören dahin, außer den überzähligen Subjecten,

Drey Protonotarien, 5 Notarien, 4 Leser, der Tag-Einnehmer; der Completor, welcher besorgt, daß die zu jeder Sache gehörigen

II. Reichs-Regierung.

Protokolle vollständig seyen; die Ingrossisten, welche die von den Notarien koncipirten Processe ins Reine bringen; eine Anzahl Kopisten, welche die zu den ausgefertigten Processen gehörigen Beylagen schreiben, und 2 Kanzleydiener.

f) 2 Pedelle, 1 Holzanschneider und Boten; welche letztere, ohne die überzähligen, aus 12 reitenden, und 12 Fußgängern bestehen.

g) G. Pütter von der Sollicitatur am Kaiserl. und Reichskammergericht. Göttingen 1768, 4.

Zur Uebersicht des gesammten äußern Zustandes des Kammergerichts, dient übrigens des Kaiserl. und Reichs-Kammer-Gerichts Kalender, der jährlich zu Franckf. a. M. herauskommt.

§. 157.

Diese Glieder und angehörigen Personen des Kammergerichts, erhalten ihre Stellen durch verschiedene Obere. Ein Theil (Num. III.) wird von dem Kurfürsten zu Maynz, als Erzkanzler, angenommen; ein anderer (Num. II. IV.) vom Gerichtskollegio selbst a); und dieses wieder erhält sein Personale auf eine sehr getheilte Art vom Kaiser und Reiche.

Bestellung, überhaupt durch verschiedene Obere;

a) Mit Ausnahme des Fiskals und Fiskaladvokaten, welche der Kaiser bestellt, der auch den Pfenningmeister dem Kammergerichte präsentirt.

§. 158.

Den Kammerrichter ernennt allezeit der Kaiser allein, und präsentirt auch ausschlüßlich beyde Präsidenten; den einen von katholischer, den andern

Insbesondere der dirigirenden Personen;

andern von evangelischer Religion. Wie aber der Kammerrichter ohne alle Prüfung, blos durch die Kaiserliche Ernennung, zu seiner Würde gelangt; so haben hingegen beyde Präsidenten, über die von den Gesetzen erfoderten Eigenschaften ihrer Person, ein sogenanntes Generalexamen abzuhalten.

§. 159.

der Beysitzer, mittelst Präsentation. Die Beysitzer hingegen, wovon 13 der katholischen, und 12 der evangelischen Religion zugethan sind, werden, mit Rücksicht auf diese Religionsgleichheit, aus allen Provinzen Teutschlandes, theils von den Kurfürsten, theils von den einzelnen Kreisen, theils auch von dem Kaiser, nach einem im Westphälischen Frieden gegründeten Schema a) präsentirt. Diesem Schema zufolge, wie es auf die im Reichsschluß von 1720 verordnete Zahl von 50 Beysitzern b), und nach mehrerley neuern Berichtigungen c), angewendet wird, haben die 3 evangelischen Kurfürsten jeder I, und außerdem alle drey abwechselnd noch I; jeder katholische Kurfürst I; ingleichen der Kaiser wegen Oesterreich I, und wiederum Nahmens Burgund I Assessor ihrer Religion zu präsentiren. Von den beyden rein-evangelischen Kreisen, Ober- und Niedersachsen, giebt jeder II evangelische, und so auch anderer Seits der Baiernsche Kreis II katholische; in den vier vermischten Kreisen endlich stellt jeder Religionstheil besonders, die protestantischen Stände I evangelischen, die katholischen I katholischen; zu welchen allen noch I katholischer Assessor von Seiten

II. Reichs-Regierung.

ten des Kaisers kommt, und gleichergestalt auch noch 1 evangelischer, der nach der Reihe von den Ober- und Niedersächsischen, und den evangelischen Ständen der vier vermischten Kreise wechselsweise zu präsentiren ist d).

d) Die erste Grundlage des Kammergerichtlichen Präsentationswesens liegt in der Kammergerichtsordnung von 1507, die auf dem Reichstage zu Kostniz publicirt worden ist. Als aber der westphälische Friede die Zahl der Kammergerichtsbeysitzer auf 50 erhöhete, und wollte, daß sie nach der Religionsgleichheit angestellt würden; so wurde die bisherige Präsentationsart dahin abgeändert, daß künftig präsentirt werden sollten:

I. Katholische Beysitzer
  1. durch den Kaiser   — — 2
  2. durch die Kurfürsten zu
    a) Maynz   — — 2
    b) Trier   — — 2
    c) Köln   — — 2
    d) Baiern   — — 2
  3. durch die rein Kathol. Kreise
    a) den Oesterreichischen — 2
    b) den Burgundischen — 2
    c) den Baiernschen — 4
  4. durch die Kathol. Stände der vermischten Kreise
    a) Franken   — — 2
    b) Schwaben   — — 2
    c) Oberrhein   — — 2
    d) Westphalen   — — 2
                            26

Zweyter Abschnitt.

II. Evangelische Beysitzer
1. durch die Kurfürsten von
   a) Sachsen — — 2
   b) Brandenburg — 2
   c) Pfalz — — 2
2. durch die rein Evangel. Kreise
   a) Obersachsen — — 4
   b) Niedersachsen — 4
   c) durch beyde alternirend — 1
3. durch die Evangel. Stände der vermischten Kreise
   a) Franken — — 2
   b) Schwaben — — 2
   c) Oberrhein — — 2
   d) Niederrhein ob. Westphalen 2
   e) durch alle vier alternirend 1

———
24

Daß der Kurrheinische Kreis in diesem Schema vermißt wird, hat seinen Grund in der Qualität seiner vornehmsten Glieder, die schon persönlich bedacht sind.

b) Nachdem Böhmen und Kurbraunschweig, als neue Präsentanten, hinzugekommen sind. R. S. A. 1719, N. 1. *Corp. Iur. publ.* pag. 1289.

c) Pütter Entwickelung Th. III. S. 155 f. vgl. mit Th. II. S. 418. *Institut. iur. publ.* pag. 302 seq.

d) Der heutigen Präsentationen sind daher eigentlich: Katholischer Seits 14, der Evangelischen 13; zusammen 27. Wie sich gleichwohl das Räthsel der im gedachten Reichsschlusse halbirten Zahl von 50 Beysitzern löse, s. Pütter Entwickelung Th. II. S. 417 f. Und ausführlicher über das ganze Präsentationswesen, in dessen Vorrede zum Neuesten Reichsschluß (1775) über einige Verbesserungen des Kaiserl. und

Reichs-

II. Reichs-Regierung.

Reichscammergerichts. Göttingen 1776, 4.; nebst Nachtrag zu dieser Vorrede über das Präsentationswesen am C. G. 1781, 4.

§. 160.

Sobald eine Beysitzerstelle erlediget ist, wird durch ein, im Nahmen des gesammten Kammergerichts ergehendes, Denunciationsschreiben demjenigen Reichsstande oder Kreise, welcher den Abgegangenen präsentirt hatte, davon Nachricht ertheilt, und von diesem sodann innerhalb der gesetzlichen Frist von 6 Monaten ein Präsentationsschreiben, mit dem Nahmen Eines bis höchstens Dreyer neuen Kandidaten, an das Kammergericht erlassen. Ist alsdann die eingegebene Präsentation in voller Versammlung des Gerichts erwogen und genehmigt; so beruht der weitere Erfolg auf einer zwiefachen Tüchtigkeit des Präsentirten, deren eine seine äußere Persönlichkeit, die andere seine innere Fähigkeit betrifft, und welche er bey offenem Protokolle in einem General- und Specialexamen zu bewähren hat a). Fällt die Entscheidung wider ihn aus, so muß von dem präsentirenden Stande oder Kreise eine neue Präsentation geschehen; im entgegengesetzten Falle aber tritt der Angenommene, wenn er als Beysitzer wirklich einrückt b), aus allem etwa sonst bestandenen Zusammenhange mit dem präsentirenden Stande oder einem andern gehabten Oberherrn, allein in die Pflicht gegen Kaiser und Reich; um so, entbunden aller persönlichen Rücksichten, einer desto unpartheyischern Rechtspflege fähig zu seyn. Nur der Rang seines Präsentanten hat für ihn die Folge,

Art und Weise der Präsentation, und bedingter Erfolg.

daß

daß auch er in der Reihe der Assessoren seinen Rang darnach erhält c).

a) *Norma examinis Candidatorum ad Assessoratum S. R. I. iudicii cameralis praesentatorum* etc. Wetzlariae 1711. 4.

b) S. vorhergeh. §. Not. d. — Nur in Ansehung des kaiserlich Präsentirten findet die Ausnahme Statt, daß er alsbald nach abgehaltenem Examen in die Stelle seines Vorgängers eintritt.

c) Doch hat der kaiserlich Präsentirte nicht den an sich vermuthlichen obersten Rang; sondern folgt, wegen der ursprünglichen Qualität dieser Kaiserlichen Präsentation, nach den Präsentirten der Kurhöfe und vor denen der Kreise. Unter mehrern Präsentirten eines Kreises, bestimmt den Rang das Dienstalter.

§. 161.

Innere Verfassung; Das Kammergericht ist Jahr aus Jahr ein, nur bestimmte Ferien abgerechnet, in immerwährender Thätigkeit, ohne jedesmahl mit dem Abgange eines regierenden Kaisers, unter dessen Nahmen und Siegel übrigens alle Citationen, Mandate und Urtheile ergehen, gleich dem Reichshofrathe einen Stillstand zu machen. Die Zusammenkünfte und Sitzungen desselben sind theils gerichtliche, die unter dem Nahmen der Audienzen gehalten werden; theils außergerichtliche, welche zur kollegialischen Erörterung und Verhandlung der Sachen bestimmt sind.

Audienz, Audienzen heißen diejenigen feyerlichen und öffentlichen Sitzungen an bestimmten Tagen in der Woche, wo, in Gegenwart eines Präsidenten und etlicher

II. Reichs-Regierung.

etlicher ober auch Eines Beysitzers nebst gewissen subalternen Gerichtspersonen; und von Seiten der Partheyen, in Anwesenheit sämmtlicher Procuratoren, alle gerichtliche Handlungen vollzogen werden, die zu den Formalitäten des einmahl angenommenen Kammergerichtlichen Processes gehören; als Verhandlung der Recesse, Eidesleistung, Publikation der Urtheile u. s. w.

§. 162.

Bey den kollegialischen Sessionen des Kammergerichts zu Erörterung der Sachen und Abfassung rechtlicher Erkenntnisse, sind weder alle 25 Assessoren gemeinschaftlich beysammen, noch findet unter ihnen überhaupt eine Unterscheidung durch Bänke Statt, sondern die Rechtssachen werden, zu mehrerer Förderung der Geschäfte a), in abgetheilten Senaten erlediget. Solcher Senate sind reichsgesetzlich drey verordnet; welche aber wieder, aus einstweilm getroffener Verfügung des Kammergerichts selbst, zu gewissen Gattungen von Sachen und nach Eigenschaft der Partheyen, in 6 kleinere Räthe getheilt werden, die dann als eben so viele Kollegien ihre abgesonderten Sessionen halten-b). Die Mitglieder eines Senats bleiben ordentlicher Weise unabänderlich dieselben, ohne jedesmahl gleichsam als willkürliche Kommissionen, wie ehedem, von dem Kammerrichter zusammengeordnet zu werden c). Wenn bey getheilter Meynung die Stimmen gleich sind, so wird, da dem Kammerrichter die Entscheidung nicht, wie dem Präsidenten des Reichshofraths, zusteht, der Senat mit neuen

Zweyter Abschnitt.

Assessoren vermehret, bis die Gleichheit sich heilt, oder die Sache, wenn sie dazu die gesetzliche Eigenschaft hat, zur Entscheidung an den Reichstag gelangt.

a) Verhältnißmäßig hat der Reichshofrath weit mehrere Sachen, als das Kammergericht, ohne ebenfalls allen aufs prompteste Genüge zu leisten. Die Formalität und Beschwerlichkeit des Geschäftsganges aber am Kammergericht, verursacht hier eine größere Langsamkeit und Anhäufung der Sachen, wenn auch ihre Menge geringer wäre, als in dem Kaiserlichen Kommissionsdekrete vom 24. May 1719, für erfahrungsmäßig angenommen wird (*Corp. Iur. publ.* pag. 1284). — Schon im Jahr 1526 äußerte daher die damahlige Visitation, bey dem vorgefundenen Vorrathe von Sachen „daß gar nahe zweymahl soviel Urtheile zu fassen vorhanden, als die Zeit, da das K.G. allhie gewesen ausgesprochen sind.„ (Harpprechts Staatsarchiv des Kaiserl. und Reichskammergerichts Th. V, S. 219.

Die Visitation von 1570 fand der unbeschlossenen Sachen bereits an 5000, ohne die fiskalischen (Nettelbla vermehrter und verbesserter abgeforderter Bericht ꝛc. nebst — einem Anhange von Visitations = Relationen ꝛc. Freyb. (Frkf.) 1767, 4. N. 7. S. 72).

Und einer bey den W. Fr. Handlungen vorgekommenen Angabe zufolge (Meiern Acta pac. Westph. Th. III S. 316.), sollten im Jahr 1620 sogar schon über 50,000 Stück Acten unerörtert in den Gewölbern des Kammergerichts gelegen haben. Wenn indessen gleich diese Angabe (Verb. Visit. Mem. 1587, S. 3) nicht ohne Uebertreibung seyn, und sich überdieß auch aus einem Verzeichnisse von 61,233 Actenstüken, welches
vom

II. Reichs-Regierung.

vom Kanzleyverwalter der letztern, im J. 1776 abgebrochenen, Visitation zugestellt worden ist, nicht bestimmen lassen mag, wie viele Sachen darunter noch ihre Entscheidung erwarteten (Siehe (Balemanns) Beyträge zur Revision u. Verbesserung der 5 ersten Tit. des Concepts der Kaiserl. K. G. O. Lemgo 1778, 4, S. 11.); so läßt doch das Verhältniß neuer Sachen, die jährlich rechtshängig werden, zu den erledigten, seit Errichtung des Kammergerichts bis auf unsere Zeiten, einen ungeheuern Rückstand vermuthen. S. Hrn. GJR. Pütters Vorlesung über die Sollicitatur S. 2., wo, zufolge einer Tabelle erkannter, abgeschlagener, und durch Endurtheile am K. G. entschiedener Processe von 14 Jahren (1753 bis 1767) eine hieher gehörige Berechnung angestellt ist. Ueber die Zahl aller von 1700 bis zum letzten Sept. 1769 eingeführten Processe, wie sie 1769 von der K. G. Kanzelley angegeben worden ist, s. Briefe und Abhandlungen über die jetzige Verfassung des K. und R. Kammergerichts. Heft 1 (Regensb. 1785.) Seite 4 — und über die von 1769-77. (Balemanns) Beyträge zur Revision ꝛc. S. 13., wo zugleich aus angestellten Bemerkungen gefolgert wird, „daß 25 Assessoren so eben der Menge der jährlich neu eingeführten Sachen gewachsen sind.„ Jm wiefern dieß der Erfolg seit 1782 bestätige, macht des Kaiserl. und Reichs-Kammergerichts-Kalender von jedem Jahre bemerklich.

b) Joh. Friedr. Brandis Geschichte der innern Verfassung des K. R. Kammergerichts, hauptsächlich in Hinsicht der Anordnung der Senate ꝛc. Wetzlar 1785, 8.

(Von Ompteda) Betrachtungen über die Materien der Senate des Kaiserl. und Reichs-Kammergerichts. Erstes Stück, Regensb. 1788, 8.

c) „Lebenden, sehr lange beym Kammerge=
richt gestandenen Personen, ist noch bekannt, daß
in den Zeiten, die das Directorium des jetzle=
benden preiswürdigen Herrn Kammerrichters
vorhergiengen, vielfältig ein schriftliches Ver=
zeichniß der in voraus ernannten Senatsmitglie=
der einem Notario versiegelt zugestellt wurde,
der dieses zum Protokoll legen, und in Abwe=
senheit des Kammerrichters bey Gelegenheit
der vorkommenden Relation eröffnen mußte.„
Brandis am angef. O. S. 81.

§. 163.

Plenum. Außer den gewöhnlichen Senaten, hält das
Kammergericht auch Zusammenkünfte und Sitzun=
gen bey vollem Rathe aller Assessoren; nicht sowohl
aber zu Abfassung gerichtlicher Erkenntnisse, als viel=
mehr zu Verhandlung solcher Dinge, die den Zu=
stand oder gewisse allgemeine Angelegenheiten des
Kollegiums selbst angehen; dergleichen die Auf=
nahme neuer Assessoren, Prokuratoren ꝛc., oder
auch gewisse neue Gesetze und Vorschriften für die
dem Kammergericht untergebenen Personen, und
mehrerley andere Gegenstände sind, aus deren ge=
meinschaftlichen Erörterung zum Theil sogenannte
Rathsschlüsse oder *Senatus.Consulta* und *Commu-
nia Decreta* abgefaßt werden.

§. 164.

Grundge= Was die von Reichswegen vorhandene Norm
setz. und Richtschnur dieses Tribunals betrifft; so hat
es für seine jetzige Verfassung kein eigenes neueres
Gesetzbuch, als die im Jahr 1495 zuerst gegebene,
und nachher oft, zuletzt aber im Jahr 1555, ver=
besserte

II. Reichs-Regierung.

besserte Kammergerichts-Ordnung von vielfach veraltetem Inhalte. Ein im Jahr 1613 gedrucktes Koncept, ist noch Koncept a); die ihm heut zu Tage geltenden Gesetze hat daher das Kammergericht in sehr verschiedenen Reichsacten zu suchen b).

a) Pütter Litteratur Th. II. S. 419. Th. III. S. 398. f. — Verb. das Versprechen im R. A. 1654. §. 134. *Corp. Iur. publ.* p. 1001 f.

b) Ein Paar, auch eben nicht ganz neue, Privatsammlungen (Pütter Litteratur Th. II. S. 451 f.) gehören nicht hieher.

§. 165.

Als seinen Oberherrn und Richter hat das Visitations-Kammergericht zu betrachten den Reichstag, von tion, welchem allein es Gesetze und Vorschriften mit Unterwerfung anzunehmen hat. Weil es aber nicht unmittelbar und immerwährend unter dieser hohen Aufsicht arbeitet; so werden vom Kaiser und Reiche, aus ihrem Mittel, gewisse Mitglieder zu Visitationen a) deputirt, die über das Verfahren des Kammergerichts von Zeit zu Zeit Rechenschaft fodern, seine etwanigen Real- und Personalgebrechen b) untersuchen, und gefällte Urtheile revidiren. Ehedem geschah dieß alle Jahre zur festgesetzten Zeit; nachdem aber diese ordentlichen Visitationen, ihres geleisteten Nutzens ungeachtet, bereits mit 1588 außer Gebrauch gekommen waren, so wurden im Jahr 1654, bis zu ihrer Wiedereinführung, einstweilen von neuem außerordentliche Visitationen angeordnet, dergleichen seitdem eine von 1707 an mit sechsjähriger Dauer gehalten, und eine

Zwenter Abschnitt.

eine andere im Jahr 1766 angefangen, aber unvollendet 1776 abgebrochen worden ist. Sie werden jedesmahl durch eine besondere Reichstagsverfügung, sammt dem dabey nöthigen Hergange, festgesetzt.

a) Des Freyh. von Harpprecht kurzer Grundriß von des K. u. R. K. G. Visitationen — im Vorbericht zum V Th. des Staatsarchivs (1767). Vollständige Abhandlung von der Visitation des K. R. K. G. aus den Reichsgesetzen und Staatshandlungen erläutert (von Erh. Friedr. Freyh. von und zu Mannsbach) 1 Th. Jena 1777, 8.

Pütter Litteratur Th. II. S. 430 ff.

b) Einen schrecklichen Kommentar darüber, — aber zugleich auch über den Wunsch der Patrioten wegen mehrerer Uebung des so heiligen Werks der Visitation — giebt die Beylage einer im Jahr 1776 gedruckten Deduction, angeblich vom Hrn. GR. Tabor zu Friedberg, unter dem Titel:

„Aus ächten Urkunden ꝛc. hergeleitetes und besser gegründetes uraltes Recht und Besitz derer Mittel-Rheinischen Reichsritterschaftlichen Steuer-Befugnissen in dem Gericht Staden.„

S. Deductionsbibliothek von Teutschland Bd. II, S. 820 f. — Vgl. auch, außer Hrn. GJR. Pütter über die Sollicitatur, Vorschläge, wie das Justizwesen am K. G. zu verbessern sey? Th. I. (1786) §. 177 Not. d. S. 307.

§. 166.

Einrichtung und Hergang.

Unter den Personen, durch welche die Visitation geschieht, sind 2 oder mehrere Kaiserliche Kommissarien, und unter den Ständen Kurmaynz, als Erzkanzler, die vornehmsten. Die visitirenden

Stände

II. Reichs-Regierung.

Stände werden in gewisse Klassen abgetheilt, und bey allen Klassen haben die Subdelegirten von Maynz zu erscheinen, welche hier, wie auf dem Reichstage, das Directorium führen. Dem Deputationsschema von 1774 gemäß, sind zu Verrichtung einer Visitation die sämmtlichen Stände, nach vollkommener Gleichheit der Religion, in V Klassen gesondert, deren jede aus 24, theils katholischen theils evangelischen, Mitgliedern besteht. Diese Klassen verrichten ihre Arbeit nicht zu gleicher Zeit, sondern nach einander, und jede wird, wenn die eine fertig ist, von Kurmaynz besonders berufen. Die Subdelegirten der Stände aus jeder Klasse werden in 4 Senate getheilt, wovon jeder seine besonders angewiesene Gattung von Geschäften hat, die bey Vollendung des Ganzen mit einem Visitationsabschiede zur künftigen Nachachtung für das Kammergericht; mit gewissen Memorialen an einzelne Gattungen von Kammeralpersonen, um sich in Zukunft bey ihren Amtsverrichtungen darnach zu achten; und mit einem Visitationsbericht an den Kaiser und das Reich, beschlossen werden.

§. 167.

Was endlich die Vollziehung der gerichtlichen Erkenntnisse des Reichshofraths sowohl als des Kammergerichts betrifft, so hängt sie nicht unmittelbar von dem Kaiser ab; sondern wird, wenn der unterliegende Theil ein mittelbares Reichsglied ist, seiner ordentlichen Landesobrigkeit übertragen. Ist der Sachfällige aber ein unmittelbarer Stand des Reichs,

Vollziehung der Reichsgerichtlichen Urtheile.

Reichs-, und Gewalt erfoderlich: so ergehet der Auftrag zur Vollstreckung an den ober die ausschreibenden Fürsten desjenigen Kreises, worin der Stand gelegen ist; welche sodann, wenigstens der gesetzlichen Theorie nach, mittelst aufgebotener Mannschaft ihres Kreises, und, wo diese nicht zureichend ist, mit Hülfe des benachbarten oder mehrerer Kreise, das ergangene Urtheil vollziehen.

Appellationen von den Aussprüchen der höchsten Reichsgerichte finden nicht weiter Statt; und obschon die Teutsche Verfassung sonst noch gewisse Rechtsmittel für beschwerte Theile, besonders mittelst der Revisionen, übrig gelassen hat, so sind sie doch, in Ansehung des Kammergerichts wegen Seltenheit der Visitationen, und in Betracht des Reichshofraths aus andern Rücksichten, meist so gut als nicht vorhanden; nur den einigen Weg des Rekurses an den Reichstag abgerechnet, der in neuern Zeiten besonders gebahnt ist a).

a) Ueber die Quellen und Folgen dieser häufigen Rekurse, Pütter Entwickelung Th. III. S. 47. 241 ff.

§. 168.

Kriegswesen: Stellung der Mannschaft;

Der Kaiser, als Kaiser, hält keine Soldaten; und obschon Teutschland von Kriegern wimmelt, so hat doch das Reich, als Reich, sie nicht. So oft ein Reichskrieg zu führen ist, wird er durch Kaiser und Stände auf dem Reichstage beschlossen, und eine Armee des Reichs erst jedesmahl aus den Mitteln der Stände zusammengebracht. Die Mannschaft, die jeder Reichsstand zu stellen, und im

Ver-

II. Reichs-Regierung.

Verlaufe des Kriegs zu rekrutiren hat, heißt sein Kontingent; und keiner darf sich ohne Einwilligung des Reichstags, dieser Stellung entziehen, oder aus irgend einem Vorwande neutral bleiben a); ob ihm gleich verstattet wird, wenn er, als unbewaffneter Stand, überhaupt keine Mannschaft hält, gegen Vergütung mit Gelde sein Kontingent von andern mit stellen zu lassen b).

    a) *Io. Iac.* Mascov differt. de bello solenni Imperii. Lipf. 1721. 4.
    Estors kleine Schriften! Bd. III, S. 3=33.

    b) *Pet.* Müller diff. de copiis auxiliaribus Statuum Imperii (nach mehrern Auflagen) Halae 1736, 4.

§. 169.

Die heutige Kriegsverfassung des Teutschen Betrag Reichs gründet sich auf einen Reichsschluß von 1681. Ihm zufolge wurde, neben andern Anordnungen, die Ausrüstung auf 40,000 Mann gesetzt; 12,000 zu Pferde, und 28,000 zu Fuß. Diese 40,000 Mann aber machten in der Folge nicht die ganze Stärke einer vollzähligen Reichsarmee aus; sie wurden, durch ein im Jahr 1702 gefaßtes Reichsgutachten, nicht nur für die Zeiten des Kriegs aufs dreyfache erhöhet, sondern sollten auch selbst im Frieden stets doppelt, zu 80,000 Mann, auf den Beinen seyn, wenn nicht dieser letzte Punkt jenes Reichsgutachtens ohne Kaiserliche Sanction geblieben wäre a). Von dem zu stellenden Heere ist jedem Kreise von Reichs wegen sein Antheil bestimmt, dessen weitere Vertheilung sodann unter die

Zweyter Abschnitt.

die einzelnen Kreisglieder, jeder nach eigenem Ermessen macht b). Nach dem Verhältnisse einer einfachen Rüstung von 40,000 Mann, stellt:

	Reuterey.	Fußvolk.
Kurrhein	600	2707
Obersachsen	1322	2707
Oesterreich	2522	5507
Burgund	1321	2708
Franken	980	1902
Baiern	800	1494
Schwaben	1321	2707
Oberrhein	491	2853
Westphalen	1321	2708
Niedersachsen	1322	2707
	12000	28000
	40,000 c).	

a) Sache und weitere Nachweisungen, siehe im Corp. iur. publ. pag. 1095 f. 1126. — Moser von den Teutschen Reichstagsgeschäften (Frkf. a. M. 1768, 4.) S. 604. 615 ff.

b) Fabers Staatskanzley Th. X. S. 335.

c) Corp. iur. publ. pag. 1097. 1408. — Böhmen ist ohne Anschlag geblieben, sowohl im J. 1681, als auch nachher, ob es gleich seit 1708 wieder in Ausübung seiner Kurfürstlichen Rechte ist.

Der Baiernsche Kreis übrigens stellt keine Reuterey; und wie viel auch nur, wegen vorgeschützter Schwäche seiner Kräfte, an Fußvolk, siehe Moser von der Kreisverf. S. 490. ff.

§. 170.

II. Reichs-Regierung.

§. 170.

Jedes Kreiskorps a) wird für sich zusammen-Zusam̃gezogen, und hat seine eigene Kreisgeneralität. mensetzung und Anordnung des Ganzen; Die Mannschaft wird in Regimenter, Kompagnien ꝛc. getheilt, die mit einerley Montur und Gewehr versehen, und nach einerley Kriegsübung abgerichtet — seyn sollen. Außer der Generalität eines jeden Kreises, wird, oder ist bereits in Friedenszeiten, für die Reichsarmee überhaupt eine besondere Reichsgeneralität angeordnet, zu jeder Stelle, nach Gleichheit der Religion, ordentlicher Weise zwey Personen b), die jedesmahl durch förmliche Reichstagsschlüsse gewählt, und gegen Kaiser und Reich beeidiget werden c).

Das Oberkommando über das gesammte Heer führt der Kaiser, wenn er in Person mit zu Felde gehen will; außerdem wird das statt seiner zu bestellende Oberhaupt durch ein besonderes Reichsgutachten bestimmt d).

Der gesetzlichen Theorie zufolge, wäre auch zur Zeit eines Reichskriegs noch ein besonderer Reichskriegsrath von beyderley Religionsverwandten anzuordnen; welcher aber nicht wirklich im Gebrauch ist, da vielmehr die Kriegsangelegenheiten des Reichs immer auch von eben dem Kriegskollegium, das wegen der Kaiserlichen Erblande vorhanden ist, zugleich mit besorgt werden. Was aber für grobes Geschütz gebraucht, oder in Ansehung des Marschwesens, Fuhrwerks und dergleichen, beobachtet werden soll, wird gleichfalls jederzeit auf dem Reichstage beschlossen e).

Zweyter Abschnitt.

Sobald sich das Reichsheer zusammenzieht, wird es gegen Kaiser und Reich noch besonders in Pflicht genommen, und von dem Oberfeldherrn mit eigenen Kriegsartikeln versehen. Nahet die Zeit der Winterquartiere heran, so ergehet ein feyerliches Patent vom Kaiser, dessen Inhalt das reichskonstitutionsmäßige Verhalten der Kriegsvölker, ihre Verpflegung u. s. w., zum Gegenstande hat f).

a) Von der Einrichtung der Kreise in Ansehung ihrer besondern Korps, dient zur Probe: Friedr. Carl von Moser von des Schwäbischen Kreises Kriegsverfassung, in seinen kleinen Schriften Bd. VIII, S. 1. ff. — Und (des seel. Abts Held) Reichsprälatisches Staatsr. Th. I. S. 594=662.

b) Die Reichsgeneralatstellen sind folgende vier: Reichsgeneralfeldmarschall, Generalfeldzeugmeister, General von der Kavallerie, Generalfeldmarschall=Lieutenant. — Außer den Reichsgeneralfeldmarschallen — „mit denen keine andere zu kompetiren„ — wird unter allen übrigen Generalspersonen und Officieren durchaus der Rang nach der Ancienneté bestimmt. *Corp. iur. publ.* p. 1415.

c) Die alte Formel s. R. A. 1500. §. 57. Verb. Teutsche Kriegskanzley. (Frff. und Leipz. 4.) 1758. Bd. I. S. 156.

d) Jo. Jac. Moser von dem Commando der Reichsarmee, in seinen Nebenstunden von Teutschen Staatssachen. Th. V (Frff. u. Lpz. 1758. 8.) S. 591 ff.

e) S. z. B. Reichsgutachten vom 14 Apr. 1734. im *Corp. iur. publ.* pag. 1408 ff.

f) Unter andern auch „damit die Landesher= „ren und Herrschaften, deren Lande und Ort= „schaf=

H. Reichs-Regierung.

„schaften von dem Quartier und Postierungen
„betroffen werden, an ihren — auch Plaisirs
„nicht gekränket noch geschmählert ꝛc.„ S. Teutsche Kriegskanzley 1758, Bd. I. N. 3. S. 4.

§. 171.

Jeder Reichsstand hat sein Kontingent nicht Unterhal-
nur zu stellen und auszurüsten, sondern auch in tung;
allen gewöhnlichen Bedürfnissen selbst zu unterhal- Kreis- u.
ten; und jeder Kreis muß wieder für diejenigen Reichs-
Kosten besonders sorgen, welche die Generalität kasse.
und andere gewöhnliche oder zufällige Ausgaben
des Kreiskorps überhaupt erfodern. Die aber
doch immer noch außerdem übrig bleibenden Ausgaben für die Armee im Ganzen, für die Reichsgeneralität und den Generalstab, für Kouriere und
andere Bedürfnisse, werden auf Kosten des gesammten Reichs bestritten. Wegen der Gesammtangelegenheiten der Kreiskorps hat daher jeder Kreis
eine gemeinschaftliche Kreiskasse; und für die
Armee im Ganzen wird eine Reichsoperationskasse errichtet, deren Summe jedesmahl von den
Ständen, in Ansehung der Kreiskasse auf Kreistagen, und in Betracht der Reichsoperationskasse
auf dem Reichstage, bewilliget wird.

§. 172.

Diese Bewilligung geschieht nach einer gewis- Römer-
sen Anzahl sogenannter Römermonate, deren je- monate.
der aus denjenigen Geldbeyträgen der Reichsstände
besteht, die zum monatlichen Unterhalte ihrer
Kontingente ehemahls ausgeworfen worden sind,
und für einen Fußknecht 4, für einen Reuter 12

R 2 Gulden

Gulden betragen. Dieser Geldbeytrag eines Reichsstandes aber, richtet sich nicht nach der Zahl von Köpfen, die jeder jetzt zu stellen hat (§. 169), sondern nach einer bereits im Jahr 1521, zu Karls V vorgehabtem Zuge nach Rom, gefertigten Reichsmatrikel; so daß von jedem so vielmahl 4 und 12 Gulden zu einem Römermonate zu erlegen sind, als er Fußgänger und Reuter zu jenem Römerzuge hätte stellen sollen a). Jedoch ist diese Reichsmatrikel, ihrer gleich anfänglichen Gebrechen sowohl als nachher hinzugekommener Ursachen wegen, sehr unzuverläßig b), und macht den eigentlichen Betrag eines Römermonats durch das ganze Reich nicht genau erweislich c).

Zur Einhebung der bewilligten Gelder wurden sonst zugleich auch jedesmahl gewisse Legstädte in den Kreisen angeordnet, und mehrere Pfennigmeister ernannt; wovon aber die neuern Zeiten eine Ausnahme gemacht haben d).

a) Die Wormsische Reichsmatrikel, nach einer ächten Ausgabe auf hohen Befehl aus dem Maynzer Reichs-Archive (1758) veranstaltet, s. auch in Fabers Staatskanzl. Th. 115, S. 157. — Den Anschlag zu Geld, s. R. A. 1521, §. 33., erhöhet R. A. §. 110. — Eine Ausnahme von dem Worms. Matrikularanschlage, s. *Corp. iur. publ.* pag. 1128. f.

b) *Corp. iur. publ.* pag. 88.

c) Moser von den Reichstagsgeschäften, S. 1142. Verb. Reichsprälat. Staatsr. Th. I. S. 562.

d) Siehe z. B. Teutsche Kriegskanzley Jahrg. 1757, Th. III. S. 15 f. J. 1758, Th. I. S. 12 ꝛc.

§. 173.

II. Reichs-Regierung.

§. 173.

Sehr mit Unrecht würde man den Grad der Teutschen Tapferkeit nach den heutigen Wirkungen einer Teutschen Reichsarmee bestimmen. Ein Heer, aus so mancherley grössern und kleinern Beyträgen, zum Theil gleichsam aus einzelnen Brosamen des Reichs a) zusammengesetzt, und mit solchen Gebrechen in ihrer Einrichtung, wie die Reichsarmee, bey welcher, wegen Verschiedenheit der Kontingente, deren jedes meist von einem eigenen Impressarius oder Entrepreneur versorgt wird, selbst die nothwendigsten Anstalten und Bedürfnisse des Unterhalts in Unordnung sind; wo oft Ein Kontingent vor Hunger zu Grunde gehen möchte, weil der Impressarius, der ihm Brod geben sollte, entweder davon gelaufen ist oder sich verkrochen hat, indeß andere Kameraden desselben Regiments sich wohl befinden und Eifersucht erwecken; wo weder Sold noch Montur, weder Flinte noch Feldstücke, oft nicht einmahl bey einem einzigen Bataillon sich gleich, oder in gehörigem Stande sind; wo es am nöthigen Kriegsgeräthe und Fuhrwerke fehlt; wo selbst die Plane und vorseyenden Bewegungen eines Generals mit unvermeidlicher Publicität verbunden sind: eine solche Armee kann, die Hinderungen, welche noch überdieß durch unabläßige Rechtskollisionen der verschiedenen Theilhaber entstehen dürften, nicht einmahl gerechnet, unmöglich große Erwartungen befriedigen, und wird wider die Ordnung und Einförmigkeit anderer Truppen, kämen sie auch eben nicht von Preußischen Musterungsplätzen, oder aus Ferdinands Schule, kaum ohne Wunder siegen b).

Wirksamkeit einer heutigen Reichsarmee.

R 3 a)

a) Siehe: „Wie viele Leute, und von welchen
Gattungen, die Schwäbischen Reichsprälaten in
Kriegszeiten zum Kreise und zur Armee zu stellen
haben„ Reichspräl. Staatsr. Th. I. S. 605. ff.

b) Trifftige Belege enthalten: die Teutsche
Kriegskanzley Jahr 1757. Th..III. S. 195. J.
1758, Th. I. S. 121 ff. — Reichspräl. Staatsr.
Th. I. S. 633 vgl. S. 615 f. u. Fabers Staatskanzley Th. 114, S. 244. f. — Pütter Entwickelung Th. III, S. 105.

§. 174.

Reichsab-
gaben:
Die heutigen Abgaben, welche von Kaisers
und Reichs wegen Statt finden, sind weder alle
beständig noch allgemein, und kommen am wenigsten in die Kasse des Kaisers. Jede Kreis-
und jede kleinere Kollegialverbindung der Reichsglieder, in sofern sie gewisse Ausgaben nöthig macht,
wird von den Gliedern einer jeden Korporation insbesondere, und zwar durch gemeinschaftlich bewilligte Beyträge unterhalten, die nach gewissen Ma-
trikularanschlägen, in den Kreisen unter dem Nahmen der Römermonate, und bey der Reichsritterschaft unter der Benennung der Rittersteuer,
erlegt werden. Außer dem Vorfalle eines Reichskriegs aber, oder anderer zeitigen Bedürfnisse, wozu
die Verwilligung gewisser Römermonate jedesmahl
auf dem Reichstage geschieht, hat das Reich überhaupt ordentlicherweise nur eine einzige allgemeine
Reichssteuer.

§. 175.

zur Unter-
haltung
des Kam-
Diese fortwährende Abgabe ist zum Unterhalte
des Reichskammergerichts a) bestimmt, und wird
jähr-

II. Reichs-Regierung. 263

jährlich in zwey Terminen, zur Zeit der beyden merge-Frankfurter Oster- und Herbstmessen, dem zur Verwaltung dieser Gelder bestellten Pfenningmeister, unter dem Nahmen der Kammerzieler entrichtet. Aus Veranlassung der bereits im Jahr 1654 angehäuften Rückstände, und deshalb getroffener Verfügungen des jüngsten Reichstags, werden diese Zahlungstermine oder Zieler seit dem 8ten Sept. 1654 bis nun in fortlaufender Reihe gezählt.

Der Anschlag, was jeder Reichsstand zu einem Ziele zugegeben hat, beruht auf einer im Jahr 1720 neu gefertigten Usualmatrikel, welche durch einen Reichsschluß von 1775 noch um den vierten Theil erhöhet worden ist, um die Summe der wirklich eingehenden Gelder für den gewünschten Zweck hinreichend zu machen b).

    a) Doch nicht für dessen gesammtes Personale. Wer außer dem Kammerrichter, den beyden Präsidenten und den Beysitzern, sonst noch davon besoldet werde, und wie hoch sich die dazu nöthige Summe belaufe, s. *Corp. iur. publ.* S. 1297. Vgl. den Bericht des Kammergerichts an den Kaiser vom 14 May 1782. Reichsprāl. Staatsr. Th. I. S. 587.

    b) Unter den vielen Schriften, die Unterhaltungsgelder des K. G. betreffend (Pütter Litteratur Th. III. S. 351 ff.), ist hier insbesondere zu nennen:

    Ge. Melch. von Ludolf historia sustentationis iudicii supremi Camerae Imperialis, d. i. gründlicher Unterricht von dem Unterhalt des K. G. von dessen Aufrichtung an bis auf jetzige Zeiten. Frkf. 1722, 4.

Wie überdieß vormahls (seit 1729) zu Wetzlar jährlich eine gedruckte Specifikation von dem
Zustande der Kammerzieler, nebst vorausge-
schickter Usualmatrikel erschien, so erfolgte auch
nach dem neuesten Reichsschluß 1775 eine „Neue
Matricula vsualis, oder Anzeige, was des H.
R. R. Stände zum Unterhalt des C. G. in Ge-
mäßheit des neuesten Reichsschlusses hinkünftig
zu jedem neu erhöhten Ziele, und zwar erst-
mahls auf Annunciationis B. M. V. 1776 zu
entrichten geruhen wollen. Weßlar 1776. fol.„ —
und seitdem werden die schon vorhin bestandenen Verzeichnisse, was nach Ablauf jedes Jahres bezahlt worden und noch rückständig ist, wieder neu fortgesetzt. Im vorigen Jahre war,
dem dreyzehnten Verzeichnisse zufolge, der wirkliche Rückstand an Zielern über 560,000 Rthlr.

Es erregt übrigens keine geringe Idee von
der Wohlthätigkeit dieses höchsten Justizhofes
für eine mäßige Reichsstadt, in welcher, um
dieses Gerichts willen, nicht nur Jahr aus Jahr
ein beynahe 100,000 Rthlr. an stehenden Beyträgen der Reichsstände, sondern vielleicht doch
auch mehr als ein Drittel von den erstaunenden
Summen, die sich das processirende Teutsche
Publikum seine Angelegenheiten an den beyden
Reichstribunalen alljährlich kosten läßt, zusam-
menfließen. Wenn es auch übertrieben seyn
dürfte, was allein von den vier vermischten
Kreisen behauptet wird (Erh. Andr. Sauer-
ackers Versuch einer chronologisch-diplomati-
schen Geschichte des Hofmarks Fürth, Th. II.
Nürnb. u. Lpz. 1787. 8. S. 157. Not.), so setzen
doch schon die Tausende in Verwunderung, die
blos den jährlichen Ertrag der Recesse am K. G.,
ohne die Kompleturkosten für die Kanzelley, aus-
ausmachen, geschweige die Hunderttausende,
die als Ertrag der jährlichen Prozeßkosten für

Media-

II. Reichs-Regierung.

Mediatpersonen von kompetenten Gewährsmännern nahmhaft gemacht werden. S. (Hrn. v. Balemann) Visitationsschlüsse, die Verbesserung des Kais. Reichskammergerichtl. Justizwesens betreffend (Lemgo 1779, 4.) S. 326; und — Vorschläge, wie das Justizwesen am K. G. bey künftiger Visitation zu verbessern sey. Th. I. 1786, S. 260 f.

§. 176.

Was aber den Zufluß der Kaiserlichen Kammer selbst betrifft; so ist das ansehnliche Einkommen, welches ein Kaiser sonst von seiner Krone genoß, bereits seit Jahrhunderten verlohren, und der erhabene Römische Adler fast bis zum letzten Kiel entfiedert. Zu einer künftigen Verbesserung des Kaiserlichen Kammerwesens machen zwar die Reichsgesetze, dem Anscheine nach, unter andern vornehmlich dadurch Hofnung, daß erhebliche Lehen, welche etwa durch Todesfälle oder Verwirkung dem Reiche heimfallen, nicht wieder verliehen werden, sondern als Krongut beym Reiche verbleiben sollen a). Aber diese Hofnung wird spät in Erfüllung gehen, da theils alles, auch das kleinste Teutsche Land, durch Anwartschaft, Verbrüderung u. s. w.; gleichsam bis zum jüngsten Tage seinen künftigen Herrn hat; und andern Theils wirkliche Erledigungsfälle, die sich etwa zugetragen, bisher doch anders behandelt worden sind b).

An den Kaiser:

a) S. Wahlkapitulation Art. X, §. 10. 11. 13. Art. XX, §. 6.

b) z. B. (Mantua), Hohenembs.

§. 177.

§. 177.

ordentli-
che,
Die ordentlichen Einkünfte eines Oberhaupts des Teutschen Reichs bestehen also heut zu Tage nur noch:

1) in den übrig gebliebenen Urbarsteuern einiger Reichsstädte; und
2) in dem jährlichen Opferpfennig, einer Abgabe ehemahls aller Juden im Römischen Reiche, die nun die Judenschaft zu Frankfurt und Worms nur noch entrichtet a).

a) Die ganze Summe von beyderley Rubriken, s. in Hrn. Hofr. Meiners und Spittlers hist. Magaz. Bd. IV. St. 1. S. 148 f. Eine, obgleich nicht vollständige, Anzeige, welche Reichsstädte, und wie viel jede, noch unter K. Ruprecht II. Urbarsteuern zu entrichten hatten, s. in Schilter Institut. iur. publ. (Argentorati 1696, 8) pag. 100-102. — Der erhabenste aller Europäischen Throne, auf welchem Max I behauptete „Se Regibus imperare,, gewährt also dem Durchlauchtigsten Oberhaupte des Teutschen Reichs weniger gewisse Einkünfte des Jahrs, als das Amt eines Englischen Uppermasters oder Schulrectors zu Westminster seinem Inhaber bringt. S. Wendeborn Th. IV. S. 186.

§. 178.

außeror-
dentliche.
Unter die Rubrik von außerordentlichen Gefällen des Kaisers gehören:

1) Sehr selten bewilligte, und noch seltener richtig bezahlte, Römermonate von Seiten der Stände;
2) Charitativsubsidien der Reichsritterschaft, der Regel nach, aber mit nicht seltenen Ausnahmen, nur bey Reichskriegen und in solchen Fällen, wo die

II. Reichs-Regierung.

die Stände Römermonate bewilligen, da sonst die Reichsritterschaft weder zu Reichskriegen, noch zur Unterhaltung des Kammergerichts steuert a);

3) Ihr *Don gratuit* nach der Kaiserlichen Krönung;

4) Die Kronsteuer der (Frankfurter) Juden, bey dem Antritt der Kaiserlichen Regierung;

5) Die *Dons gratuits* aller, oder einzelner, Reichsgräflichen Kollegien, imgleichen der Reichsprälaten b);

6) Die gewöhnliche Verehrung der Krönungsstadt c);

7) Die Abkaufung der Reichsstädtischen Lokalhuldigung gegen eine gewisse Anzahl von Römermonaten.

Andere Artikel, als

8) die Revenüen von fiskalischen Strafen, und

9) Lehen-Anfälle, sollen meist nur Einkünfte seyn dem Nahmen nach d).

a) Dieß ist bey weitem die wichtigste Einnahme, welche, vergangenen Zeiten zufolge, die Kaiser vom Teutschen Reiche haben. Wie viele Millionen Gulden die gesammte Reichsritterschaft innerhalb 65 Jahren, von 1701 bis 1765, an dergleichen Subsidien bezahlt haben soll, s. Hrn. Prof. Brandis Einladungsschrift „Ueber das Reichsritterschaftliche Staatsrecht (Gött. 1788, 8.) S. 27 f. Vgl. Moser von den Reichsständen S. 1350 ff. — Einem Aufsatze im Politisch. Journale (August 1789, S. 921-925) zufolge, sollen„ Se. Kaiserl. Majestät sich mit jeder Reichsritterschaft einer gewissen jährlichen Abgabe wegen vereinbaret haben — die über 30,000 Gulden Reichswährung enthält.„ Eine deshalb eingezogene Erkundigung ¡aber bey guter

guter Behörde, will es nicht bestätigen; auch enthält dieser Aufsatz innere Gründe, weshalb man hiermit nicht ohne einstweilige Zweifel an der Richtigkeit seines Inhalts auf ihn verweisen will.

b) Was die Schwäbischen Prälaten an Joseph II. bewilliget haben, f. Reichsprāl. Staatsr. Th. I. S. 550.

c) An Silbergeschirre, und wie viel Stück Ducaten an den Kaiser und die Kaiserin, wenn sie zugegen ist, f. Franzens Wahldiar. Th. II. S. 140.

d) Auch über das Ganze dieses §., so wie des vorigen, sehe man das Götting. hist. Magaz. am angef. O. S. 150 f. — Was von den Strafgeldern in gedachtem Aufsatze des Polit. Journals behauptet wird, sehe man am angef. O. — Von dem Anfalle (kleiner) Reichslehen, wird (ebendas. S. 922) versichert, daß, statt ihrer vormahls üblichen Wiederverleihung, Se. Kaiserl. Majestät, seit 1784 beschlossen haben, sie jedesmahl dem Mehrstbietenden anheimfallen zu lassen, welchem Entschlusse gemäß die damahls zugefallene Nürnbergische Küchellehne für 23,000 Gulden dem Meistbietenden zugeschlagen worden seyen.

„Die Italienischen Reichslehen, fährt der Ungenannte fort, sind häufiger und beträchtlicher. Gemeiniglich wurden sie der hochsel. Kaiserin Majestät verliehen, um damit ihre Italienische Besitzungen zu vermehren, und der in einem Zeitraum von 13 Jahren badurch erhaltene Zuwachs, ist auf viele Millionen zu berechnen."

§. 179.

Verhältniß dieser Einkünfte.

Der Betrag aller dieser sowohl ordentlichen als außerordentlichen Einkünfte eines Teutschen Kaisers, steht

II. Reichs-Regierung.

steht in solch einem ungleichen Verhältnisse zu der Höhe seiner Würde und seines nöthigen Aufwandes, daß die Revenüen eines ganzen Jahrzehends kaum hinreichen würden, auch nur die Gebühr gegen die Ueberbringer des Wahldekrets davon zu bestreiten a), geschweige die Millionen zu sammeln, die zu den Wahl- und Krönungs-Kosten und Präsenten überhaupt b) erfoderlich sind, oder von dem jährlichen Ertrage dieser theuer übernommenen Würde den sodann damit verbundenen Aufwand kostbarer Gesandschaften, das Kollegium des Reichshofraths, einen Kaiserlichen Hofstaat, und andere verhältnißmäßige Ausgaben, zu unterhalten. Indessen hat es Oesterreich, welches ohnehin manche Ausgaben, die jetzt zugleich der Kaiserwürde gelten, auch ohne sie haben würde, in mehr als Einer Rücksicht zu genießen, was ihm so lange, und oft in Fällen, wo keine Millionen halfen oder gegeben werden konnten, die Krone des Kaiserthums nützte, oder auch jetzt noch oft in unberechneten Fällen nutzen mag c). Das übrige Teutschland — dürfte freylich nicht immer von nur Einem Kompetenten wissen, aber auch eben so wenig immer von einem friedlichen Wahlkonvent zu Frankfurt lesen, wenn mit dem Schimmer der Kaiserkrone zugleich noch Friedrichs I Einkünfte Kräfte gäben, der Adler für andere Vögel zu seyn.

zu dem Bedürfnissen der Kaiserwürde.

a) Was z. B. im J. 1745 die Personen, welche dem K. Franz die auf ihn gefallene Wahl notificirten, und das Wahldiploma überbrachten, erhalten haben sollen, siehe in Seyfarts Leben K. Franz I. Seite 207 f.

b)

b) S. Semmel im Ehrengedächtniß der Wahl und Krönung Josephs II. S. 199 ff. und besonsonders S. 217.

c) (Müller) Darstellung des Fürstenbundes, S. 128.

2. Reichsregierung
durch Verweser.

§. 180.

Reichsvikarien:
Wenn sich der Fall ergiebt, daß durch den Tod eines Kaisers, oder auf andere Weise, ein Zwischenreich entsteht; so wird, nach Anordnung der Goldenen Bulle, die Reichsregierung von zweyen Vikarien, dem Kurfürsten zu Pfalz und dem zu Sachsen, verwaltet a). Diese Reichsverweser aber regieren das gesammte Reich nicht gemeinschaftlich; sondern jeder einen von der Goldenen Bulle benannten Theil b), dessen ehemahls undeutliche und strittige Grenzen durch einen, zwischen beyderley Vikariaten getroffenen, wiewohl vom Kaiser und Reich noch unbestätigten, Vergleich von 1750 bestimmt sind c). Einige Lande sind indessen von der Gerichtsbarkeit des einen wie des andern Vikariats ganz ausgenommen.

a) Ausführliche Nachricht vom Interregno im h. R. R. Cöthen 1733, 4.
Moser vom Römischen Kaiser. S. 736 - 814.
— Pütter Litt. Th. III. S. 833 ff.

b) — „illustris *Comes Palatinus Rheni* — in partibus *Rheni, et Sueviae et in iure Franconico* — esse debet *provisor ipsius Imperii* .... Et eodem iure

II. Reichs-Regierung.

iure provisionis illustrem *Ducem Saxoniae* — frui volumus *in his locis, vbi Saxonica iura servantur.,,* Aur. Bull. Cap. V. §. 1. 2.

c) Zum Rheinischen Vikariat gehören: Baiern, und Franken, mit Ausnahme der gefürsteten Grafschaft Henneberg; ganz Schwaben, Ober- und Kurrhein, mit Einschluß des sonst strittig gewesenen Erzstifts Köln; und von dem Westphälischen Kreise, zufolge des Vergleichs, unter andern nahmentlich das Herzogthum Westphalen, das Hochstift Münster, das Fürstenthum Minden, die Abtey Hervorden, Ostfriesland, wie auch die Grafschaften Ravensberg, Tecklenburg und Bentheim.

Das Sächsische Vikariat erstreckt sich, außer dem Ober- und Niedersächsischen Kreise, nach Inhalt des Vergleichs, über die zu Franken gehörige Grafschaft Henneberg, und über einen Theil von Westphalen, nahmentlich über die sonst strittig gewesenen Hochstifter Paderborn, und Osnabrück, über das Herzogthum Oldenburg, nebst den Grafschaften Hoya, Diepholz, Pyrmont, Lippe, Schaumburg und Rittberg. S. Extract dieses Vergleichs, zuerst mitgetheilt in Hrn. GJR. Pütters *Elem. iur. publ.* (Gött. 1766) §. 693 n. 1. — *Corp. iur. publ.* p. 1626 f.

§. 181.

Die Gewalt der Reichsverweser besteht vornehmlich in Ansehung des Justizwesens darin, daß erstens jeder von ihnen an seinem Hofe ein eigenes Vikariats-Hofgericht bestellt, welches innerhalb dem Distrikte seines Vikariats die Stelle des mit jedem Kaiser aufhörenden Reichshofraths (§. 154.) vertritt; und daß zweytens das Reichskammergericht,

Gerecht-same;

gericht, welches keiner Veränderung mit der Person eines Kaisers unterworfen ist, unter gemeinschaftlichem Vikariats-Siegel und Titel beyder Vikarien a) seine Gerichtsbarkeit fortsetzt. In Rücksicht anderer Theile der Reichsverwaltung, treten sie überhaupt zwar gleichfalls an des Kaisers Stelle, und haben jeder eine geheime Reichsvikariats-Kanzelley, nur aber üben sie weder alle Rechte, noch auch manche in eben dem Umfange aus, wie sie dem Kaiser selbst zuständig sind.

a) Zufolge ebendesselben Vergleichs 1750. S. am angef. O.

§. 182.

Dauer ihrer Regentschaft. Die Reichsverwesung dauert so lange, bis ein neuer Kaiser die Wahlkapitulation persönlich beschworen hat; da dann sofort die in den Landen der beyderley Vikariats-Distrikte angeschlagenen Patente der Vikarien wieder abgenommen werden, und die Regierung des neuen Kaisers beginnt.

Dritter Abschnitt.
Eigener Staatencharacter der besondern Lande und Theile des Teutschen Reichs.

§. 183.

Dem bisher beschriebenen Zusammenhange nach, behauptet zwar Teutschland den Character eines einigen, und selbst den eines monarchischen Staatskörpers: aber die Theile dieses Körpers sind nicht von der unterwürfigen Eigenschaft, wie die Provinzen anderer Reiche, die sammt und sonders von keiner Regentengewalt, außer der einigen wissen, die an der Krone befestiget ist; sondern machen, an sich betrachtet, wieder lauter besondere Staaten von sehr mannichfaltiger Verfassung aus (§. 51). Ein Theil ist republikanisch, nach allen fast erdenklichen Formen; andere sind monarchisch, und zwar, nach Unterschied ihrer weltlichen oder geistlichen Eigenschaft, sowohl mit Erb- als mit Wahlregenten versehen: welche dann wieder, in anderweitiger Rücksicht, die mannichfaltigsten Beyspiele von monarchischer Verfassung abgeben a).

Die Theile des T. R. sind eigene Staaten von großer Mannichfaltigkeit: in Ansehung der Regierungsform;

a) Der trefflichste Kommentar, bey weitem über das Meiste dieses Abschnitts, sind die verschiedenen Erörterungen einzelner Materien in

Hrn. GJR. Pütters Beyträgen zum Teutschen Staats- und Fürsten-Rechte. Th. I. Göttingen 1777, 8. — Auch

Eben-

Ebendeff. Entwickelung Th. II. S. 155-215
Th. III. S. 215 bis Ende.

§. 184.

der geſetz-
lichen Re-
genten ge-
walt.
Manche Regenten nähmlich ſind überaus durch Landesſtände beſchränkt, welche, nach Verſchiedenheit der Staaten, hier aus mehrern, dort aus wenigern Gattungen und Klaſſen beſtehen; andere hingegen haben entweder niemahls Stände gehabt, oder ſich ihrer Mitwirkung, nach Spaniens und weiland Frankreichs Beyſpiele, entbunden; und in manchen Ländern wiederum iſt die landſchaftliche Verfaſſung nur noch einem Theile nach, durch Ausſchuß- und Deputationstage, im Gange.

§. 185.

Verſchiedene Länder unter Einem Herrn ꝛc.
Wie es ferner mehrere Reiche giebt, die zugleich von Einem Könige regiert werden, ſo regiert auch in Teutſchland oft Ein Herr über mehrere ganz verſchiedene Staaten: hier erblich, weil es weltliche Länder ſind; dort zufällig, durch das Recht der Wahl, wie bey geiſtlichen Staaten. Dagegen giebt es wieder einzelne Länder, ja einzelne Orte und Diſtricte, die von mehreren Herren, manche zu gleicher Zeit und in Allem gemeinſchaftlich, andere mit getheilter Gerechtſame, oder auch nach gewiſſen Jahren abwechſelnd, regiert werden. Und damit es Teutſchland an keinerley Verfaſſung fehle, ſo werden die geiſtlich monarchiſchen Staaten zu Zeiten ſelbſt wahre Ariſtokratien a).

a) Regierung der Domkapitel bey erledigtem Stuhle.

§. 186.

§. 186.

Diese verschiedenen Theile Teutschlands sind auch sonst mit allen Haupteigenschaften einzelner, für sich bestehender, Staaten versehen. Sie werden weder in eines fremden Nahmen, noch nach fremdgegebenen Gesetzen, regiert; und haben, wie in Allem ihre eigenos getroffene innere Regierungsanstalten und Einrichtungen, so auch jeder sein abgesondertes Interesse. *Autonomie und anderweitige Charactere derSelbstständigkeit.*

Sie beschicken einander, so wie den Kaiser und auswärtige Staaten, durch förmliche Gesandte, zum Theil selbst vom ersten Range, und empfangen dergleichen wieder; sie schließen Bündnisse und Verträge, unter sich, wie mit auswärtigen Mächten; haben das Recht der Waffen und des Kriegs, gleich jeder unabhängigen Gewalt; und wie kein auswärtiger Staat verbunden ist, fremde Truppen ungefragt und wider Willen durch seine Provinzen zu lassen, so findet ein Gleiches auch bey den Teutschen Staaten, sowohl unter sich, als selbst in Ansehung Kaiserlicher Völker, Statt, die weder bey wirklichen Durchmärschen zu einer etappenmäßigen a) Verpflegung, noch auch ohne Requisition der Landesherren und Obrigkeiten überhaupt zu einem Durchzuge berechtiget sind, wenn dieser gleich nach bloßer Willkühr nicht versagt werden kann.

a) S. Moser Betrachtungen über die Wahlkapitulation Josephs II. Art. IV. §. 15. n. 11.

§. 187.

Nicht minder äußern sich auch in der persönlichen Auszeichnung der einzelnen Teutschen Regenten *Persönliche Auszeichnung*

276. Dritter Abschnitt.

der Regenten, durch wahre oberherrliche Gerechtsame: Kanzleysprache,

genten solche Vorrechte, die gleichfalls wirkliche Staatsoberherren characterisiren. Sie reden von sich, kanzelleymäßig, in der mehrern Zahl durch „Wir„ — und bedienen sich, nur die Grafen ausgenommen, der Formel „von Gottes Gnaden„ — gleich jedem Europäischen Monarchen. Noch größer ist diese Auszeichnung in Ansehung der Kurfürsten, die zwar eben so wenig, als andere Regenten Teutscher Staaten, gleiche Insignien a) mit gekrönten Häuptern führen, dennoch aber in andern Gerechtsamen und Ehren, durch gleiches Recht der Gesandtschaften vom ersten Range, und selbst zum Theil durch den von Königen erhaltenen und ihnen gegebenen Brudertitel b), auch ohne Krone und Majestätsprädikat, sich an wirkliche Könige anschließen.

a) Die characteristische Zier Teutscher Regenten von Kur= und Fürstlichem Stande, bestand, und besteht zum Theil noch, in einem besondern Huthe und einem altherkömmlichen Kleide.

Der Kurhuth ist eine, in Ansehung der geistlichen Kurfürsten aus Scharlach, und für die weltlichen aus purpurfarbigem Sammet, gefertigte Mütze, mit Hermelin ausgeschlagen; für die Geistlichen rund, bey den Weltlichen viereckigt gestaltet. — Das Kurkleid besteht in einem mit Hermelin ausgeschlagenen Talar, von gleichem Zeuge gemacht.

Von dem sonst gleichfalls bey feyerlichen Gelegenheiten gebrauchten eigenen Fürstenhabite hingegen, dessen Einrichtung nach Verschiedenheit des Erz= oder Bischöflichen, des Herzoglichen oder Land= und Markgräflichen Standes, verschieden war, ist nur ein sogenannter, den Kur=

Eigener Staatench. d. T. Reichsl. 277

Kurhüthen gleichender, Fürstenhuth noch übrig, dessen Gebrauch bey Leichenbegängnissen ꝛc. Statt findet. Vgl. über die Fürsteninsignien, Friedr. Carl v. Moser Teutsches Hofrecht Bd. 1. S. 455.

b) Moser T. auswärtiges Staatsr. S. 219 f. 224 f.

§. 188.

Die verschiedenen Hofhaltungen a) Teutsch- Hofstaat, lands bestehen nicht nur aus einer Menge niederer und Ritt= Hofbedienungen von mancherley Art und Nahmen, terorden. und, zur Wacht und Pracht für die Person des Regenten, statt der ehemahligen Thorsteher und Schloßwächter, aus Trabanten und förmlichen Garden, oft von zwey- und dreyerley Gattung zugleich; sondern sind auch, nach dem Muster des Kaiserlichen und Königlicher Höfe, zum Theil selbst mit den vornehmsten Hofämtern und mit Kammerherren versehen, die bey den Kurfürsten, um dem Glanze der Könige gleichzukommen, vornehmlich seit 1671; und an den Höfen der alten Fürsten, um den Kurfürsten nicht nachzustehen, seit dem Anfange dieses Jahrhunderts, eingeführt worden sind b). Zugleich ist auch das gesammte Personale des Hofstaats der verschiedenen Kur- und meisten Fürstenhöfe Teutschlands unter gewisse Stäbe c), als so viele eigene Jurisdictionsbehörden, getheilt, und überhaupt das Hofceremoniel nach gewissen Ordnungen eingerichtet, worin sich ganz Teutschland meist in zwey große Hälften, in die der protestantischen und katholischen Höfe, scheidet; jene, als Kopien des Französischen, diese als Nachahmer des Burgundisch- Spanischen Ceremoniels d).

S 3 Aus

Dritter Abschnitt.

Aus der Verfassung älterer Zeiten sind überdieß in den meisten Staaten noch sogenannte Erblandhofämter vorhanden, deren Würde hier und da bey besondern Hoffeyerlichkeiten und auf Landtagen in Anwendung zu kommen pflegt e).

Und um kein Zeichen unabhängiger Mächte, wo möglich, zu vermissen, so fehlt es endlich in Teutschland auch nicht an verschiedenen Ritterorden, die von mehrern größern und kleineren Höfen gestiftet sind.

a) Ein allgemeines Werk hierüber ist:
Friedr. Carl von Moser Teutsches Hofrecht. Frankf. und Leipz. 1754. 55. 2 Thle. 4.

b) S. Moser Teutsches Staatsr. Th. 35, S. 484 ff. — Teutsches Hofrecht Th. I. S. 17 ff.

c) Insgemein bestehend aus dem Obersthofmeister=, Oberstkämmerer=, Oberstmarschall= und Oberststallmeisteramts= Stab. Andere Oberhofämter sind gewöhnlich ohne Stab, und stehen, was die Gerichtshändel betrifft, unter einem der vier genannten Oberämter, ob sie gleich in Amtssachen ihren Subalternen zu gebieten haben.

d) Mosers Hofrecht Th. I. S. 43.

e) Die wesentlichsten sind: Erbmarschall=, Erbkämmerer=, Erbtruchsessen= und Erbschenken= amt; mehrerley andere sind nach Verschiedenheit der Höfe verschieden. Von ihnen überhaupt handelt
Chr. Gottl. BUDER *de feudis Officialium haereditariorum Procerum et provinciarum Regni Germanici.* Jenae 1737, 4.

§. 189.

Eigener Staatench. d. T. Reichsl. 279

§. 189.

Alle die mancherley Regenten und Staaten Teutschlands aber, so unstreitig sie in die Klasse wahrer Europäischer Staaten gehören, existiren doch nicht nach eben dem freyen Natur- und Völkerrecht, wie andere Mächte: sondern sind in mehr als einer Rücksicht der höhern Staatsgewalt untergeordnet, die sie als Theile eines gemeinschaftlichen Ganzen über sich haben; obschon dabey die Kurialien zwischen Haupt und Gliedern (§. 67) so wenig, als manches andere Zeichen von Unterordnung a) gegen den Vorsteher dieses politischen Ganzen, der wahre Maaßstab sind. Doch existiren diese T. Staaten nicht mit gleicher Souverainetät, wie andere.

a) „Joseph I. ließ, noch als Römischer König, nicht einmahl einen alten Reichsfürsten, durch dessen Land er reiste, und von dem er alle Ehre empfieng, mit sich speisen.„ Moser vom Röm. Kaiser S. 410. Vom Kaiser Franz hingegen, s. Wahldiar. Th. II. S. 180 ff.

§. 190.

Jeder Teutsche Regent, in sofern seine Lande und Besitzungen aus Reichslehen bestehen, ist schuldig, innerhalb einer gesetzten Frist nach dem Antritt seiner Regierung, und so oft der Kaiserthron ein neues Oberhaupt bekommt, mittelst Leistung des Lehneides, wo nicht in Person, doch durch Bevollmächtigte, die Kaiserliche Belehnung zu empfangen, die, in Ansehung der Kurfürstenthümer und Fürstenthümer vom Throne des Kaisers selbst, und für geringere Lehen im Kollegio des Obliegenheit in Ansehung des Besitzstandes; Lehnspflicht monarchischer Regenten,

Reichshofraths, ertheilt wird a). Auch geschieht diese Belehnung so wenig unentgeldlich, daß vielmehr in solchen Fällen, wenn das Lehen nicht vom Vater dem Sohne, sondern Seitenverwandten und andern, als vom ersten Erwerber stammenden, Besitzern, zu Theil wird, wichtige Zahlungen unter dem Titel von Laudemien und Anfallsgeldern b); sonst aber, bey Thronlehen, die nicht Kurfürstenthümer sind, wenigstens an die Erb- und Hofämter so wie an geringere Hofbediente, gewisse Gebühren c); und endlich von geringern Lehen bestimmte Taxen an die Reichshofrathskanzelley, entrichtet werden müssen d).

a) Moser von der Teutschen Lehensverfassung. Frkf. u. Lpz. 1774, 4. — Kurz und deutlich ist das hieher Gehörige auch befindlich in Hrn. GJR. Pütters Entwickelung Th. III. S. 219 f. — Knieend vor dem Throne des Kaisers, mit Berührung des ihm auf dem Schooße liegenden Evangelienbuchs, verpflichtete sich bisher der Fürst im Lehenseide:

„Daß er dem Kaiser und dem heiligen Reiche ge-
„treu, hold, gehorsam und gewärtig, auch nim-
„mermehr wissentlich in dem Rathe seyn solle noch
„wolle, da ichten etwas wider Kaiserlicher Ma-
„jestät Person, Ehre, Würde und Stand gehan-
„delt oder vorgenommen würde, noch darein
„willigen oder gehlen in einige Wege; sondern
„der Kaiserlichen Majestät und des heiligen Reichs
„Ehre, Nutzen und Aufnehmen betrachten und
„befördern, nach allem seinem Vermögen, und ob
„er indeß verstünde, daß etwas vorgenommen oder
„gehandelt würde, wider Kaiserlicher Majestät
„Person oder das heilige Reich, demselben wolle
„er getreulich vor seyn, und Kaiserliche Majestät
„ohne Verzug warnen, und sonst alles thun, das
„einem gehorsamen Fürsten und getreuen Lehn-
„man

„mann gegen Kaiserliche Majestät und dem heil.
„Reich zu thun gebühre von Rechts oder Gewohn-
„heits wegen, getreulich, ohne Arglist und Ge-
„fährde.„

Wie es zum Theil eine Folge des für größere Höfe beschwerlichen Ceremoniels war, daß viele Thronbelehnungen bisher seit Kaiser Carl VII im Rückstande blieben (Pütter am a. O. S. 223; Reuß Staatskanzley Th. XX. S. 454. XXII. S. 347); so scheint hingegen ein in unsern Tagen erneuerter Geist für die Aufrechthaltung der Teutschen Constitution, an der von den angesehensten Reichsfürsten nun wieder nachgesuchten Kaiserlichen Belehnung einen unverkennbaren Antheil zu haben. S. Schreiben aus Dresden im Teutschen gemeinnützigen Magaz. 2ten Jahrg. 2tes Vierteljahr (Leipzig 1789, 8.) unter den, Seite 281 ff., befindlichen, „kurzen Nachrichten.„

b) Jene zur Vertheilung unter die Mitglieder des Reichshofraths, diese an die Reichskanzley. Eine Anzeige der merkwürdigen Laudemien giebt: wegen der Belehung der Krone Schweden 1664 mit ihren Teutschen Ländern, und wegen der 1773 von Dänemark vertauschten Grafschaften Oldenburg und Delmenhorst, Pütter am angef. O. S. 224; — unter Joseph I, Franz I, und in den ersten 2¼ Regierungsjahren Josephs II, Moser Zusätze zu seinem neuen Staatsr. Th. II. S. 166: 173; — unter Karl VI, von 1728 bis 1733, Selchow Einleitung in den Reichshofr. Prozeß S. 229.

c) Bey Thronbelehnungen entrichten

die Reichsfürsten:

I. an die Erb- oder deren Stelle vertretende Hof-Aemter,

dem Oberhofmeister, - - -	120 fl.
— Oberstkämmerer, - - -	120
— Reichsvicekanzler, - - -	120
— Hofmarschall, - - -	120
ebendemselben für sein Pferd, - -	120
dem Erbschatzmeister, - - -	120
— Erbmundschenken, - - -	120
— Erbtruchses - - -	120
den Sekretarien - - -	48
— Taxatoren - - -	27
— Registratoren - - -	20
der Kanzelley - - -	30
	S. 1081 fl.

II. an die niedere Hofdienerschaft, als

den Schweizern, die unter dem Thore die Wacht haben - - -	3
den Thürhütern in der Ritterstube -	6
— Hatschierern - - -	9
— Trabanten - - -	9
— Kammerfourieren - - -	9
— Tapezierern - - -	9
dem Kammerheizer - - -	3
den Kammertrabanten - - -	6
dem Thürhüter des Vorzimmers -	12
— ältesten Kammerdiener, der das Evangelienbuch hält - - -	9
den Laquaien - - -	6
— Trompetern und Paukern - -	15
— Hoffourieren - - -	9
— Herolden - - -	9
dem Reichshofrathsthürhüter - -	9
— Geheimenrathsthürhüter - -	6
	S. 129 fl.
	oder 86 Rthl.

Was der Westphälische Friede, in Ansehung der evangelischgeistlichen Reichsfürsten, da sie dem Pabst keine Annaten und Konfirmationsgelder zu geben haben, verordnet, s. P. O. Art. V. §. 21. Vgl. Meiern Acta pac. Th. III. S. 332.

Die

Eigener Staatench. d. T. Reichsl.

Die Kurfürsten
sind von der Zahlung Nro. I. an die Erb- und
Hofämter durch die G. B. (Tit. 29, §. 1.) be-
freyet, und entrichten nur die Gebühren Nro II.
an die niedere Hofbienerschaft. Eine gleiche
Ausnahme machen noch die Erzherzoge von
Oesterreich, kraft der ihnen zustehenden Be-
freyung; wie auch die Aebte von Fulda und
Kempten, jener als Erzmarschall, dieser als
Erzkanzler der Kaiserin.

d) Mehreres über die im §. genannten Abgá-
ben überhaupt, sehe man in Mosers Einleitung
zum Reichshofrathsprozeß Theil III. besonders
S. 501 ff. — Hanzely Anleitung zur neuesten
Reichshofrathspraris Bd. II. §. 1563-74.

§. 191.

Noch mehr Abhängigkeit zeigt sich in Ansehung Huldi-
der Reichsstädte, deren jede, so oft ein neuer Kai- gung der
ser den Thron besteigt, zur förmlichen Huldigung Reichs-
verpflichtet ist; welche in der Krönungsstadt dem städte.
Kaiser persönlich, von den übrigen aber, gegen
Dispensation a), auf andere Weise geleistet wird.

a) S. oben §. 178 Not. 7.

§. 192.

Durch die dem Kaiser zuständigen Reservate a), Mangel,
werden ferner in dem Umfange der Hoheitsrechte oder Be-
Teutscher Regenten theils manche Befugnisse ver- schrän-
mißt, die sonst jede souveräne Macht in ihrer Ge- kung gewalt hat, theils Verbindlichkeiten angetroffen, oberherr-
wovon unabhängige Staaten an sich nichts wissen. lichen Be-
Jeder Teutsche Regent kann daher zwar Lehranstal- fugnisse,
ten durch Kai-

Dritter Abschnitt.

ferliche Reservate, ten und Schulen errichten, Würden und Chargen ertheilen, wem und wie er will, und sein General wird in ganz Europa, selbst in Konkurrenz mit jedem Königlichen, dafür erkannt. Einer Lehranstalt aber den Character einer Universität zu verleihen, Standeserhöhungen an Ländern oder Personen vorzunehmen, Jemand die Doctorwürde zu geben, Notarien zu machen ꝛc., gehört durch ganz Teutschland unter die vorbehaltenen Rechte des Kaisers, die theils von ihm selbst, theils, kraft eigener Verleihung, von andern, insbesondere von sogenannten Kaiserlichen Hofpfalzgrafen, ausgeübt werden. Einige solcher Pfalzgrafen sind nur mit der niedern, andere mit der sogenannten höhern Komitive begnadiget, und diese haben das Recht, sowohl Standeserhöhungen vorzunehmen, als auch andere wieder zu Pfalzgrafen zu machen b). Wie indessen der Kaiser selbst im Gebrauche seiner Reservate nicht unbeschränkt ist c); so sind noch weniger dergleichen pfalzgräfliche Rechte, ihres Mißbrauchs wegen, überall von unbedingter Wirkung d).

Vermißt werden auch gewisse, sonst natürliche, Staatsbefugnisse bey Teutschen Regenten selbst in Ansehung solcher Gerechtsame, in deren Besitz sich die meisten wirklich befinden, als Zoll und Münze, mit denen kein Teutscher Landesherr, nur zwey Ausnahmen in Rücksicht des Zolles abgerechnet, eben so frey umgehen kann, wie mit andern oberherrlichen Rechten; da sie ihrem Herkommen nach gleichfalls nur Kaiserliche Reservate sind, und auf besonderer Verleihung beruhen.

a)

Eigener Staatench. d. T. Reichsl.

a) Pütters Beyträge S. 186 ff.
b) Ueber die Pfalzgrafen in Teutschland, siehe einen Aufsatz in Schlözers Briefw. Heft LVIII. S. 258 ff. — Pfalzgräfliche Diplome, Staats-Anzeigen Heft VI, S. 151 ff.
c) Pütters Beytr. S. 210 ff.
d) Vgl., wegen des Mißbrauchs überhaupt, Schlöz. Briefw. am angef. Ort; über einge- schränkte Zulassung der Notarien, Pütter a. ge- nannt. O. — und was deshalb auch schon 1713 für die Kurbraunschw. Länder verordnet ist, Willichs Auszug der Kurbraunschw. Landesges. Th. II. S. 833. — Vom Komitivadel, ein neue- res Beyspiel in Reuß Staatskanzley Th. XX, S. 449.

§. 193.

Wenn überdieß nicht leicht ein unabhängiger *insbeson-* Staat in dem Falle ist, daß eine andere weltliche *dere in* Macht in seinem Eigenthume über Kirchenpfründen *Betreff* disponiren darf: so haben hingegen Teutsche Staa- *des Rechts* ten die Verbindlichkeit, dem Kaiser, vermöge eines *der ersten* ihm gleichfalls vorbehaltenen Rechts, genannt Recht *Bitte.* der ersten Bitte, zu gestatten, daß er jedem Klo- ster und Stifte des Reichs, es sey katholisch oder evangelisch, unmittelbar oder mittelbar, wo es ihm nach der Norm des Westphälischen Friedens a) zu- ständig ist, einmahl während seiner Regierung ein beliebiges Subject zu einer Pfründe präsentire, der- gestalt daß ein solcher Precist, wenn er übrigens die Statutenmäßigen Eigenschaften hat, und binnen gehöriger Frist die Kaiserliche Bitte vorzeigt, allen andern Kompetenten vorgezogen werden muß. Eine andere Art von Kaiserlicher Pfründenverleihung besteht

besteht in sogenannten Panisbriefen, die gleichfalls hin und wieder auf einzelne Stifter im Reiche, wiewohl mit widersprochenem Rechte, ertheilt zu werden pflegen b).

a) J. P. O. Art. V, §. 18. 26.

b) Von wichtigem Inhalte über die Panisbriefe, besonders in Betreff der Schwäbischen Stifter, und wegen der, statt des unmittelbaren Genusses, angeforderten Absenzgelder des Laienpfründners, ist das Reichspräl. Staatsr. Th. I. S. 538=539. — (Müller) Darstellung des Fürstenb. S. 177.

§. 194.

Beschränkung durch das gemeinschaftliche Reichsband; weshalb manches nicht darf gethan,

Das Recht der Bündnisse und Waffen steht freyen Mächten zu, gegen Jedermann; Teutsche Regenten aber sind auch darin in sofern beschränkt, daß sie, als verwandte Theile eines gemeinschaftlichen Ganzen a), sich dieses Rechts weder gegen das höchste Reichsoberhaupt noch gegen ihre Mitstaaten oder dem Landfrieden zuwider, bedienen dürfen; so wie es auch eben dieser Reichs-Verein aller Theile einem Landesherrn z. B. untersagt, an einem Flusse in seinem Lande, der noch schiffbar gemacht werden könnte, hinderliche Baue und Anlagen dawider zu unternehmen; oder innerhalb eines gewissen Bezirks Mühlen zu bauen an dem Wasser, woran der Nachbar Mühlen hat b). Und wenn in unabhängigen Staaten allenfalls durch innere Verträge und freye Bewilligung die Duldung einer vom herrschenden Bekenntnisse abweichenden Religionsparthey Statt hat, so ist hingegen ein Teutscher Oberherr, in Ansehung einer ihm fremden Reli-

Religion und ihrer Rechte in seinem Lande, un-
willkürlich an das Entscheidungsziel des Westphälischen Friedens gebunden.

 a) Pütter Beyträge S. 293. ff.
 b) Moser Teutsch. Nachbarliches Staatsr.
  S. 459 f.

§. 195.

Staatsdienstbarkeiten von mancherley Art, und manche unter unabhängigen Mächten nur durch Ver- ches muß
träge Statt finden können, sind in Teutschland nicht geduldet
nur häufig, sondern haben auch großentheils eben werden;
in dem Reichszusammenhange, auf die eine oder
andere Weise, ihren Grund. Die Vögte und
Schutzherren, die ehemahls alle geistliche Stifter
hatten, ingleichen solche, die von den Kaisern den
Reichsstädten gegeben wurden, sind daher zum Theil
bey manchen einzelnen Stiftern und Reichsstädten
noch jetzt vorhanden, und üben gewisse richterliche
oder andere Gerechtsame über dieselben aus; und
wie mancher Reichsstand zur Beschwerde für andere
mit dem Stapelrecht begünstiget ist, so ist einem
andern wieder in dem Gebiete eines Dritten ein
Zoll, das Geleitsrecht, oder eine andere Gerech-
tigkeit a), zuständig.

 a) Selbst ihre Residenz und Regierungskol-
  legien haben manche Regenten in fremdem Gebiete.

§. 196.

Vom ausgebreitetsten Umfange ist die Servitut insbeson-
der Posten, die so wenig überall jedem Reichs- dere Po-
stande sten.

stande in seinem Gebiete eigen sind, daß es vielmehr in allen Reichsstädten, so wie in vielen landesherrlichen Territorien theils ausschlüßlich, theils neben Territorialposten und Reichsstädtischen Boten a.), allgemeine sogenannte Kaiserliche oder Reichsposten giebt, die einer eigenen Fürstenfamilie, als Nachkommen der ersten Unternehmer des Postwesens in Teutschland, unter Oberaufsicht und Protection des Kurfürsten zu Maynz, zugehören *). Neben diesen Reichsposten aber, sind auch in mancher Reichsstadt zugleich noch andere, oft sogar drey- bis viererley Reichsständische Posten b) befindlich.

a) S. davon Mos. Kaiserl. Regierungsrechte Th. II. S. 663. 692. ff.

*) Mit dieser Servitut der Reichsposten soll übrigens hier weder für noch gegen die Kaiserliche Regalität etwas behauptet werden. (Moser Staatsr. Tom. V. p. 1. und von den Kaiserl. Regier. Rechten Th. II. S. 645 ff.)

b) Hamburg, Franff. ꝛc.

§. 197.

Unterordnung unter eine oberstrichterl. Gewalt.

Am wesentlichsten weichen endlich Teutsche Staaten von andern, natürlich freyen, Mächten darin ab, daß, wie diese auf keine Weise irgend eine höhere menschliche Gewalt über sich erkennen, jene dagegen am Kaiser und Reich einen Aufseher und Richter haben, dessen Obergewalt in mehrern Fällen über Regenten und Unterthanen wirksam wird a).

Bey entstandener Irrung eines Staats oder Landesherrn mit dem andern, darf daher nicht nur keiner ohne Ahndung seine Sache nach Gutbefinden durch bewaff-

bewaffnete Selbsthülfe schlichten, wie unabhängige Staaten; sondern der Regent muß sich auch gefallen lassen, daß, in gewisser Ordnung, jeder seiner Unterthanen, außerhalb Landes, vor den Gerichten des Reichs sich Recht sprechen läßt, sowohl wider einen Mitunterthan, als wider den Landesherrn selbst. Und wie endlich Teutsche Regenten selbst für den Mißbrauch ihrer Landeshoheit dem obersten Richter im Reiche verantwortlich werden können b), so fehlt es auch nicht an zahlreichen Beyspielen solcher, die, indem sie bey ihren Ausgaben das Verhältniß ihrer Einkünfte vergaßen, durch Debitkommissionen c) das Daseyn eines obersten Richters empfanden.

Eben dieser oberstrichterliche Arm aber schützt auch andern Theils den Regenten wider seine Unterthanen, und sichert im Nothfalle, durch entbotene Hülfe der Kreise (§. 112. 168), selbst gegen den Widerspruch eines ganzen Staats sein gefährdetes Recht; wenn dagegen ein unabhängiger Monarch seine Rettung dem Schicksale und einer zweydeutigen Konvenienz des Auslandes überlassen muß.

a) Pütter am angef. O. S. 299 ff.

b) Die aus Moser, Reuß u. s. w., hieher gehörigen neuesten Beyspiele, s. zusammen in Pütters Entwickelung Th. III. S. 236-239.

c) S. Moser vom Reichsständischen Schuldenwesen. Frkf. u. Lpz. 1774, 1775. 2 Thle. 4.

T   d)

Dritter Abschnitt.

d) Die neueſten Zeiten machen hier Allegate aus ältern unnöthig.

§. 198.

*Teutſch-
lands
Stelle im
Syſtem
von Eu-
ropa.*

In dieſer Verfaſſung Teutſchlands liegt unverkennbar das Mittel für Freyheit und Schutz eines Jeden; das Mittel, den Mächtigen bey ſeiner Macht, ſo wie den Schwachen bey ſeiner Habe, und den Unterthan wider Unterdrückung zu ſichern: wenn irgend eine Verfaſſung Europens ſich an die Engliſche anſchließt, ſo iſt es im Ganzen die Teutſche a). Dieſes Teutſche Syſtem, das Syſtem eines ewigen Friedens zwiſchen vielen und ſehr ungleichen Staaten, durch Zufall im Verlaufe von Jahrhunderten gebildet, durch den Weſtphäliſchen Frieden zur Reife, und durch einen Fürſtenbund zu neuer Haltbarkeit gebracht, welches Einen mit Allen und Alle mit Einem verbindet, beleidigte Rechte auch an dem Mächtigſten nicht ungeahndet zu laſſen, hat, bey entſchloſſenem Willen ſeiner Glieder, auch Kräfte genug, dieſen großen Zweck zu erfüllen. Und wenn es wahr iſt, „daß dieſer „Teutſche Staatskörper, furchtbar dem Auslande „durch ſeine Größe, durch Anzahl und Tapferkeit „ſeiner Bewohner, und gelegen faſt im Mittelpuncte „von Europa, alle andere Theile deſſelben in Re„ſpect erhält; daß er, indem ihm ſeine Verfaſſung „die Mittel und Abſicht benimmt, ſelbſt auf Ero„berungen zu denken, dagegen eine Klippe iſt, „woran jeder andere Eroberer zu ſcheitern fürchten „muß b);„ — wenn in dieſem „Mittelpuncte „aller Staatsgeſchäfte und Angelegenheiten von „Europa

„Europa keine Erschütterung vorgehen kann, ohne
„eine gewaltsame Erschütterung aller angränzenden
„Staaten, ohne selbst eine Verrückung des Gleich-
„gewichts von ganz Europa nach sich zu ziehen c):„
so ist zugleich damit auch das politische Interesse
der Teutschen Verfassung für Europa überhaupt
entschieden, und entschieden die Wichtigkeit für alle
Staaten, daß Teutschlands furchtbare Allgewalt in
getheilten Händen ruhe.

a) Man vergleiche hierüber: Propositionen
bey einem allgemeinen reichsrichterlichen Konvent ꝛc. (Ohne Druckort) 1788. 8.

b) „Ce qui fait le vrai soutien du systême de
l'Europe, c'est bien en partie le jeu des négo-
ciations, qui presque toujours se balancent mu-
tuellement; mais ce systême a un autre appui
plus solide encore; et cet appui c'est le *Corps
Germanique, placé presque au centre de l'Europe, lequel en tient toutes les autres parties en
respect, et sert peut-être encore plus au maintien
de ses voisins, qu' à celui de ses propres mem-
bres: Corps redoutable aux étrangers, par son
étendue, par le nombre et la valeur de ses peu-
ples; mais utile à tous par sa constitution, qui,
lui ôtant les moyens et la volonté de rien con-
querir, en fait l'écueil des conquerans.* Mal-
gré les defauts de cette constitution de l'Em-
pire, *il est certain que tant qu'elle subsistera,
jamais l'équilibre de l'Europe ne sera rompu,
qu' aucun Potentat n'aura à craindre d'être dé-
troné par un autre, et que le traité de Westpha-
lie sera peut-être à jamais parmi nous la base
du systeme politique.„* Man verzeihe hier die
ausführliche Abschrift dieser einem Teutschen so
wichtigen Stelle, aus Rousseau's Auszuge von
des

Dritter Abschnitt.

des Abts von St. Pierre Project eines ewigen Friedens. *Oeuvres de* ROUSSEAU (à Geneve, 4.) Tom. XII. pag. 15.

c) S. Erklärung Katharina der II. wider die Ansprüche des Wiener Hofs, beym Streit über die Baiernsche Erbfolge, in Joh. Jac. Mosers Teschenschen Friedensschluß mit Anmerkk. (Frkf. a. M. 1779, 4.) S. 86.

Druckfehler.

S.   2 Z. 11 statt Kandel, lies Randel.
— 18 — 2 v. unt. st. Polilep l. Pollcey.
— 23 — 5 st. 15,853 l. 11,853.
— 34 — 21 st. Fürstenbandes l. Fürstenbund.
— 197 — 1 unt. st. Neichsdörf. l. Reichsd.
— 200 — 12 st. Badensee l. Bodensee.
— 202 — 11 st. Kör= der l. Körper der.
— 203 — 7 st. die freyen l. die Freyen.
— 204 — 15 st. 1724 l. 1624.

www.ingramcontent.com/pod-product-compliance
Lightning Source LLC
Chambersburg PA
CBHW030749230426
43667CB00007B/896